经济发展时代交叠期中国金融工具创新研究

李 芳 著

中国财经出版传媒集团

经济科学出版社
Economic Science Press

图书在版编目（CIP）数据

经济发展时代交叠期中国金融工具创新研究/李芳著．
—北京：经济科学出版社，2018.5
ISBN 978 - 7 - 5141 - 9428 - 9

Ⅰ．①经…　Ⅱ．①李…　Ⅲ．①金融－经济史－
研究－中国　Ⅳ．①F832.9

中国版本图书馆 CIP 数据核字（2018）第 129757 号

责任编辑：李　雪
责任校对：杨　海
责任印制：邱　天

经济发展时代交叠期中国金融工具创新研究
李　芳　著
经济科学出版社出版、发行　新华书店经销
社址：北京市海淀区阜成路甲 28 号　邮编：100142
总编部电话：010 - 88191217　发行部电话：010 - 88191522
网址：www. esp. com. cn
电子邮件：esp@ esp. com. cn
天猫网店：经济科学出版社旗舰店
网址：http://jjkxcbs. tmall. com
固安华明印业有限公司印装
710×1000　16 开　16 印张　230000 字
2018 年 8 月第 1 版　2018 年 8 月第 1 次印刷
ISBN 978 - 7 - 5141 - 9428 - 9　定价：58.00 元
（图书出现印装问题，本社负责调换。电话：010 - 88191510）
（版权所有　侵权必究　打击盗版　举报热线：010 - 88191661
QQ：2242791300　营销中心电话：010 - 88191537
电子邮箱：dbts@ esp. com. cn）

前　言

金融创新始终贯穿于金融发展的全过程，没有金融创新，就没有金融的发展和进步。而金融工具的创新是金融创新的主要方面，构成金融创新的主要因素。金融工具是人类社会创造的，为完成某项金融业务，实现某种金融功能，而应时代需求而生、随时代变化而变化的、各种表现形式的载体。

纵观中国经济从低级走向高级，从落后到先进的循序渐进发展过程，我们发现在每个经济发展的"时代交叠期"是金融工具创新最繁荣的时期。中国先后经历了农业经济时期、商业经济时期、工业经济时期，正朝着信息化经济时期迈进，在每一个阶段都会有波浪的回旋和重叠，在实现每一次经济时期的跨越，都要经历新旧两种经济时期的重叠和交错。而其总的发展潮流是不可阻挡的。金融与经济共生长，在每个经济时代的交错期，是金融创新最活跃的阶段，也是金融工具种类最丰富的时期。而在不同的"时代交叠期"，金融工具创新的动力、表现形式、所依赖的支持因素以及创新所产生的效果不尽相同，表现也各不一样。因此每个经济发展"时代交叠期"的金融工具创新既有相似之处，又有差异的表现。

当前，我们正处于信息化经济与工业经济的交叠时期，而处于这一"时代交叠期"的金融工具创新背后的原因、规律及其支持要素有哪些？本书站在历史的角度揭示出答案，通过分析中国所经历的前两个"时代交叠期"金融工具创新的背景、成因、规律及支持因素等问题，通过回顾总结根植于中国传统经济社会文化土壤中的金融工具创新的成因、路径和规律，在此基础上，系统地进行理论分析、研究论证，借鉴了中国传统金融工具创新的经验和教训，为当代金融工具创新进行管理和指导。

本书在历史研究的基础上，突破了以往分段划分历史时期的做法，创造性地提出"时代交叠期"的概念，并进行了相关的论述和讨论。把中国经济发展阶段划分成农业经济、商业经济、工业经济和信息化经济四个阶段，在这四个阶段中，分别经历了商业经济与农业经济的时代交叠期、工业经济与商业经济的时代交叠期和信息化经济与工业经济的时代交叠期。对前两个经济发展的"时代交叠期"选择的研究视角是从当时客观经济发展需求出发，找出金融工具创新的内在动力、创新规律、表现形式、创新效应及所需要的支持因素。所研究的范围包括明清以来代表官方政府的机构发行的银钱票、民间流通的各类钱票和发行的股票债券等，在此研究的基础上发现并指导当前信息化经济与工业经济的"时代交叠期"金融工具创新的发展趋势和所需要的支持因素。

在中国历史上所经历每一次的经济"时代交叠期"的跨越时，金融与经济发展表现出不协调的一面，金融工具的功能跟不上经济发展的需求；在经历每一次"时代交叠期"的金融工具创新之后，新的金融工具呈现出强大的生命力，其金融功能得到强化和完善，金融与经济逐步相协调，由此带来了经济效益的提升；在实现每一次"时代交叠期"的金融工具创新的背后，既有来自经济发展驱动的内在动力，也有促使其创新实现的环境支持，即信用支持、技术支持、制度支持和机构支持。无论是在农业经济时期和商业经济时期的交叠时期，还是在商业经济时期和工业经济时期的交叠时期，金融工具创新都是为了适应外部环境的变化，为了寻求新的经济平衡，金融工具创新主体以内在的生命生存和发展的需求出发，同时，在其创新的过程中离不开信用、技术、制度和机构这些支持因素。

本书认为，中国历史上金融工具创新所呈现出的规律同样适用于现代的金融工具创新。信息经济时代的到来所带来的社会变化超越以往任何时代，当前，我们处于信息化经济与工业经济的时代交叠期，近几年，在国际化的趋势下，我国金融工具的创新步伐越来越快。当今时代，商品贸易通过发达的网络技术，二者融合在一起，再次迎来了商品贸易的大发展阶段，同时也是金融创新的活跃阶段。互联网金融作为金融业与互联网相结合的产业，从其产生起，发展速度极快，掀起了信息技术在金融业的"第三次革命"。在我国短短的几年时间，以其较低的门槛、较高的收益、较灵活的方式和快捷的操作深受广大客户的青睐，其发展可谓是生机勃勃。这一交叠期金融工具创新的品种和速度超越了史上任何一个阶段。在面对如此种类新鲜和繁多的金融工具，首先，我们比以往任何时候都更加重视信用的支持作用。其次，在新的经济发展阶段，更加重视信息技术对金融工具创新所起的推动作用。再次是要完善监管制度。最后是监管的机构支持也是重点，在新的经济时代，逐步形成政府机构、行业自律组织和同业金融机构三方共同管理，这些机构的支持是金融工具创新得以成功实现的重要条件。这些对于指导我国现代金融工具创新的政策，具有重要的理论和实践意义。

本书部分所引文献，未能一一注明出处，在此向相关作者表示感谢。

目录

第1章

导　　论

1.1　背景与意义

人类社会从低级走向高级，从愚昧走向文明，循序渐进地向前发展着，在人类历史发展的长河中，每一个阶段都会有波浪的回旋和重叠，但总的发展潮流是不可阻挡的。同样的道理，中国经济发展经历了农业经济时期、商业经济时期、工业经济时期，正朝着信息化经济时期迈进。实现每一次经济时期的跨越，都要经历新旧两种经济时期的重叠和交错。金融与经济共生长，每个经济时代的交错期，都是金融创新最活跃的阶段，也是金融工具种类最丰富的时期。

金融工具是人类社会创造的，为完成某项金融业务、实现某种金融功能，而应时代需求而生、随时代变化而变化的、具有各种表现形式的工具载体。农业经济时期，金属货币被广泛使用，相应的制度日趋完善；商业经济时期，各种票据产生；工业经济时期，票据流通盛行，同时股票、债券应运而生；信息化经济时期，电子货币、网络支付工具、互联网金融等新的金融工具相继涌现。

　　纵观中国社会经济发展的历程，我们发现，社会经济发展存在或短或长的"交叠期"，即在原有社会经济状态还没有发生根本改变的情况下，新的经济时代已经开始萌芽。这个"交叠期"也是新金融工具创新、新旧金融工具竞争与融合生长的时期。金融工具随时代创新，能更好地适应新时代的需求，有利于加速新时代全面到来的进程。同时，金融工具创新也有其自身的成长规律，需要具备各种成熟的条件。条件不成熟状态下的金融工具创新，反而延缓金融发展的速度，使金融经济与新的时代不能同步吻合。按金融工具创新的规律去创新，着眼于其创新的时代适应性，关注创新条件的培育，有利于我们理性和科学地对待时代"交叠期"金融创新。

　　中国是最早使用金融工具的国家，唐朝的"飞钱"，宋朝的"交子"是被世界公认的最早用于异地汇兑的金融工具，元、明、清时期都有纸币代替金属货币的历史记载。从宋代开始发行的盐钞（引），其独具特色的流通方式到了民国时期仍然盛行。明末清初，中国从农业经济时代进入商业经济时代。在这个历史"交叠"时期，为适应商业经济时期的发展，民间开始出现各种钱帖和票据，体现了这一时期中国金融工具创新的特色，开创了票汇和信汇的历史先河，建立和发展了我国的汇兑制度，逐步形成统一和规范的金融工具格式和一系列被后人称赞并模仿的防范金融风险的制度。

　　洋务运动悄然拉开了中国工业经济时代的序幕。为适应工业经济的发展，票据的流通更加完善，同时股票市场、债券市场、信托基金等也开始出现。但是由于没有完善的金融监管，这些市场几乎变成了赌博场所，相应的金融工具也被蒙上了邪恶的阴影。即使在改革开放后，我们也有过因过早推出国债期货而失败的例子，我们为这些条件不成熟状态下的金融工具创新付出了巨大的成本，需要认真吸取经验教训。

　　当我们还沉迷于"世界工厂"称谓的时候，信息化经济时代已经进入我们的生活。当前，我国经济发展处于信息化经济与工业经济的时代交叠期。各种新型的金融工具如：电子货币、电子支付、余额宝、P2P

等不断出现。商品贸易通过发达的网络技术，二者融合在一起，再次迎来了商品贸易的大发展阶段，同时也迎来了金融创新的活跃阶段。我国的互联网金融在短短的几年时间里，以其较低的门槛、较高的收益、较灵活的方式和快捷的操作深受广大客户的青睐，其发展可谓是生机勃勃。这些金融工具处在金融监管和制度没有覆盖的"灰色"地带，一方面在便捷和低成本方面，大受人们的欢迎；另一方面，网络安全和金融监管制度的不同步，又让人们在使用时心有余悸。

在每一次经济交叠期，对经济面临转型，社会需要新的金融工具，人们也渴望便利的市场流通工具，因此此时正是金融工具创新最为频繁的时候。而金融工具的创新能否实现，最基本、最关键的因素是信用。技术条件、制度支持和机构支持始终是通过信用来发挥作用的。本书所要研究的正是在每一次经济交叠期，对促使金融工具创新的信用支持、技术支持、制度支持和机构支持各自所发挥的作用进行分析。

时代的发展是奔腾不息的长河，新的金融工具在时代"交叠期"便已萌芽，如何对它们是否应该存在、怎样健康成长做出回应，是每个"交叠期"要考虑的重要问题。过去我们没有从这个角度关注过金融工具的创新，但是在目前这个飞速发展的时代，我们不得不尽快对此加以关注，以免因失察、失为而导致不良后果。

因此，回顾总结每次经济重叠期，根植于中国传统经济社会文化土壤中的金融工具创新的成因、路径和影响，并系统地进行理论分析、研究论证，借鉴中国传统金融工具创新的经验和教训，得出当前中国金融工具创新的趋势和所需要的支持环境，对指导我国现代金融工具创新的政策，具有重要的理论和实践意义。基于这样的考虑，本书选定"经济发展时代交叠期中国金融工具创新研究"作为题目。

历史是现实的镜子，通过梳理中国历史上不同时代交叠期的金融工具创新，分析其发展历程，分析金融工具创新成功与失败的原因，总结经验和教训，或许能帮助我们更清晰、更全面地把握当代的金融工具创新，从未雨绸缪、防患于未然的角度，做一些更切实的工作。

1.2 文 献 综 述

1.2.1 关于对中国经济发展历史阶段划分的研究

为研究经济发展的大趋势，将经济发展分成几个阶段是经济史学家的共同做法。目前对于经济阶段划分的方法有以下几种：

一是按照社会性质来划分。马克思在《〈政治经济学批判〉序言》中认为，按照唯物史观论，经济发展可分为亚细亚的、古代的、封建的、现代资产阶级四种类型，后来的马克思主义学者根据这一论述，把经济划分为封建主义、资本主义和共产主义社会三个阶段。后来，列宁进行了进一步的分析与完善，他在《论国家》中根据经济发展的不同阶段，把社会性质分为原始社会、奴隶社会、封建社会、资本主义社会与共产主义社会五种类型。以上的划分方法是以马克思为首的研究者的划分方法。中国的马克思主义追随者郭沫若在《中国古代社会研究》中指出，中国经济经历了原始共产主义、古代生产方式及近代资本主义阶段，这是按照社会性质的不同对经济阶段进行划分，强调政治在经济发展中的重要作用。凌耀伦在《中国近代经济史》中，把中国近代经济分为：中国封建经济（1840 年前）、中国半殖民地半封建社会经济的初步形成时期（1840 ~ 1894 年）、中国半殖民地半封建社会经济的形成与加深时期（1895 ~ 1927 年）、中国半殖民地半封建社会经济的崩溃时期（1927 ~ 1949 年）四个时期，这种分类把近代中国经济按照社会性质来划分，主要是想突出我国在半殖民地半封建社会下经济发展的情况。

二是按照社会性质并且结合经济发展特点来划分。西方经济史的划分方法，将经济的发展划分为封建时期、灰暗时期、重商主义阶段、重农学派期间和资本主义纪元五个时期。封建时期是指 900 ~ 1300 年，土

地是按照政治与宗教力量来划分，土地和劳动均不交易；灰暗时代是指
1300～1500年，生产工具开始发达，人口增加，原来属于封建主的奴隶
开始逃离庄园；重商主义阶段是指1500～1750年，人们开始期望社会
的安全，政府开始干预经济，采取扩张政策，创造贸易顺差；重农学派
期间是指1750～1780年，是进入资本主义纪元的前夕，是"起飞前"
的阶段，人们更注重生活水平的提升；资本主义纪元是指从1780年开
始到遥远的未来，农业、纺织业、居室产业、汽车工业、文教事业、广
义的娱乐业依次成为人们关注的产业，这些将引领人们生活水平的
提高。

　　三是按照历史朝代的不同时期并结合经济发展的阶段特点来划分。
侯家驹在《中国经济史》中认为，中国自西周至汉武帝时期，就依次出
现封建社会、重商主义、重农或农本期间及资本主义萌芽，并从秦始皇
统一天下开始，把中国经济划分为五个阶段：①第一次一元体制，即秦
汉时期的郡县制度；②第一次多元体制，即从后汉末年到隋朝时期的坞
堡经济；③第二次的一元体制，即隋唐时期的府兵制度，平时为农民，
战时为兵；④第二次的多元体制，即唐末到元的区域经济发展时期；
⑤第三次一元体制，即元明清的中央集权时期，这种划分标准是以政治
上的"分"与"合"为主要依据，也偏向于政治性，突出在专制的政
治环境中经济的发展。由钱穆先生讲授，叶龙整理的《中国经济史》
中，按照经济发展特点和中国历史朝代分12章来讲述中国经济，即中
国古代农业经济、上古时代的井田制度、封建时期的工商业、秦代经
济、西汉时期经济、新朝时期经济、东汉时期经济、魏晋南北朝时期经
济、隋代经济、唐代经济、宋元时期经济和明清时期经济，这种划分主
要是按照中国历史朝代顺序划分，在先秦时期是按照经济发展的主要方
式划分的，强调了历史的发展顺序。

　　四是依照生产力发展水平和经济社会发展不同时期的特点来划分。
孔祥毅在《金融发展史纲》中把世界金融史划分为五个阶段，即农业经
济时代（公元前5000～1500年）、商业革命时期（1500～1750年）、工

业经济时代（1750～1913 年）、管理通货时期（1914～1970 年）、现代金融的新发展（1970～现在）。农业经济时代的金融特征表现在：货币产生并且成为商品交换的一般等价物，降低了商品交换的成本，同时产生了早期的信用活动；商业革命时期的金融特征表现在：商业革命带来了金融革命，新的金融工具、金融机构、金融业务纷纷出现。为了满足欧洲贸易市场的交易，早期的汇票、支票等票据开始广泛使用；工业经济时代的金融特征表现在：金融的功能进一步扩大，银行已经不仅仅是充当支付和信用的媒介，更重要的是为工业服务，为工业的发展和扩大筹集资金，提供信用，创造信用货币，促使货币转化为资本；管理通货时期的金融特征表现在：建立了中央银行制度来管理金融，更好地为经济服务；现代金融的特征表现在：随着经济全球化，国际金融中心的形成，金融创新与时俱进，新的金融机构、金融业务、金融工具不断出现。这种分类是站在世界经济金融发展的角度来分析中国经济和金融的发展，视野宽阔，农业经济、商业经济和工业经济是以占当时经济发展的主体行业为标准来划分，而通货管理时期是按照当时对经济发展管理上的特征来命名，现代金融是以时间发展顺序来划分；美国著名未来学家阿尔温·托夫勒（Alvin Toffler）在《第三次浪潮》中把人类社会分为三个阶段：农业阶段（1 万年前开始）；工业阶段（17 世纪末开始）；信息化阶段（20 世纪后半叶开始）。2015 年 12 月 16 日，在乌镇召开的第二届世界互联网大会上，习近平在开幕式发言中也提到，"纵观世界文明发展史，人类先后经历了农业革命、工业革命、信息革命……"① 这种以经济发展不同时期所呈现的特点的划分方法得到普遍认可。

在以上对于中国经济发展阶段的划分方法的分析中，可以看出，从不同的视角出发，对中国经济发展阶段有着不同的划分方法，这些研究

---

① 新华网．习近平在第二届世界互联网大会开幕式上的讲话［EB/OL］．2016－01－18. http：//news. xinhuanet. com/politics/2015－12/16/c_1117481089. htm.

视角与划分方法为笔者的研究提供了思路和丰富的资料。以上无论哪种划分方法，都是建立在不同经济发展阶段有着明确的界限，即前一个阶段结束后才进入下一个阶段，而从历史发展的客观规律来看，实际上在实现每一次经济时期的跨越的时候，都要经历新旧两种经济时期的重叠和交错，在旧的经济发展阶段中已经产生新的经济发展特征，两种经济特征并存，因此本书提出了两种经济时期并存的"交叠期"的概念。当新的经济时代特征越来越明显、越来越壮大时，旧的经济时代逐渐退出。在对中国经济发展阶段的划分上，本书在参考以上不同划分标准的基础上，以第四种经济发展阶段的划分方法为主要依据，通过对中国经济发展的几个历史阶段的系统性分析，以不同历史时期经济发展的主要特点为唯一标准，把中国的经济发展划分为四个阶段，即农业经济时期、商业经济时期、工业经济时期和信息化经济时期。这四个阶段没有截然的开始和截然的结束，只是有被人们所认可的标志性的事件作为每个阶段起点的标志，因此这四个阶段在中国经济发展过程中是呈现阶梯式进展的，在前一个阶段还没有结束时，新的经济阶段已经开始，这时对为经济服务的金融机构、业务、工具的创新产生了新的需求，随着这些金融机构、业务、工具不断创新和完善，当新的经济阶段成为发展主流时，旧的经济阶段特征逐渐弱化。本书在具体把中国经济发展分成这四个阶段的基础上，重点研究处于新旧经济阶段的"交叠期"的金融工具创新的萌芽、发展和逐步成熟。

1.2.2 关于对金融工具的研究

1.2.2.1 关于对中国金融工具的历史研究

在对中国金融工具的研究分析中，不少专家和学者从历史发展的角度进行过介绍和分析。归纳起来，前辈们的研究成果主要集中于以下几个方面。

第一，从中国历史演进的角度，对不同历史时期所出现的金融流通工具的类别、品种进行介绍、分析和归纳总结，并且在此基础上从不同角度作出对比和分析。

老一辈货币史学家彭信威编写的《中国货币史》（上海人民出版社，2007），介绍了中国历史上不同朝代的货币使用情况，在对近代货币的分析中，一方面按历史发生的先后顺序对官方发行钞票的背景、原因及成效进行了全面分析；另一方面在对明清时期所出现的民间金融机构（钱庄、当铺、票号、银号、银铺）和政府发行的钞票进行介绍和论述时，对这些金融工具和金融票据进行了间接的说明；黄鉴晖老师于1994年的出版的《中国银行业史》对中国1680～1989年300年的银行发展历史进行了阐述，对每一时期银行所发行的金融工具分别进行了介绍和论证，并以大量史料为证据，这为后来的研究者提供了中国金融机构和金融工具原始的资料和依据；戴建兵的《中国纸币史话》（百花文艺出版社，2007）对宋以来的官方纸币、民间私票、各地方金融机构发行的纸币和外商银行发行的纸币进行了介绍，对当铺、钱庄、银号、钱铺和各商号发行的金融工具进行了展示。

第二，从金融机构和金融业务角度间接对金融工具进行说明和评价。

对汇票的研究主要集中在山西票号：陈其田先生所著的《山西票庄考略》、卫聚贤先生的《山西票号史》、中国人民银行山西省分行和山西财经学院合作编写的《山西票号史料》、黄鉴晖先生的《山西票号史》、燕红忠《金融创新与山西票号的兴起》和《晋商与现代经济》、著名学者张正明、葛贤惠等编撰的《明清晋商资料选编》等，这些论著大部分对以票号为代表的金融机构发行的金融工具——汇票的介绍和研究比较多。此外对中国明清时期不同种类的金融机构所发行的金融工具分别进行论述的还有：黄鉴晖的《中国钱庄史》是对以钱庄为主的金融机构发行的金融工具——银钱票的说明；黄鉴晖的《中国典当业史》从当铺的业务发展角度对当铺发行的金融工具——当票进行了分析和说明；金开诚的《账局、钱庄、票号》分别从账局、钱庄和票号这些金融机构的业务中对银票、信票和汇票进行了介绍；孙丽萍和冯素梅的《晋商与汇票辨析》（《晋商研究新论》，山西人民出版社，2005）对于汇票产生的时间进行了论证。

第三，分析中国经济发展的不同历史时期，对金融工具进行叙述和分析。

在对明清时期中国经济货币史的研究中，我们可以发掘的有关金融工具问题说明的文献有：日本著名学者滨下武志的《中国近代经济史研究》（凤凰出版传媒集团，2008），这本著作提出了以下观点：由于清政府确定以白银为纳税的主要形式，而当时银远远不能满足流通需要，因此无论民间的金融机构钱庄、票号发行的票据，还是官方发行的"宝钞""官票"都是为解决流通中的货币问题，从经济发展的角度解释了这些金融工具产生的原因。另外从侧面论述了清政府为筹集《马关条约》中的赔款而发行的"昭信股票"数额、面额和购买者等情况。同时对于发生在1897年中国钱庄的帖票风潮进行了叙述。这些对于我们了解当时清政府的金融工具和金融票据都有很大帮助；日本学者岸本美绪的《清代中国的物价与经济波动》（日本研文出版，1997）在讨论清政府物价水平时，分析了清朝的银、铜、钞三者作为货币流通的关系，这为我们掌握和了解当时国家发行的金融票据——钞的原因及效果提供了依据；此外，从经济史角度对明清金融工具进行介绍和讨论的还有日本松山大学岩桥胜教授的《近代日本、中国、朝鲜货币经济化比较史试论》和李红梅的《清代における铜钱铸造量の推计——顺治—嘉庆—道光期を中心として》（《松山大学论集，2009年8月》）。

第四，对中国历史上出现的金融工具，从不同时间或不同区域进行总结和论述。

孔祥毅在《明清中国金融革命及其货币商人之三：明清货币商人的金融工具创新》（《金融博览》，2009年4期）中以史料为依托，从历史发展角度阐述了金融工具萌芽、明清金融工具的发展及清代日益完善的金融票据，并对每个时期的金融工具进行了分类介绍，第一次用现代票据理论系统地对明清金融工具进行了科学分类。首次对明清金融工具的发展过程进行了描述，并对其种类和各自特点进行了归纳和总结；高春平《论中国古代信用票据飞钱、交子、会票、票号的发展演变》（《经济问题》，2007 年 1 期）中通过列举史实，论述了唐朝飞钱、书帖等，宋朝交子、关子、会子，明清时期的汇票和清代的票号产生的历史过程，并总结出这些金融工具共同的规律，即当时社会经济发展与货币流通供求不平衡的必然产物，是在民间商人实践的基础上创新的金融工具，反映了商品货币经济的发展演变规律，交通是它们产生不可忽略的因素；刘秋根在《明清民间商业信用票据化的初步发展——以汇票、汇兑为中心》（《中国钱币》，2006 年 1 期）中提出明清汇票产生对商品经济发展、商业资本的扩张所产生的影响，使商业信用关系走向票据化，并以历史案例分析了会票分三种可能的情况：一是银行异地汇兑；二是资金不够时，作为异时异地兑款的凭证，相当于支票，或本票，或期票；三是一种借贷行为，不同的票据对经济和商业产生不同的影响；田秋平的《纸币初始晋东南》（山西出版集团、山西古籍出版社，2008），对唐宋以来出现在晋东南地区的官方纸币、民间票帖①和历代的盐钞（引）进行了分阶段的介绍，并分析了其当时产生的社会背景、经济发展情况及其社会影响力等；刘建民、王雪农的《中国山西民间票帖》（中华书局，2001）以山西省内所收录到的山西票帖、票版等实物为证据，以历史案例为载体，分析这些金融工具的每个要素及其流通方式和原理，并把这些资料客观地放到当时的历史条件下，分析其产生的原因，是当时特定历史条件下的特定产物，并且分析了每一时期的特点。

第五，对中国历史上金融工具的研究提供史料依据。

1964 年中华书局出版的《中国近代货币史资料》（清政府统治时期 1840~1911 年），在对鸦片战争到辛亥革命期间清政府、各省局、各银

---

① 时用：帖，现今用：帖。

行、外国银行发行的金融工具提供的宝贵历史资料中，能比较清晰地梳理出中国近代金融工具的脉络，其中对商号发行的票帖以及当时各省官员对其所进行的评论和争议，包括清朝道光皇帝对这些相关奏折的批示，都是难得的历史资料。中国人民银行山西省分行和山西财经学院合作编写的《山西票号史料》提供了明清时期比较详细的金融票号的史料。孔祥毅的《民国山西金融史料》则提供了民国时期的大量金融史料。这些为研究我国经济交叠期的金融工具创新提供了丰富的历史资料。

通过对以上的研究进行综述，我们可以看出，在对金融工具创新的研究中，国内外的许多专家和学者已经从不同视角、依据不同理论作了研究，对中国历史上的金融工具的研究，也已经有了很多的成果。比如从金融机构的业务角度对金融工具进行了细致地分析，从晋商管理经验的角度对金融工具的先进性进行了总结，从票号风险管理角度对金融工具的先进性进行了评述。在中国的金融史料的搜集和整理中，也形成了比较系统的全面的研究资料。所有这些都为中国经济不同历史阶段金融工具的进一步研究作了很好的准备，也奠定了坚实的理论基础。为本书对交叠期金融工具产生的原因、金融工具的运用和发展等方面提供了思路、视角和线索。

但总的来看，已有的这些研究从"时代交叠"的角度入手来观察和研究金融工具创新问题的研究还是空白，从一个长时期的历史角度去研究金融工具创新问题的还没有。本书将从"时代交叠"的角度出发，通过研究农业经济时期、商业经济时期、工业经济时期和信息化经济时期金融工具自身的演进规律和功能完善，对这些金融工具的产生、发展规律进行总结，并对中国所出现过的金融工具从经济、社会深层次的原因、发展路径及其创新规律的角度进行全面的总结和研究，借以揭示金融工具创新的历史背景与理论依据，以便为当今信息化经济时代的金融工具创新与管理提供参考。

1.2.2.2 关于金融工具创新的研究

第一，从经济学的角度来论述金融工具创新的动因。

著名经济学家熊彼特（Joseph Alois Schumpeter）在《经济发展理论》中指出，经济发展中，能够破坏一种均衡从而过渡进入到另一种均衡当中的，即创新力量，生产函数中新生产要素的引入、新技术的发明、新生产条件的加入、新产品的开发、新的市场开拓、新资源的发现、新的管理方法运用等都属于创新。这些新的生产要素的"新组合"使得经济不断向前发展。创新是经济发展必不可少的因素。他把这种创新学说应用在金融领域，认为微观层面的金融创新指金融企业在金融工具、金融机构、金融产品、金融技术、方式等领域的变革和发展；而宏观层面的金融创新指金融组织、金融市场、金融监管等领域的演进和变化。而对于金融工具来说，金融工具收益性、流动性、风险性、期限、权益等因素以及这些要素相互之间的变化都是金融工具创新的结果，并且认为银行信用是推动金融创新的主要因素，并且把银行信用分为正常信用和非正常信用，金融创新的主要因素来自非正常信用，即对未来劳务和商品所提供的信贷产生的价值，把未来的劳务和商品能够变成当下可使用的价值，这种可使用的价值即金融创新。

1983年，美国威廉·L. 斯尔帕（William L. Sillber）在《金融的创新发展》中，用直线模型加以论证，创新是经济推动的结果，金融创新来自经济的刺激。

本书所研究的"时代交叠期中国金融工具创新研究"正是研究处在"交叠期"的金融工具从破坏一种均衡而过渡到另一种均衡的创新过程，从而在新的环境中寻找再次的均衡，而导致这种创新的力量有经济发展因素和金融机构业务需求的因素。

第二，从金融的视角和立场来引出金融工具创新的研究。

（1）从微观和宏观金融角度出发来论述金融工具创新的动因。

对金融的研究首次突破货币领域，而转向金融微观理论的研究最早可以追溯到美国经济学家戈德史密斯的"金融结构"理论，开创性地将金融的研究领域由过去的货币领域转向金融工具和金融机构。认为金融的发展就是金融工具和金融机构的变迁。通过对金融相关率的分析，得出一个国家金融的发展情况取决于金融结构是否优化与合理。

经济学家货币学派的代表弗里德曼（Milton Friedman）认为通货膨胀和利率汇率的反复波动引起了经济的不稳定，反而促进了人们为了追求稳定的收益而进行金融创新。即金融创新是为了避免通货膨胀和利率汇率的波动而产生的。

格林包姆（S. L. Greenbum）和海沃德（C. F. Haywood）两位经济学家认为，经济的发展带来了财富的增长，财富的增长激发了人们对金融资产和金融交易的需求。为实现金融资产的增值和保值，人们进行各式各样的金融交易，从而促成了金融创新。财富的增长引发了创新。

1976年，希克斯（J. R. Hicks）和尼汉斯（J. Niehans）提出金融成本理论，认为金融创新的动力来自降低交易成本，交易成本的高低是衡量金融业务和金融工具价值高低的重要指标，因此不断地降低交易成本就会使金融业务和金融工具更有价值，这一过程即金融创新。

孔祥毅教授在《百年金融制度变迁与金融协调》中认为，金融工具的产生是为了协调宏观金融。为解决经济主体资金运行的不平衡问题，调节资金盈余和资金亏损，实现资金融通，资金亏损者付出一定的代价而给予资金盈余者的报酬，协调双方的利益，因此产生了书面标明债券债务关系的凭证，即金融工具的产生。随着社会的进步和法律制度的完善，金融工具的形式越来越丰富，所规定的权利和义务也越来越规范，所发挥的资金调节作用也越来越充分①。

金融工具本身包含许多协调问题。金融工具的特征是流动性、风险性和收益性，三者之间有统一，也有矛盾。一般情况下，流动性强的金融工具风险低，但收益性差。这种矛盾决定了金融工具的每一次创新都

---

① 孔祥毅．百年金融制度变迁与金融协调［M］．北京：中国社会科学出版社，2002：639－640.

不会很完美，这客观上也促使新的金融工具不断涌现，以努力实现该矛盾的协调①。

金融工具是整个微观和宏观经济实现协调的重要载体，金融工具通过其反映出来的价格信息来协调市场机制，金融机构、金融市场也是按照金融工具的价格计算来实现"利润最大化"，金融工具成为中央银行宏观调控时采用的重要办法②。因此，对于金融工具的研究必不可少。

（2）从金融制度的角度讨论金融工具创新的动因。

我国著名的经济学家厉以宁曾经把金融创新分成金融工具的创新和金融体制的创新，都是在金融领域内的创新。只要是在过去的体制和手段下无法实现的潜在利润而被开发挖掘出来，实现利润增长，就是金融创新。"交叠期"的金融工具创新即将过去无法实现的利润开发出来，从而促进经济增长和财富的增加，这一过程中制度发挥的作用不容忽视。

美国经济学家斯尔帕（W. L. Silber）认为金融创新的动力来自金融业自身极力回避和摆脱内、外部的制约。内部制约是金融机构内部制定的各种指标，外部约束是指金融监管部门和国家对金融交易所制定的各种管理条例和法律条款。当这些内外约束影响了金融业的利润最大化目标时，这些金融机构势必寻找和探索新的金融工具、管理条例、产品服务等，进行金融创新。

经济学制度学派的代表诺思（D. North）、戴维斯（L. E. Davies）、塞拉（R. Scylla）认为金融创新是一种制度改革，是与社会经济制度密切相关的、相互影响的制度改革。金融的任何制度改革都是金融创新，这些金融改革既有金融体系的，也有政府监管的，两者相互较量和对抗，形成"管制—创新—再管制—再创新"的螺旋式循环模式。

凯恩（E. J. Kane）认为金融创新主要目的是规避政府监管而进行的

---

①② 孔祥毅. 百年金融制度变迁与金融协调［M］. 北京：中国社会科学出版社，2002：450.

利润最大化改革。现实中，许多政府管制阻碍了金融机构获取利润的机会，给金融机构带来了一定的负担，因此金融机构为了摆脱这些管制而进行金融创新。但当这些金融创新破坏金融稳定和影响货币政策目标实现时，金融机构的管理部门和政府又会加强管制，这个过程会多次反复进行，政府管制和金融创新不断斗争，交替出现。

（3）从技术的角度来论述金融工具创新的可能性。

1976 年，希克斯（J. R. Hicks）和尼汉森（J. Niehans）提出，金融创新源于技术的进步，从而降低了交易成本，金融工具的进步是交易成本不断降低，进而出现更高级形式的交易媒介的结果。因此金融工具的创新与科技进步是紧密联系的。

1985 年，在东京日本银行召开的"金融创新与货币政策"国际会议上，弗里德曼和托宾发言认为，金融创新是国际货币制度的变革，从而创造出新的金融工具和金融结构。这种创新的形式表现为"支付制度的改革"，尤其通过现代化电子支付系统使货币支付制度发生了变革，这些金融创新带来了金融业成本、机会和竞争关系的变化。这种观点强调技术的变革引起的金融工具创新，本书在研究金融工具创新所需要的支撑环境中，也把技术的变革作为一项重要因素。

1986 年，由西方十国集团中央银行编写的《近年来国际银行业的创新》（*Recent Innovation in International Banking*）指出：金融创新即金融工具的创新，主要包括票据发行的便利、货币和利率互换、利率期权和外汇期权、远期利率协议。并指出了金融创新的三大趋势，即金融领域的证券化、资产表外业务的与日俱增和金融市场全球化。

经济学家韩农（T. H. Hannon）和麦道威（J. M. McDowell）通过实证研究发现，技术上的创新和革命是促进金融创新的主要原因。美国20世纪 70 年代银行业新技术的发明和应用，特别是计算机和通信技术的发明和使用，使得金融业的资金使用速度加快，同时减少了资金使用的成本，提高了资金使用效率，推动全球金融市场一体化，科技因素是促成金融创新的主要因素。

（4）综合起来的观点。

黄达认为，金融创新是指"突破"金融业过去传统的经营模式，在金融工具、金融方式、金融技术、金融机构和金融市场等诸多方面进行的明显创新和变革。

美国纽约出版的《银行词典》（*Dictionary of Banking Terms*）中指出金融创新的定义为"支付制度促进银行和一般金融机构作为资金供求中介作用的减弱或改变"，并把金融创新分成四类：技术创新、风险转移创新、信用创造创新和股权的创新。而本书当中对金融工具创新所需要的支撑制度也分为四个，即信用支持、技术支持、制度支持和机构支持。

本书在对"交叠期"金融工具创新的研究中，金融制度、宏观监管、技术手段将作为研究金融工具创新的重要方面加以论述，这些也是引起金融创新的重要因素。

第三，从金融发展历史的角度来研究金融工具创新。

制度经济学的代表诺思主张从金融发展历史的角度来探索金融工具的创新，认为"人们过去做出的选择决定了他们现在可能的选择。"① 金融工具的创新与过去金融工具的演进历史和制度互相联系，相互影响。金融工具创新受到过去的路径依赖，其既定方向会在发展中逐步强化。熊彼特也曾经提到过，每一个事物的变迁过程，都依赖于过去的发展，而每一次变迁都为下一次变迁奠定一定的基础。金融工具的变迁之所以呈现出现有的轨迹，而不是其他种类的轨迹，是因为之前存在的既定规律和路径②。

本书也是站在历史的角度，通过金融发展的历史，从 500 多年间中国所经历的两个时代"交叠期"下金融工具创新的演进过程及路径依赖中，总结出时代"交叠期"金融工具创新的规律，从而得出第三个时代

---

① ［美］道格拉斯·C·诺思. 制度、制度变迁和经济绩效［M］. 上海：三联书店，1994：1.

② 孔祥毅. 百年金融制度变迁与金融协调［M］. 北京：中国社会科学出版社，2002：392.

"交叠期",即向信息化经济时代实现跨越阶段,金融工具创新所呈现的特点、发展趋势以及所需要的环境支持。

通过对以上金融工具创新研究的分析,我们可以发现,对金融工具创新的理论研究丰富,理论派别也很多,这些理论是在适应当时的社会环境对金融工具创新的讨论和论证。而本书所研究的"交叠期"的金融工具创新问题更突出了农业经济时期、商业经济时期、工业经济时期和信息化经济时期不同时代"交叠期"的金融工具创新各自的特点,当然这些创新归纳起来,是源于经济发展的创新,是从金融微观层面引发的创新需求,受到制度和技术层面创新的推动和进展。这些与既有的金融创新理论是一致的。从中国金融工具的演进和发展来看,各种金融工具的从无到有、功能的完善、使用范围的扩大、控制风险能力的提高、信用程度的增强以及融资范围的提高都属于金融工具的创新。它是由当时经济发展变化引起的,对于金融工具创新的法律制度、信用环境、宏观管理等宏观领域的支持也属于金融工具创新的范畴。

1.2.2.3 关于各个交叠期金融工具创新的文献

(1) 商业经济与农业经济"时代交叠期"有关金融工具的文献。

1964 年中华书局出版的《中国近代货币史资料》(清政府统治时期 1840~1911 年)。其中,从鸦片战争到辛亥革命期间清政府、各省局、各银行、外国银行发行的金融工具都是难得的历史资料;货币史学家彭信威编写的《中国货币史》(上海人民出版社,2007),对中国各朝代的金融货币、金融工具进行分析论述,尤其对明清时期的金融工具分析对笔者论证在商业经济与农业经济的"时代交叠期"的金融工具创新具有借鉴意义;黄鉴晖于 1994 年出版的《中国银行业史》对中国从 1680~1989 年 300 年的银行发展历史进行了阐述,对每一时期银行所发行的金融工具分别进行了介绍和论证,对明清时期中国银行业金融工具的分析和论述,为研究者提供了有关中国金融机构金融工具的原始资料和依据;戴建兵的《中国纸币史话》(百花文艺出版社,2007)对宋代以来的官方纸币、民间私票、各地方金融机构发行的纸币和外商银行发行的纸币进行了介绍，对当铺、钱庄、银号、钱铺和各商号发行的金融工具进行了展示，其中对于明朝的货币和清朝的钞票的历史介绍对笔者研究这一时期的金融工具创新提供了有力的历史资料；陈其田先生的《山西票庄考略》、卫聚贤先生的《山西票号史》、黄鉴晖先生的《山西票号史》、燕红忠《金融创新与山西票号的兴起》和《晋商与现代经济》、中国人民银行山西省分行和山西财经学院合作编写的《山西票号史料》、著名学者张正明编撰的《明清晋商资料选编》等，这些论著对以票号为代表的金融机构发行的金融工具——汇票做了详细研究和叙述，对于研究这一时期的金融工具创新提供了有力的论据和资料；黄鉴晖的《中国钱庄史》和《中国典当业史》分别从钱庄和当铺的金融机构角度对其所发行的金融工具——银钱票、当票进行了叙述和说明。金开诚的《账局、钱庄、票号》分别在账局、钱庄和票号这些金融机构的业务中对银票、信票和汇票进行了介绍。这些对于研究这一时期的金融工具创新提供了宝贵的历史资料和依据。高春平《论中国古代信用票据飞钱、交子、会票、票号的发展演变》（《经济问题》，2007年1期）中通过列举史实，论述了唐朝飞钱、书帖等，宋朝交子、关子、会子，明清时期的汇票和清代的票号产生的历史过程，并总结出这些金融工具共同的规律；刘秋根在《明清民间商业信用票据化的初步发展——以汇票、汇兑为中心》（《中国钱币》，2006年1期）中提出明清汇票产生对商品经济发展、商业资本的扩张所产生的影响，使商业信用关系走向票据化，这些都是研究这一时期金融工具创新的有力参考资料。

（2）工业经济与商业经济"时代交叠期"有关金融工具的文献。

黄鉴晖于1994年出版的《中国银行业史》对中国1680～1989年300年的银行发展历史进行了阐述，对每一时期银行所发行的金融工具分别进行了介绍和论证，对民国时期中国银行业的金融工具的分析和论述为笔者在研究工业经济与商业经济"时代交叠期"金融工具的创新提供了原始的资料和历史依据；戴建兵的《中国纸币史话》（百花文艺出版社，2007）对宋以来的官方纸币、民间私票、各地方金融机构发行的纸币和外商银行发行的纸币进行了介绍，对当铺、钱庄、银号、钱铺和各商号发行的金融工具进行了展示，其中对于民国时期银行发行的金融工具的介绍为笔者在研究这一时期的金融工具创新提供了历史资料。田秋平的《纸币初始晋东南》（山西出版集团，山西古籍出版社，2008），当中对于民国时期出现在晋东南地区的官方纸币、民间票帖进行了介绍；刘建民、王雪农的《中国山西民间票帖》（中华书局，2001）以山西省内所收录到的山西票帖、票版等实物为证据，分析这些金融工具的流通方式和原理，对民国期间所流通的金融工具客观地放到当时的历史条件下，分析其产生的原因；孔祥毅的《民国山西金融史料》则提供了民国时期的大量金融史料。这些为研究我国经济交叠期的金融工具创新提供了丰富的历史资料。

（3）信息化经济与工业经济"时代交叠期"有关金融工具的文献。

自20世纪后半期开始，随着电子金融、数字化金融发展理念的深入人心，对互联网、电子银行、数字化金融的国内外研究逐步产生和增多。这一时期有关文献集中在对于互联网金融的论述和说明。

①对互联网金融的概念和其发展的经济背景进行分析。

弗兰克·艾伦（Franklin Allen）提出了电子金融的概念，认为使用电子通信技术用于金融业务和市场，就可称之为电子金融。随着互联网的普及应用，电子金融将对金融服务产生根本性的影响，引起"金融脱媒"现象更加频繁，银行业之间的竞争更加激烈，从而给客户带来益处[①]；20世纪90年代，罗伯特·莫顿（R. Merton）和兹维·博迪（Z. Bodie）等分别提出随着电子金融出现，改变了金融机构的交易模式，金

---

① Franklin Allen, James McAndrews and Philip Strahan. E - Finance: An Introduction [J]. Journal of Financial Services Research, 2002 (22): 5 - 27.

融机构的发展模式和特征会随着电子金融的发展而发生深刻变化①；国内最早对互联网金融模式进行解释的专家为谢平，他在 2012 年指出，互联网金融是一种既不同于商业银行的间接融资模式，又不同于资本市场的直接融资模式，是第三种直接融资的金融机制②。这种融资模式，支付简便，资金供需双方直接交易，减少交易成本，达到资金的合理配置；王雷在 2003 年提出，网络金融是信息技术与现代金融相结合的产物，依托于网络技术，可以在全球范围进行的金融活动总称，深刻地改变着金融体系的结构和特征③。本书也是从互联网金融产生的经济背景出发引出对这一时期金融工具的论述。

②对互联网金融带来的影响进行分析。

迈克尔·波特（Michael E. Porter）作为竞争战略理论的提出者，也认为，网络金融的出现，改变了实体金融网点的服务方式，提供了比较快捷的服务，这种借助社交平台和网络技术提供的"虚拟服务"比传统银行具有明显的优势④；斯蒂恩·克莱森斯（Stijn Claessens）等提出，电子金融、互联网金融具有"普惠金融"的优势，在全世界范围内改变着金融服务的性质，这对于完善金融工具和促进经济发展具有正向作用⑤；20 世纪 90 年代，罗伯特·莫顿和兹维·博迪认为，传统银行业可能面临"末世恐龙"的争议，金融功能相对比金融机构更加稳定，金融机构的服务方式将是动态变化的，互联网金融给传统银行业带来巨大冲击的主要原因是其"金融功能"不能满足新的经济形式下所出现的新的金融需求⑥；宫晓林在 2013 年指出，传统商业银行若想得到持续健康发

① Boot, A W S Greenbaum and A V Thakor. Reputation and discretion in financial contracting [J]. American Economic Review, 1993 (83): 1665.

② 谢平, 邹传伟. 互联网金融模式研究 [J]. 金融研究, 2012 (12).

③ 王雷. 网络金融的国际比较与借鉴 [D]. 大连: 东北财经大学, 2003.

④ Michael E P. Competitivestrategy [M]. New York: Simon & Schuster, 2004: 15.

⑤ Stijn Claessens Thomas C Glaessner and Daniela Klingebiel. Electronic Finance: A New Approach to Financial Sector Development [M]. Washington, D. C: The Word Bank 2002.

⑥ Merton R C. Financial innovation and the management and regulation of financial institution [J]. Journal of Banking Finance, 1995, 19 (3): 461. Robert C. Merton.

展，必须充分利用互联网金融模式，融入到利用互联网技术的金融业务中。本书在参考以上文献基础上，分析了互联网金融工具创新所带来的经济效应。

③对互联网金融所引起的金融功能深化进行论证。

李群在 2013 年指出，互联网金融化就是指以电子商务为平台的商户为客户提供融资、支付等金融服务，是传统金融业务在借助互联网技术下的业务延伸；宫晓林在 2013 年也指出，互联网金融是依托现代信息技术的金融活动，具有融资、支付和交易中介等功能①；钱金叶在 2012 年指出，P2P 网络借贷是现有银行体系的有益补充，尽管现阶段有许多问题，比如个人信用体系不健全，相关法律缺失，行业自律性差等，但作为一项金融创新应该受到鼓励②；吴晓求在 2014 年指出，互联网金融可以深化资源配置的功能，大幅度地提高支付清算的功能，改变以商业银行为主体的支付体系，互联网金融通过延长客户链条和提供成本低廉、快捷便利的营销网络来实现对金融的财富管理功能，互联网金融提供的价格信息更及时、丰富和准确，对于提供价格信息的功能具有推动作用③；巴曙松在 2012 年提出，传统金融机构应该与互联网金融联合合作，以便拓展客户规模，提高资源配置，提高风险控制力，降低营运成本。同时，互联网金融企业通过与传统金融机构合作，可以增强其跨领域经营的能力④；张金顺在 2012 年指出，互联网金融的兴起，使得中国金融业走向普惠金融、大众金融的时期，给小微企业、个人用户带来了现代金融的便利，具有传统银行业所不具备的优势。本书在参考以上文献的基础上，分析了这一阶段金融工具创新所带来的功能深化和广化。

---

① 宫晓林 . 互联网金融模式对传统银行业的影响［J］. 金融实务，2013（5）.
② 钱金叶，杨飞 . 中国 P2P 网络借贷的发展现状及前景［J］. 金融论坛，2012（1）.
③ 吴晓求 . 中国金融的深度变革与互联网金融［J］. 财贸经济，2014（1）.
④ 巴曙松 . 互动与融合：互联网金融时代的竞争新格局［J］. 中国农村金融，2012.

④对互联网金融时代金融工具创新的表现进行解释和论述的文献。

2013 年，曹旭斌博士论述了 P2P 网络借贷的产生理念，从社会网络的角度对 P2P 网络借贷的指标和测量体系进行了分析①。他以互联网的发展和信息技术的进步为时代背景，选取了互联网技术与金融相结合的工具创新 P2P 网络借贷作为研究对象。把 P2P 网络借款作为金融工具创新的代表。吴清烈在 2010 年指出，电子商务是在借助互联网平台的基础上，实现传统商品买卖服务的电子化，并且将用户的购物信息和资金流通信息通过互联网信息平台实现商品交易，是在互联网时代背景下催生的新型的商务模式②。把电子商务作为金融工具创新的研究内容。邱勋在 2014 年对于直销银行的概念、特征和运营模式进行了论述，指出直销银行是利用互联网将金融产品和服务销售给客户的扁平化有机银行，并且对直销银行在国内产生的社会背景进行了说明，提出了促进直销银行快速发展的策略③。把直销银行作为金融创新的研究平台。谢平在 2012 年指出，在社交网络中，个人和机构都掌握大量的客户信息，包括财产状况、经营情况、消费习惯和信誉行为等，如果将这些信息在社交网络上汇集起来，对于信用资质的判断和盈利前景的分析将有很大帮助④。成远在 2008 年曾指出，社交网络是在互联网发展趋势下，人们将线下生活信息逐渐转移到线上，从而实现了管理的低成本，即虚拟的社交网络与现实世界逐步融合⑤。把社交网络作为金融工具创新的研究主题。本书在介绍金融工具创新的表现时，也是以 P2P 网络借贷、电子商务、互联网直销银行和社交网络平台四个表现作为研究对象的。

① 曹旭斌. P2P 在线借贷平台社会资本测量及作用问题研究 [D]. 西南财经大学，2013.
② 吴清烈. 电子商务：理念、误区与未来 [J]. 南京邮电大学学报，2010 (2).
③ 邱勋. 多维视角下我国直销银行发展的思考 [J]. 西南金融，2014 (3).
④ 谢平. 互联网金融模式研究 [J]. 金融研究，2012 (12).
⑤ 成远. 社交网络考古 [J]. IT 经理世界，2008 (8).

1.3　研 究 内 容

本书研究内容主要包括：

（1）从历史分析的角度对中国在实现从农业经济到商业经济过渡时所经历的两种经济重叠时期的金融工具创新进行论述。这一部分主要介绍这一阶段金融工具创新的经济背景、表现形式和创新的路径、信用、技术等支持环境。

（2）从历史分析的角度对中国在实现从商业经济到工业经济过渡时所经历的两种经济重叠时期的金融工具创新进行论述。这一部分主要介绍这一阶段金融工具创新的经济背景、表现形式和创新的路径、信用、技术等支持环境。

（3）对中国在实现从工业经济到信息化经济过渡时所经历的两种经济的重叠时期，即当前我国所处的经济发展阶段的金融工具创新进行论述。这一部分也主要介绍本阶段金融工具创新的经济背景、表现形式和创新所需要的路径、信用、技术等支持环境。

（4）通过对每次经济交叠期的历史分析，得出金融工具创新所需要的条件支持。历史是现实的镜子，通过梳理中国历史上不同时代交叠期的金融工具创新，分析其发展历程，分析金融工具创新成功与失败的原因，总结经验和教训。得出的基本结论是：信用支持是基础条件，技术支持、制度支持和机构支持能够在信用的基础上发挥重要的作用。

本书的研究内容见图1－1。

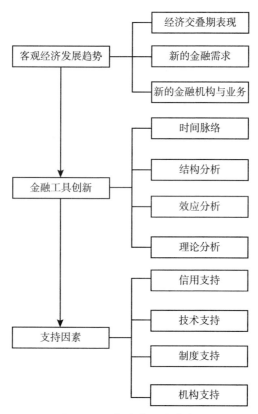

图 1 – 1　各章节研究内容

本书技术研究路径如图 1 – 2 表示。

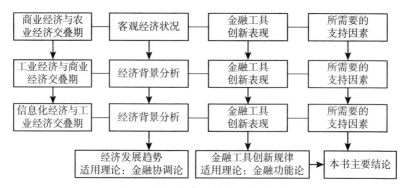

图 1 – 2　本书的技术研究路径

1.4　研　究　方　法

（1）以理论为指导的方法。本书运用金融协调思想和金融功能理论分析经济发展时代交叠期中国金融工具创新的经济背景，以金融协调理论为指导思想论述时代重叠期中国金融工具创新的需求效应、创新路径和支持环境。

（2）以历史史实作为分析的依据。在历史分析和理论分析时严密遵守"论从史出""以史为据""史论结合"，在论述中严格尊重历史史实的客观性。

（3）逻辑推理的方法。在对时代交叠期中国金融工具创新的理论分析时，遵循严格的逻辑推理方法，以史料为依据，从逻辑上推出时代交叠期中国金融工具创新的经济背景，并且以逻辑推理的方法总结出时代交叠期中国金融工具创新的经济效应、创新路径和支持环境，以此来指导现代金融的创新。

1.5　创新与不足

1.5.1　本书的创新之处

（1）发现经济发展存在"交叠期"现象，并且对"交叠期"进行了划分和描述，从"交叠期"视角研究金融工具创新。

本书在把中国经济发展划分为农业经济时期、商业经济时期、工业经济时期和信息化经济时期的同时，提出在实现每次经济发展时期的跨越时，都要经历两种经济时期的重叠与交错。因此在四个经济时期的发展过程中，经历了商业经济与农业经济的时代交叠期、工业经济与商业经济的时代交叠期和信息化经济与工业经济的时代交叠期。并且本书在进行理论分析时，对时代交叠期中国金融工具从其产生的经济背景、社会深层次的原因、创新表现等方面进行比较深入的总结和研究。

（2）提出了金融工具创新所需要的环境支持。本书不仅仅重视金融工具的形式、机构和效应的论述，还重点分析了推动其产生的外部环境支持。本书对每次经济"交叠期"金融工具创新所需要的信用支持、技术支持、制度支持和机构支持作了深层次的分析，得出这些因素在促进金融工具创新中所发挥的作用，以此指导当前金融工具创新的进程。

（3）站在金融史研究的视角来讨论金融工具创新。本书通过对明清时期以来中国金融工具创新的历史进行分析论证，总结出根植于中国传统经济社会文化土壤中的金融工具创新的成因、路径和规律，并借鉴其创新的经验和教训，来指导新时期金融工具创新的工作和管理。这是从中国历史发展入手来研究问题，是典型的历史分析方法。

1.5.2 本书的不足之处

（1）受历史史料的局限性，对每个时代交叠期的经济发展、时代特点和具体的时间脉络缺乏进一步的条理，对于每个时代交叠期时段划分的依据有所欠缺。

（2）在对金融工具创新需要的信用支持、技术支持、制度支持和机构支持进行深层剖析时，对他们之间的联系缺乏更深入的研究。

第2章

概念界定与相关理论

2.1 研究对象——时代交叠期中国金融工具范围的界定

2.1.1 时代的演变与交叠

2.1.1.1 时代阶段与起点的划分

本书把中国经济发展历史阶段划分为四个阶段，即农业经济时期、商业经济时期、工业经济时期和信息化经济时期。这种阶段划分法及其起点的界定是在综合考虑中国经济发展特点的基础上完成的，依据是美国著名未来学家阿尔温·托夫勒在《第三次浪潮》中把人类社会分成三个阶段，农业时代、工业时代和信息化时代。主要参考孔祥毅教授在《金融发展史纲》中把世界金融史划分为五个阶段，即农业经济时代、商业革命时期、工业经济时代、管理通货时期、现代金融的新发展。认真总结前人对于中国经济发展阶段的划分方法（在文献综述中已经说明）的优点与不足，并进行了调整。阿尔温·托夫勒的阶段划分如图 2 – 1 表示：

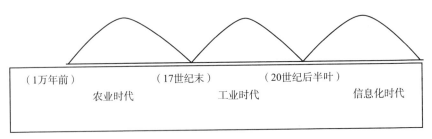

| （1万年前） | （17世纪末） | （20世纪后半叶） |
| 农业时代 | 工业时代 | 信息化时代 |

图 2 – 1　阿尔温·托夫勒的历史阶段划分图

这种划分阶段的方法没有把商业经济作为一个阶段，是对世界经济发展特征的忽略。如果站在经济发展的角度，商业经济发展是世界历史上不可缺少的一个阶段。从世界范围来看，从 16 世纪开始，欧洲许多国家为扩大贸易，纷纷探索新的贸易领域，开辟新航路。随着葡萄牙、西班牙、意大利航海家的地理大发现，很多欧洲人出发去非洲、美洲大陆，欧洲各国竞相向外扩张势力，开始殖民统治。为了取得这些地方的原料，他们在所到之处都设立了贸易据点。因此商业时代作为人类从农业时代向工业时代的过渡阶段，是世界历史上不能忽略的一个时代。

孔祥毅教授的经济阶段划分如图 2 – 2 表示：

公元前5000年	1500年	1750年	1913年	1970年	现在
（新石器时代）	（地理大发现）	（英国产业革命开始）	（第一次世界大战）	（世界格局多元化）	
农业经济时代	商业革命时期	工业经济时代	管理通货时期	现代金融的新发展	

图 2 – 2　经济阶段划分

这种分类是站在世界经济金融发展的角度来分析中国经济和金融的发展，视野宽阔，农业经济、商业经济和工业经济是以占当时经济发展的主体行业为标准来划分，而通货管理时期是按照当时对经济发展管理上的特征来命名，现代金融是以时间发展来划分。

本文以各种占主导地位的经济方式作为唯一的标准，并且考虑到当代经济发展的新特点和新趋势，把中国经济发展阶段划分成农业经济时期、商业经济时期、工业经济时期和信息化经济时期，作为四个阶段开始的标志性事件分别为：夏朝建立，随着农业生产工具的提高和私有制的确立，我国进入到农业经济时期；明朝中期开始，我国对内对外商品贸易发达起来，产生了资本主义的萌芽，从而推动我国进入商业经济时期；19 世纪中后期，由洋务运动开启的中国工业化进程推动我国进入工业经济时期；20 世纪后半期开始的，以信息技术为主体，以"计算机"为象征的新的经济时期的到来，标志着我国进入到信息化经济时期。其具体的阶段及起点的界定分别是：

（1）农业经济时期。

本书所指的农业经济时期即从公元前 21 世纪开始的夏王朝，这一时期的人类不再以狩猎和采集作为获得食物的主要手段，而是以农业生产为主，人类开始定居下来，人口比较集中的城市开始形成，正如孔祥毅在《金融发展史纲》中讲述的那样，这一时期，货币产生并且成为商品交换的一般等价物，降低了商品交换的成本，同时产生了早期的信用活动；手工业和商业先后从农业中分离出来，早期的货币借贷活动也随之开始，比如中国南北朝时期出现的"质库"，是寺庙经营货币存放业务的金融机构。同时也出现了早期的货币兑换商。唐朝、宋朝时期为解决货币材料不足及携带不方便的问题，先后发明了"飞钱"和"交子"来代替货币流通。

（2）商业经济时期。

本书所指的商业经济时期即从 16 世纪明朝中期开始，我国商品交换的种类、金额、范围进一步扩大，对内和对外贸易水平不断提高，在国内初步形成了棉花、粮食、丝绸、茶叶等商品的交易市场，出现了资本主义萌芽，同时在对外贸易上形成了全方位的格局。金融与贸易不分离，贸易的扩大促进了金融的发展，明朝中期的金融机构种类颇多，有钱肆、钱桌、金铺、银铺、钱庄等，从事的货币业务越来越多样化，有兑换业务和早期的存款贷款业务。清朝初期又有账局、印局、票号等金融机构产生，业务也在不断增加和完善。印局主要业务是为个人提供消费信用，账局主要业务是对商人放款，票号主要业务是异地汇兑，钱庄主要业务是钱币兑换，业务既有分工，又有交错。这些金融机构最初与商品经营资本混合经营，后来逐渐从商业资本中分离出来，成为专门的金融机构。同样，当时的中国也出现了早期金融票据，凭帖、兑帖、上帖、期帖等金融工具，在使用上相当于本票、支票、汇票的功能。随着商业革命的发展，世界贸易的范围也逐步扩大，贸易组织形式越来越多，贸易的技术手段越来越发达。

（3）工业经济时期。

本书所指的工业经济时期即从 19 世纪后半期开始的洋务运动，洋务运动是推动中国从手工操作进入机器工业的主要动力，洋务运动作为中国近代企业的起源，把中国带入了工业经济时期[①]。

19 世纪后半期，洋务派创办了江南制造局、福州船政局、金陵制造局和天津机器局等企业，同时西方国家已经在中国建立了数十家工厂、企业，规模较大的有上海祥生和耶松船厂、香港黄埔船坞公司等；第一家由中国商人自己办的现代缫丝厂即昌隆丝厂在广东南海创办；在交通领域，外国航运等纷纷来到中国时，中国自办的轮船招商局、电报局也纷纷成立。

1887～1911 年，我国进口机器达到 6 955 万台，1915 年有工人 1 109万人，1895 年开办的机器工厂中，官方办厂占 28.7%，民办厂占 71.3%，这些机器工厂的工人中，属于官方办厂的占 56.1%，属于民办厂的占

---

① 吴晓波. 跌宕一百年——中国企业 1870～1977［M］. 上册，北京：中信出版社，2009：5.

43.9%①。这些数据说明，这一时期我国工业发展是比较突出的。

从 19 世纪后半期开始，我国进入工业经济时期，同时中国的资本主义也开始萌芽。20 世纪初期，资本主义已经有了初步的发展，第一次世界大战以后，民族工业又得到了进一步的发展②。

1928～1937 年是经济史上被称为"黄金十年"的发展时期，工业增长率平均达到 8.7%③。这一时期，国民党政府收回国家经济主权，在中央和地方政府的管理下，工业经济得到了一定的发展，主要以扶持国营事业为主。这种强大的国家领导的集权制的管理不仅提高了投资效益，还使中国在这一阶段基本完成了重工业和运输网络的建立④。

1937～1949 年，这一时期是抗日战争和内战时期。这一时期，中国的工业分成了两部分，一是国民党统治区，二是日本占领区。由于日本占领区处于被严重的掠夺状态，工业经济发展严重下滑，比如华北地区是日本占领的主要地区，在这一时期，民族工业资本减少 21.9%⑤。因此，国统区的工业经济是这一时期经济发展的主要地区，10 年间，国统区的工业资本增长了 12.8 倍⑥，说明这一时期工业还是有所增长。

1949～1978 年，中华人民共和国建立到改革开放之前，这 30 年里，中国基本形成了比较完备的工业体系，尤其是重工业。"一五"期间，我国的工业项目达到一万多个，形成了以鞍山钢铁为中心的东北工业基地，华北、西北先后也建立了新的工业基地，朝着社会主义工业化迈进。尽管这一时期工业化的道路非常坎坷，但这一阶段所取得的成绩是值得肯定的。

---

① 陈真、姚洛.中国近代工业史资料（第一辑）［M］.北京：生活·读书·新知三联书店，1957：10，27，54.

② 毛泽东.毛泽东选集［M］.北京：人民出版社，合订本，1957：590.

③ 按照张朋园的计算，工业增长率 1912～1920 年为 13.4%，1923～1936 年则为 8.7%，1912～1942 年平均增长率为 8.4%，整个 1912～1949 年，平均增长率为 5.6%。转引自吴晓波，跌宕一百年——中国企业 1870～1977［M］.上册，北京：中信出版社，2009：219.

④ 吴晓波.跌宕一百年——中国企业 1870～1977［M］.上册，北京：中信出版社，2009：226.

⑤⑥ 邓伟根.20 世纪的中国产业转型：经验与理论思考［J］.学术研究，2006（8）.

1979 年以来，是中华人民共和国工业发展最具活力的 30 年。在这一阶段，中国工业的发展实现了从计划经济向市场经济的转变，是工业发展速度最快的阶段，是工业产业结构不断优化的时期，也是中国工业在国际上竞争力不断提高的阶段。在这一时期，我国的电力、钢铁、汽车、建材、化工等工业成为主导产业，工业占 GDP 的比重达到37%[①]。工业的大发展带来了国民经济的全面发展。

综上所述，在这一期间，即从 19 世纪后半期开始，工业的发展在我国经济中占有重要的位置，总体来看，是发展快速的行业，也是每个时期政府所极力支持的产业，因此，本书把这一时期普遍称为工业经济时期。

（4）信息化经济时期。

"信息经济"最早是由美国的马克卢普教授在其论著《美国的知识生产与分配》中提出来的。信息经济指以现代信息技术和高科技为载体的新型信息产业经济。"信息化"是由日本的社会学家梅淖忠在 1963 年发表的《信息产业论》中首次提出的。随后，日本科学技术研究人员对其从社会进步角度进行分析论证，提出信息化经济时代正在取代工业化经济时代。

信息化经济时期是从 20 世纪后半期开始的，以信息技术为主体，以"计算机"为象征的新的经济时期。这是一场经济革命，以前所未有的方式对人类的经济、社会和生活产生了重大的影响。在生产过程中由于信息技术的引进，大大增加了自动化水平；计算机与网络技术的结合，使得信息传递的速度飞快，方便了人类的生产和生活，也显现出信息对人类的重要性；由于信息技术的发展，信息机器成为人类活动的参与者，许多过去只能由人做的事情，现在改由信息机器去做，信息技术正在转化为人类劳动。无形的信息成为一种重要的生产要素，对经济发展起着重要的作用，并且呈现出边际效益递增的特点。以互联网为代表

① 邓伟根.20 世纪的中国产业转型：经验与理论思考［J］.学术研究，2006（8）.

的信息化革命正在渗透到人类生活的方方面面和人类社会的各个行业，改变了人们的通信工具，改变了人们的交往方式，改变了社会资源的分配方式，改变了人类的生产组织方式和价值实现方式。互联网金融在我国短短的几年时间，以其较低的门槛、较高的收益、较灵活的方式和快捷的操作深受广大客户的青睐，其发展可谓是生机勃勃。

用图 2-3 表示本书所讨论的几个阶段：

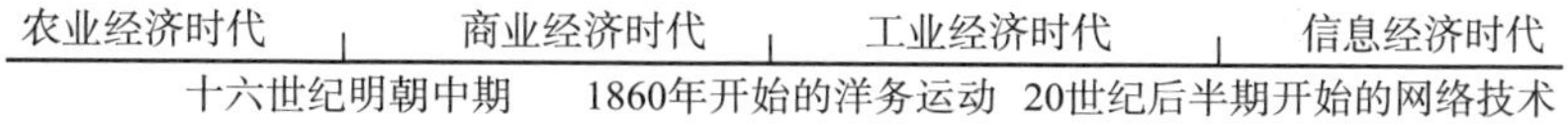

农业经济时代	商业经济时代	工业经济时代	信息经济时代
十六世纪明朝中期	1860年开始的洋务运动	20世纪后半期开始的网络技术	

图 2-3　本书的讨论阶段图

总之，信息化经济已经成为不可阻挡的潮流，正在对我们的社会产生着巨大的变化，与工业化的经济并存、重合。我国目前正处于工业化经济和信息化经济的交错时期，信息化的经济时期已经开始，但工业化经济依然很重要，信息化的经济模式与旧的工业经济模式共同存在。

2.1.1.2　交叠期的说明

从世界经济发展来看，当旧的经济发展阶段还未结束，而新的经济发展阶段已经开始时，两种经济发展交织在一起，相互影响，随着新的经济发展模式越来越壮大，逐渐成为经济发展主流，旧的经济发展模式逐渐弱化退出。而两种不同时期的经济模式同时存在时，经济发展表现出如下的特征：

①旧的经济发展模式依旧占据重要地位。

在公元前 5500 年到公元前 1000 年，人类从原始的采集、狩猎生活开始向种植、养殖业转化，逐渐产生了村落、手工业和商业，人类进入了漫长的农业经济时代。公元前 5000 年左右，中国、印度、埃及、地中海、欧洲、美洲的一些地区农耕技术得到普及，农民基本定居下来，并且人口也开始增加。在漫长的农业经济发展时期，手工业和商业从农业中分离出来，出现了以交换为目的的商业活动，于是货币产生，商品贸易活动的范围不断扩大，规模不断扩张。但这时农业经济仍然在当时社会占有重要地位。

进入 16 世纪，在世界范围内商业经济非常繁荣。在西欧，葡萄牙在 1580～1640 年凭借其靠近地中海的地理优势以及对大西洋地理和航海技术不断了解的基础上，积极地拓展自己的海外商路。葡萄牙在长期从事贸易交易过程中，用服装、马、盐等货物与非洲商人交换。葡萄牙人在从事商品贸易过程中，积极探索制糖业，许多葡萄牙人定居在巴西马德拉群岛，建立起制糖业，利用奴隶种植甘蔗、加工蔗糖，马德拉以此带动了葡萄酒的生产工业。在 16 世纪，制糖业已经成为葡萄牙在巴西从事出口业获得高额利润的行业，并且在 17 世纪中叶蔗糖的出口达到了高峰①；荷兰经过积极地开辟海上通道，海上贸易十分发达，16 世纪 60 年代，每年有 1 300 多艘船只进入波罗的海运输货物，每年运输粮食达 10 万吨，荷兰的商船在周边国家的港口进行贸易，进口英国的呢料、法国的粮食、盐、葡萄酒、香料、糖等货物。荷兰拥有欧洲最大的商业船队，其运载量相当于法、德、英船只的运载量之和②。到 17 世纪中期，荷兰有了配有纤道的运河网络，其运输成本大大降低，荷兰运输网络的廉价和稠密程度超过其他任何国家；1500～1700 年是英国发展最快的时期，经济发展和人均收入都迅速增长。1700 年，英国人均糖的消费量达 2.6 千克，烟叶的人均消费量为 1 千克，茶叶、咖啡的需求也开始增长，英国从印度进口印花布，从中国进口陶瓷制品，商品贸易非常繁荣。可见这一时期，商品经济占据重要地位。

20 世纪中期以来，信息化经济的发展已经成为各国竞争实力的标志，各国信息技术之间的竞争已经远远超过跨国企业集团之间的竞争。20 世纪 60～70 年代，信息经济技术发展迅速，发达国家从事信息技术

---

① ［英］安格斯·麦迪森. 世界经济千年史［M］. 北京：北京大学出版社，2003：62.
② ［英］安格斯·麦迪森. 世界经济千年史［M］. 北京：北京大学出版社，2003：69.

的劳动力数量大大增加，在美国，信息产业的产值已经占到工业产值的15%，占高新技术产值的50%，70年代，在经济发展出现滞胀时，唯有信息产业发展迅速；新加坡、韩国等新兴工业国家以及中国香港、台湾等新兴工业地区也开始了信息经济时期；80年代后期，亚太经济区的发展中国家的信息经济发展较快，其增长速度超过了发达国家。1988年，联合国报告显示，全世界65%的国民生产总值与电子信息和计算机有关。全世界信息产品的销售额从1980年的2 370亿美元增加到2012年的10 380亿美元①。在信息化经济时代，信息资源被广泛利用，促进了产业结构的合理化，由于信息技术在生产、销售、消费领域的广泛运用，使得生产成本降低，从而促进了生产效率的提高。信息化经济无论对于发达国家还是发展中国家来说，其所带来的好处有目共睹。从工业化经济时代到信息化经济时代的发展，使得信息化的科技力量也同样促进了工业的发展。在我国，随着信息化经济时代的到来，工业化和信息化有机地结合起来，共同促进了经济和社会的发展，信息化是工业化在新时期的新表现，信息技术的发展为资源的开发提供了先进手段，为产品的销售提供了多种渠道，为工业制造过程提供了技术支持，这样使工业化的进程更加迅速。从我国目前来看，信息化经济发展尚处于初级阶段，从工业化的发展来看，工业仍是发展的主体。

②新的经济发展模式开始萌芽，并表现出强大的生命力。

11～15世纪，欧、亚、非三大洲之间的地中海沿岸地区成为东西方贸易最频繁的地区。威尼斯、佛罗伦萨、米兰等城市商业非常繁荣，东西方的商品货物在此彼此融汇，彼此交换。这时的"丝绸之路"将中国的丝绸源源不断地输入到地中海沿岸城市，进入欧洲国家。这些大大促进了商品贸易的繁荣和金融业务、金融工具的发展和创新。1500～1750年，这个时期是世界经济商品化、货币化时期，很多国家都产生了商业

---

① 今年全球消费电子产品销售额或将超1万亿美元 ［DB/OL］2016－02－03. www. cnbeta. com/articles/168647. htm.

革命①。欧洲国家由于海上殖民的扩张，国际贸易非常发达，尤其是荷兰海上贸易的发展，使欧洲贸易的中心从地中海转移到荷兰。18世纪，英国成为最大的工业化国家，其商业发展水平居世界第一。在亚洲，日本结束战争，进入到工业化、商业化发展时期。中国也不例外，明朝万历年间，中国迎来了经济和商业发展高潮，商品经济表现出极强的生命力。

18世纪60年代开始，英国发生工业革命，并迅速影响和扩展到欧洲和北美。此后的一个世纪里，先后发生了北美独立战争和法国大革命，资本主义工业迅速在这些国家发展起来，出现了规模较大的工业城市，经济发展迅速。欧洲国家纷纷争夺殖民地，获取原料产地和商品倾销市场。在英国，贸易范围的进一步扩大带动手工工业的发展；股份公司制、合伙公司制的广泛建立，使工业化的规模越来越大。经济增长结构开始由商业占主体地位向工业占主体地位转移；生产方式逐步转向大工厂生产，大机器的生产方式改变了人们传统的生活方式。工业化的经济表现出强大的生命力。

从20世纪后半期，以电子计算机的问世开始为标志，在世界范围内兴起了信息化技术革命，信息经济开始出现，并且发展速度飞快。从第一台电子计算机产生到第五代计算机的投入应用只用了四十多年，但是其性能提高了100多万倍，同时光纤、卫星、网络等技术也在突飞猛进，信息化的技术革命带来了社会的整体变革。

③新的经济模式逐步取代旧的经济模式成为主流。

在农业经济时期，随着产品的增加和交换的扩大，商品化、货币化和市场化程度进一步提高，推动了商业革命的到来。中世纪早期，印度和中国商业繁荣，城市发展，文化灿烂，佛教在亚洲传播广泛，希腊和罗马的各个商业贸易中心通过商品流通经济非常繁荣。在中国，公元1206年，成吉思汗统一蒙古，其对外扩张非常频繁。驿站的建立使交通

① 孔祥毅.金融票号史论［M］.北京：中国金融出版社，2003：442.

更加便利，加快了商品交换和文化交流，公元 15 世纪，亚洲、非洲和欧洲的贸易活动更加频繁。14 ~ 15 世纪，随着地理大发现，欧洲商品经济发展迅速，商品的增加、对外贸易的增加和人口的增加促进了商品贸易的繁荣。随着葡萄牙、西班牙大规模开展的海上探险活动，意大利的哥伦布率领的船队到达了中南美洲；葡萄牙的船队到达了非洲南端的好望角，后来绕过好望角，到达印度洋和南亚西海岸，打通了欧洲到印度的新航路；西班牙麦哲伦船队经过大西洋、太平洋进行海上探险活动。这些新航路的开辟使海上贸易路线进一步扩大，推动欧洲贸易的中心从地中海沿岸城市转移到大西洋沿岸的城市。后来，荷兰、英国相继成为欧洲市场的贸易经济中心。商品经济模式正在取代农业经济模式。

随着 17 世纪 90 年代金矿的发现和 18 世纪 70 年代米那斯钻石的发现，欧洲和巴西东北部大量移民参与到黄金和钻石的开发。在 1750 年，黄金采掘业达到高峰，年产量达 15 吨。18 世纪的前 50 年，开采黄金获得的利润平均每年为 523 万密尔雷斯（约为 140 万英镑）[①]；16 世纪 90 年代，荷兰开启了同亚洲的商业贸易，不久便成为欧洲对亚洲贸易的主导，在 1630 ~ 1654 年，荷兰占领了巴西东北部的制糖业，将贸易主战场转移到加勒比海，在 17 世纪和 18 世纪，荷兰的财富和经济实力可以与法国相媲美，尽管法国的人口是荷兰的 10 倍多，但荷兰的商船数量是法国的 9 倍，外贸额是法国的 4 倍[②]。荷兰商业的繁荣也促进了工业的发展，1648 年荷兰独立时，其发展规模最大的产业是船舶业、制造业、盐的加工业、酿酒业、建材业、麻纺业等；从 18 世纪 60 年代开始，在英国，棉纺业增长迅速，在此之前的 150 年里，英国依靠从印度进口纺织品来满足国内需求，由于技术的创新，这一时期英国纺织业得到快速发展，机械化的大生产提高了劳动生产率。1764 ~ 1767 年，哈格

---

① ［英］安格斯·麦迪森. 世界经济千年史［M］. 北京：北京大学出版社，2003：62.

② William Petty. Political Arithmetic［M］. New York：Oxford University Press Inc，1690.

里夫斯发明的珍妮纺纱机将生产率提高 16 倍；1768 年，阿克赖发明了用水力作为动力来纺纱；1779 年，克朗普顿发明的走锭纺纱机可将纬纱和经纱同时纺出；1887 年，卡特赖特发明了动力织机，提高了织布的生产效率。从 1774～1820 年，英国原棉的进口量增加 20 多倍，纺织业就业人数增加 6 倍，英国棉纱的出口增长率从 1774 年的 20% 增长到 1820 年的 62%，其工业化水平大大提高。这一时期，工业经济的发展逐步成为主流。

当今世界的信息化发展趋势表现为，信息技术的发展和进步已经成为带动经济增长的主要动力；信息网络平台的兴起成为社会经济发展的重要依托；信息技术和产业的进步成为各国追求经济增长的驱动力。面对信息化的发展趋势，各国都制定了信息化经济的战略目标，以此来占领 21 世纪世界经济新的制高点。信息化经济时代的到来是历史的必然，这一趋势既是科技发展的必然趋势，也是生产力发展的结果。无论对于发达国家还是发展中国家，随着信息技术的成本下降和功能的增强，信息技术已经广泛运用于社会各部门，成为实现经济转型的核心技术支持，每个国家都已预料到信息经济技术的强大动力，并制定了发展信息技术的战略目标。

2.1.1.3 交叠期的图示

中国经济在从农业经济时期、商业经济时期、工业经济时期和信息化经济时期的发展过程中，每两个阶段之间都存在着"交叠期"。在实现从农业经济时期向商业经济时期的跨越时，会经历商业经济与农业经济时期的交叠时期；同样，在实现从商业经济时期向工业经济时期的跨越时，会经历商业经济时期和工业经济时期的交错和重叠；在从工业经济时期向信息化经济时期迈进时，也要经历信息化经济与工业经济时期的交叠。"交叠期"存在的时期是一个过渡时期，经历的时间不是固定的，有的很漫长，有的比较短暂。在"交叠期"内，两种经济发展阶段的特点并存，同时经济发展为进入下一个阶段，会对原有的经济模式、发展条件、环境因素等方面提出更高的要求。本书所指的"时代交叠期"是指在旧的经济发展阶段向新的经济发展阶段过渡时，两种经济发展阶段共同存在的、相互影响的、朝着新的经济发展阶段共同进步的历史时期，其"交叠期"如图2-4所示。

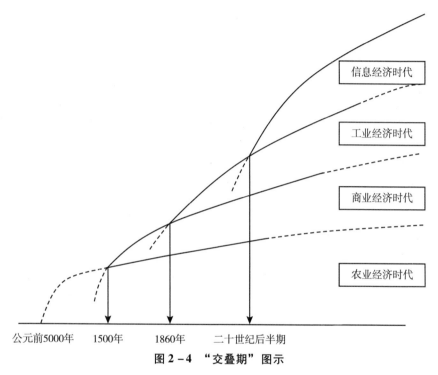

图2-4 "交叠期"图示

说明：

每一个经济阶段没有截然的开始和截然的结束，原因是"交叠期"的存在。当新的经济时代特征越来越明显，越来越壮大时，旧的经济时代逐渐退出。且不同地区的演进步伐并不一致，当发达地区已进入新的阶段时，落后的地区仍停留在旧的阶段。

每一个阶段有一个被人们普遍接受的标志性事件，这作为本阶段开始的标志，即图中"箭头"所代表的时间和事件。16世纪开始，我国处于明朝中期，商品贸易活动增加，资本主义萌芽出现，对外贸易开始形成全方位格局，我国开始进入商业经济时期；1860年的洋务运动，将中国推进工业经济时期，官办、商办工业、民族工业纷纷建立起来；20世纪后半期开始，计算机技术与网络技术的相结合，以前所未有的影响力改变着人类的生产生活方式，推动人类进入信息化经济时期。

每一阶段的萌芽和结束都用"虚线"表示，其原因是每个萌芽时期的阶段特征还不明显，而结束时，本阶段的经济特点会逐渐淡化，人们也不再关注。

2.1.2 金融工具的界定

2.1.2.1 金融工具的概念

在现代经济下，金融工具的定义很多，国际会计准则委员会认为金融工具是指现金和持有另一个企业的所有权益；金融界所说的金融工具指用于市场交易的，并且受法律保护的凭证或契约，这种凭证或契约是具有统一标准的，并且规定了交易单位、品种、期限、规则等①。孔祥毅在《百年金融制度变迁与金融协调》中所讨论的金融工具是指资金亏绌部门向资金盈余部门发行或向投资者筹措资金时依照一定的格式组成的书面文件，是具有法律效力的，明确债权债务关系的凭证②。所以金融工具一般是指"在金融市场中可交易的金融资产"和"用来证明债权债务关系的合法凭证"。也指买卖商品权利义务的条约、书面证明。法律角度所指的金融工具是一切体现商事权利或具有财产价值的书面凭证，这种凭证所表示的权利和义务是有明确的法律制度为依据的。

2.1.2.2 金融工具的特征

（1）流动性。

这是金融工具最基本的特征，指能用来支付和转让，并且转让时，无须通知债务人，不受债务人的限制。在金融工具未到期之前，要想实现兑现，需支付相关的费用。金融工具流动性的大小与发行者的信誉程度成正比，与其期限成反比。金融工具流动性的特征必须是在良好信用的基础之上，并且还要有相关法律制度的规范和管理机构的制约。

---

① 吴腾华. 金融市场学 [M]. 上海：立信会计出版社，2004.
② 孔祥毅. 百年金融制度变迁与金融协调 [M]. 北京：中国社会科学出版社，2002：639.

（2）偿还性。

金融工具在发行时都有偿还期，有长期，也有短期，有随时能兑现的，也有偿还期为永久性的金融工具。偿还期限必须有严格的法律制度和管理机构来保证实施，《中华人民共和国票据法》规定，见票付款的汇票，自出票日 1 个月内，持票人向付款人提示承兑，汇票到期日起 10日内持票人对承兑人提示付款，这些法律规定体现了金融工具的偿还性。

（3）收益性。

金融工具能给持有者带来收益，尤其是具有融资功能的金融工具，其发行者为筹集到所需要的资金，必须给予投资者一定的报酬，收益性成为投资者投资金融工具的主要目的。

（4）风险性。

金融工具的风险来自三方面，其一来自不履行债务的风险，与债务人的信用有关；其二是来自流通过程中所面临的市场风险；其三是要受到当时政治和社会稳定状况的影响。在信息化经济时代，市场风险的大小在某种程度上可以通过模型分析技术来衡量；政治和社会稳定状况很大程度上受法律制度和相关机构影响。可以看出，风险的大小也与信用、技术、制度和机构相关联。

（5）要式性。

金融票据要进行有效的出票、背书、流通、兑付，就必须按照规定的格式记载票据内容，按照规定的程序签名、盖章、出票、承兑、背书等，否则其法律效力将受到影响。

（6）无因性。

金融工具所产生的债权债务法律关系不受其他原因的影响，一切依照所规定的法律程序执行，其执行只与票据所反映的法律关系有关。票据在运动中只要要式具备，持票人无须证明取得票据的原因，债务人得无条件支付①。所以一但票据上所反映的债权债务关系明确了，其执行不再受其他事由或抗辩理由影响。

2.1.2.3　金融工具的分类

（1）按期限分类。

按照金融工具的期限可分为短期金融工具和长期金融工具。短期金融工具通常是指一年期以下的工具，包括有商业票据、银行票据、国库券、信用证等；长期金融工具通常指一年期以上的工具，包括股票、债券等。

（2）按照发行者的性质分类。

金融工具按照其发行者的性质可分为直接信用工具和间接信用工具。筹资者直接在金融市场或者从投资者那里取得货币资金的属于直接信用，这种形式的金融工具有股票、债券等；而资金盈余者将货币资金存放到银行等中介组织，筹资者再通过银行等金融中介组织取得货币资金的叫间接信用，这种形式的金融工具有钞票、存单、票据等。

（3）按照金融工具的性质分类。

按照金融工具的性质可将其分为债权凭证和所有权凭证。债权凭证也叫约定凭证，债权人可以在约定的期限要求还本付息，比如国债、债券等；所有权凭证也叫权益证券，持有人可以分享企业的利润，并承担相应风险，所有权凭证一般通过转让、出售所有权来收回本金。

2.1.2.4　金融工具的作用

（1）支付和结算的作用。

从金融工具产生的历史来看，由于金属货币不能满足商品流通的需要而产生了代替金属货币流通的票据、纸币等，这样既满足了商品流通的需要，又实现了远距离携带货币的便利和安全。因而金融工具最初的作用即支付作用。而结算作用是通过金融工具清偿债权债务关系来体现

---

①　孔祥毅. 金融市场学概论［M］. 北京：中国金融出版社，1991：115.

的。通过票据结算，债务可以转让，最终兑现票据，实现债务清偿。支付和结算作用的有效发挥与信用支持高度相关，发货人之所以愿意接受票据，是因为其对购买方的信任、对出票人的信任、对银行的信任，从而形成对票据的信任，如果不是建立在信任的基础上，发货人是不会接受一张票据，购销合同就难以完成。当然为保证这种信用机制，相关的法律制度和机构管理是必不可少的。

（2）融资作用。

金融工具的产生正是为了解决金属货币在时间和空间上的分布不均衡，通过发行票据、股票、债券等，使发行者没有货币但暂时先取得了货币的使用权，有效解决了资金周转问题，弥补了资金不足的难题。融资作用的体现也是与信用高度相关的，投资者之所以愿意投资某种金融工具，是因为看好这一金融产品，对其高度信任。为维持这种信任，应签订相关的合同，以制度和机构来保障。

（3）信用作用。

使用金融票据进行支付和结算，实际上就是收货人为付款人提供了一定时间段的贷款，提供了信用，如果持票人急需兑现，可通过帖现获取现金，同样也是因为票据的信用作用，提前获取资金。这种信用作用促进了商品的流通，实现了资源的有效配置。

2.1.2.5　本书金融工具所包括范围

本书从历史考察角度研究金融工具，所研究的金融工具的具体载体随时代的变化而发生变化，是直接能支付货币的凭证载体，并能实现流通和转让，表明债权债务关系的书面证明。而这种凭证的承载材料具有多样性，包括有形的纸质凭证，也包括无形的电子化凭证。按照这样的解释，本书所讨论的金融工具是指所有和钱、商品有关的权利单据，包括书面支付命令、支付承诺书，所有标明期限、用途、发行人等信息的凭证。

中国是最早使用金融工具的国家，唐朝的"飞钱"、宋朝的"交子"是被世界所公认的最早用于异地汇兑的金融工具，元朝政府开创了发行纸币的历史先河。明清以来，中国的金融工具种类非常丰富，大体分成五类。

（1）代表官方政府的机构发行的银钱票。即代表政府的银行兑换券，还有各省官银钱局发行的新式银元票。这是可以用于市场交易的凭证，本身不是钞票，却可以代替钞票流通，表明了债权债务关系的合法凭证，具有流动性、偿还性、收益性、风险性等特点。

（2）在民间流通的各类钱票。与世界其他国家一样，银钱并用，两种货币材料并存的局面，使得货币兑换业成为人们的需求。我国早期的货币兑换机构很多，有"钱铺""钱肆""钱桌""钱庄"等。这些机构在保管和兑换货币时，为了减少重复清点工作，节省时间，出现了"钱帖"代替铜钱的收付；明末清初，工商业的进一步发展，出现了经营资本的困难，经营所需资本不够用，有了借贷的要求，便产生了"会票"；清代，钱庄开始发行和使用银票、钱票[1]。典当业中出现用来代替现银当赎的票据，这种票据也能在社会上流通，成为流通媒介。[2] 钱铺、银号、当铺、票号、官银钱号、商店等都签发银票，主要是为了解决工商业在货币兑换和清点搬运困难时而出现的解决手段，为工商业发展提供了便利；清朝中期开始出现山西票号，开创了票汇和信汇的历史先河，建立和发展了我国的汇兑制度，逐步形成统一和规范的金融工具格式；同时，民间出现和流通的"凭帖""兑帖""上帖""壶凭帖""外兑帖""拨兑钱帖"等都是当时存在和流通的金融工具。这些金融工具一直到民国时期还在流通。这种金融工具是"资金亏绌部门向资金盈余部门发行或向投资者筹措资金时依照一定的格式组成的书面文件[3]"。具有金融工具的所有特征，当时主要用来支付和结算。

（3）股票和债券。政府为筹集甲午战争的军费，光绪二十八年（1894年），户部上奏："伏查近年以来，帑藏偶有不敷，往往息借洋款，多论镑价，所耗实多。因思中华之大，富商巨贾，岂无急公慕义之

---

① 刘建民，王雪农. 中国山西民间票帖［M］. 北京：中华书局，2001：7.
② 刘建民，王雪农. 中国山西民间票帖［M］. 北京：中华书局，2001：10.
③ 孔祥毅. 百年金融制度变迁与金融协调［M］. 北京：中国社会科学出版社，2002：639.

人，若以息借洋款之法，施诸中国商人，但使诚信允孚，自亦乐于从事。"① 清政府开始募集昭信股份，中国公开股票市场的"平准股票（股份）公司"1892 年成立。债券和股票都是筹集资金的金融工具，分别属于债权凭证和所有权凭证，具有收益性和风险性特点，主要用来筹资和融资。因此也属于本书所论述的范围。

（4）外来银行发行的金融工具。鸦片战争以来，外国银行先后在中国设立分支机构，这些机构在中国发行钞票、吸收存款、代发股票，这些从理论上说也属于中国的金融工具，但是本书研究的主要目的是寻找中国土生土长金融工具的创新路径和规律，因此这些西方的金融工具不属于本书所研究的范围。

（5）信息化工业时期的金融工具。是指 20 世纪后半期以来，在信息经济引领的"互联网＋"时代，在互联网金融的深刻变革中，金融工具创新的种类和类别也越来越多样化。包括 P2P 借贷、电子商务、互联网直销银行业务、金融社交等平台上实现金融功能演进的金融工具。新时期的金融工具满足"在金融市场中可交易的金融资产"和"用来证明债权债务关系的合法凭证"。同样是表明债权债务关系的信用工具，具有流动性、偿还性、收益性、风险性等特点，用来融资、支付和结算，满足金融工具的定义、特点和功能。

综上所述，本书所研究的金融工具主要指前三类，即代表官方政府的机构发行的银钱票、民间流通的各类钱票和发行的股票债券等，以及第五类互联网金融模式下的新兴起的金融工具。

2.1.3　金融工具创新

2.1.3.1　金融工具创新的内涵

本书所讲的创新是为适应变化发展的新形势，一种内在的渴望生命

---

① 东华续录·光绪朝［Z］．卷一二一：九．

力向上突破。本书所讲的金融工具创新是指为了适应外部环境的变化，为了寻求新的经济平衡，金融工具创新主体以内在的生命生存和发展的需求出发，在一定的信用、技术、制度、机构的支持下所进行的各种适应环境的变化。这种变化如果成功，会增强金融工具的生命力，从而促进经济更好更快速的发展。

准确地把握金融工具创新的内涵，应把握以下几点：

这里所指的金融工具创新主体包括商业机构、金融机构、工业企业和国家。从中国金融工具的历史发展演变中可以看出，发行金融工具的机构既有钱庄、票号、银号、当铺等金融机构，也有非金融机构如店铺、酒铺、粮店等商业机构。在进入工业经济时期，工业企业是股票、债券等发行主体。还有代表国家权力的政府机构和国家银行发行的兑换券、银钱票等。

这里所讲的外部环境的变化是指由时代的变化所引起的经济新格局。包括财富推动、成本降低等因素。在每一个时代"交叠期"，社会经济发展都出现新的变化，新的经济格局初步形成。这时虽然旧的经济模式依然是经济主体，但新的经济模式已经产生，并且表现出极强的生命力，并且最终成为经济发展的新潮流。

这里所讲的创新主体为适应环境的变化是指金融工具创新的表现形式。在每一次时代"交叠期"，金融工具创新的表现形式所突出的重点不同。在第一个经济交叠期，金融工具创新主要表现在代表远距离商业贸易的汇票的出现，便利了商业贸易范围的进一步扩大；在第二个经济交叠期，金融工具创新主要表现在满足大规模工业经济资金需求的用来筹集资金的金融工具的出现；在第三个经济交叠期，金融工具创新主要表现在信息化经济发展的产物——代表高科技互联网金融工具的出现和蔓延。

创新的动力来自金融工具内在生存发展的内在需求。金融与经济紧密联系，金融始终为经济服务。在每一次经济"交叠期"，当新的经济发展模式表现出极强生命力的时候，会产生新的社会需求，人们则渴望出现能体现新的社会需求的金融机构和金融业务，逐渐产生了新的功能强大的金融工具。

创新的路径遵循以下规律：经济的进步和发展是金融工具创新的最主要原因；每一次金融工具创新的动机是趋利性，包括利己和利他两方面，每次经济交叠期的金融工具创新也是在利益的驱使下引发的；金融工具的创新伴随着信用机制的健全、金融制度的健全和管理机构的支持。

2.1.3.2 金融工具创新的外延

本书所研究的"交叠期"的金融工具创新问题更突出了"交叠期"的金融工具创新的特点，当然这些创新归纳起来，有源于经济发展的创新，也有从金融微观层面引发的创新需求，也有源于制度和技术层面引起的创新。从中国金融工具的演进和发展来看，各种金融工具的从无到有、功能的完善、使用范围的扩大、控制风险能力的提高、信用程度的增强以及融资范围的提高都属于金融工具的创新。同时对于金融工具创新的法律制度、信用环境、宏观管理等宏观领域的支持也属于金融工具创新的范畴。

本书所研究的金融工具创新的外延是对于这个时期金融工具创新的深层剖析，即支撑"时代交叠期"金融工具创新的环境支持，包括信用支持、技术支持、制度支持和机构支持。

信用支持指支撑"时代交叠期"金融工具创新的信用机制。金融创新的基础是诚信，信用机制的完善和健全是金融工具创新永恒的主题，在每一个"交叠期"，都有与时代发展主流相对应的信用支持。

技术支持指支撑"时代交叠期"金融工具创新的技术手段。时代在发展，技术在进步，技术的变革会引起的金融工具创新，因此在每个"交叠期"，都有其技术变革的因素推动金融工具创新的步伐。

制度支持指支撑"时代交叠期"金融工具创新的制度健全。金融创新是一种制度改革，是与社会经济制度密切相关的和相互影响的制度改革。金融的任何制度改革都是金融创新，这些金融改革既有金融体系方面的，也有政府监管方面的，两者相互较量和对抗，形成"管制——创新——再管制——再创新"的螺旋式循环模式。

机构支持指支撑"时代交叠期"金融工具创新的机构平台，金融机构是金融工具创新的平台，在每个时代，先有经济发展的变化，然后有适应经济发展需求的金融机构，再由其尝试新的金融工具。

2.1.4 经济交叠期的金融工具创新

金融与经济共生长，在每个经济时代的交叠期，是金融工具创新最活跃的阶段，也是金融工具种类丰富的时期。

在商业经济与农业经济交叠时期即明清时期，中国民间出现的各种钱帖和票据，更体现了这一时期中国金融工具创新的特色，开创了票汇和信汇的历史先河，建立和发展了我国的汇兑制度，逐步形成统一和规范的金融工具格式和一系列被后人称赞并模仿的防范金融风险的制度。明清时期是我国商品贸易最发达的时期，同时也是金融业最繁荣的时期，金融工具创新层出不穷。明清时期，我国先后所出现的工商会票、银票、汇票、凭帖等一系列金融工具创造了令人赞叹的辉煌，执金融业之牛耳，引领金融业的发展。

在工业经济与商业经济交叠即清朝末年到民国时期，为适应工业经济的发展，票据的流通更加完善，同时股票市场、债券市场、信托基金等也开始出现。这些金融工具满足了工业经济时期所需要的资金数量多、规模大的特点，这一时期，对这些金融工具进行管理的制度规范层出不穷；管理机构设立颇多；管理的技术手段尽管已经产生，但仍然还不成熟，从而导致数次大规模的金融风潮，影响了金融工具创新的进程。

我国目前处于信息化经济与工业经济的交叠时期，近几年，在国际化的趋势下，我国金融工具的创新步伐越来越快。当今时代，商品贸易通过发达的网络技术，二者融合在一起，再次迎来了商品贸易的大发展阶段，同时也是金融创新的活跃阶段。互联网金融在我国短短的几年时间，以其较低的门槛、较高的收益、较灵活的方式和快捷的操作深受广大客户的青睐，其发展可谓是生机勃勃。尽管"宝宝"类产品收益率在2014年已经回落到货币基金的正常水平，但人们还是为它在产生时动辄达到6%的收益率而感到兴奋难忘；P2P网贷模式在2014年可以说异常火爆，出现了团购网站的趋势，其规模达到1 000多亿元，其收益率在2014年10月达到16%。互联网金融作为金融业与互联网相结合的产业，从其产生起，发展速度极快，掀起了信息技术在金融业的"第三次革命"。这一交叠期的金融工具更是尽出不穷，其创新的种类和速度超越了历史上任何时候。

2.2　相　关　理　论

2.2.1　金融协调发展理论

金融协调理论主要是将金融的发展与经济、社会结合起来考虑，金融、经济、社会三者之间相互影响，相互促进，相互制约。当三者处于协调发展时，经济就会发展，社会就会进步；反之，当三者不协调时，就会产生严重的经济或社会问题。

2.2.1.1　金融协调发展的内容

金融与经济协调发展表现在：（1）金融的发展促进经济增长。金融在经济中的地位和作用不容忽视，金融的发展关系到经济的进步。金融的每一次创新和变革都推动经济的向前发展，货币的出现解决了交换的矛盾，促进了商品经济的发展；信用的出现则大大减少了商品贸易的成本，促进了贸易的发展；银行的产生使社会储蓄更容易转化为投资，解决了信用媒介与信用创造的冲突；中央银行的出现则解决了银行间的清算和银行券的发行权问题，推动了经济全球化和自由化的发展。（2）经济的稳定发展也会有利于金融的发展。经济的发展壮大为金融的发展创造条件。金融的每一次创新和变革都离不开经济发展的大环境。商品经济的出现促进了货币的产生；商品贸易范围的扩大推动了信用的产生；从世界范围看，资本主义生产关系的出现促使了现代银行业的产生；贸易结算方式的多元化和稳定经济的需要促成了中央银行的出现；经济发展水平的提高使人们的收入增加，促进了金融市场的发展和完善。总之，金融的每一次腾飞离不开经济的发展。

金融与社会的协调发展表现在：（1）金融会影响社会的发展。金融的稳定和发展对稳定的社会环境具有重要意义。金融的稳定发展有利于国家的安全，而每一次金融危机的发生都可能会引起社会的动荡；金融的开放有利于提高一国的国际地位，进而促进社会的健康向上发展；金融市场的相对稳定和繁荣会促进人们收入的增加和社会的向前发展，同时，泡沫化严重的金融市场会带来社会的动荡不安。（2）社会的稳定状况也会影响金融的发展。一国良好的自然环境、政治环境、法律环境、历史文化等社会因素会为金融的发展创造良好的外部条件；相反，一国恶劣的自然环境、动荡不安的政治环境、落后的法律制度等都会阻碍金融的发展和进步。

金融协调理论主张在充分认识到金融、经济和社会三者之间存在的这种相互协调关系的条件下，充分利用好三者之间的互补性和报酬递增规律，运用系统分析和动态发展变化的方法，以金融效率为核心来研究金融及相关构成要素的变化规律、运动规律、收益情况和风险程度。从而发掘金融与经济、金融与社会、金融各要素之间的协调规律，来更好地促进金融、经济、社会的稳定发展。

2.2.1.2 金融协调与中国经济发展的不同时期金融工具创新的作用机理

在经济发展的不同阶段，中国金融工具的每一次创新和进步，包括金融工具功能的完善、使用范围的扩大、抗风险能力的提高都与当时的经济和社会发展状况相关,受当时经济发展水平和社会环境的决定。

明末清初时期,是中国资本主义的萌芽时期,经济的发展带来商品交易需求的扩大,而中国是货币材料缺乏的国家,这些促进了金融工具的发展;清朝中期,随着我国跨地区贸易的发展,解决异地交易的金融工具——汇票逐步普遍流通起来;清政府历次大量发行纸币的原因都源于解决财政资金的不足,社会因素迫使金融工具不断变革创新。总之,从不同经济发展时期我国金融工具创新的历程中可以看出,金融工具的每一次创新都是为解决经济、社会中所出现的矛盾,而每次创新都会产生新的矛盾,这种矛盾成为下次金融工具创新的动力,就这样金融、经济、社会始终在协调中发展。

2.2.2 金融功能理论

以默顿和博迪为代表的金融功能观,认为应该从金融功能的角度分析金融问题。他俩将金融的功能划分为资源配置、管理风险、支付系统、财富的集中、提供财富和激励机制六种。提出以功能观来看待金融,认为金融机构的相互竞争和创新能带来金融系统各项执行功能的提高。具体来说,默顿和博迪认为金融的功能有:

(1)金融具有解决在不同时间和不同空间资源配置问题的功能。在跨地区、跨时间、跨行业之间资源的调剂和使用上,金融提供了重要的途径和扮演了重要的角色。在自然经济状态下,人们对金融在跨时间、跨空间的使用需求不多,但也存在,比如中国南北朝时期,公元 500 ~ 550 年,寺庙经营保管钱币和贷款业务,这就是中国最早的存款和贷款业务,解决了货币跨时间的使用问题。随着经济的发展,金融全球化、国际化的到来,金融在不同时间和空间的资源配置功能越来越重要,金融机构出现的各种金融工具,为消费者在不同时间使用货币资源提供了越来越多的选择;跨地区、跨国之间的结算、汇兑、转账等业务使得资金在瞬间可以实现跨地域的使用。这些都是金融在解决不同时空资金使用上所体现的功能。

（2）金融具有管理风险的功能，无论是直接金融还是间接金融，都为减少一定的风险发挥了作用。直接金融通过提供标准化的金融工具来使消费者降低交易风险，间接金融通过金融中介来满足资金需求者，从而降低资金供需双方的风险性。同时金融的这一功能加速了资源在资金需求部门和资金盈余部门的转化，促进了经济的发展。

（3）完成清算和支付，以完成交易的功能。经济发展到一定阶段，无论人与人、企业与企业，还是国与国，都有货币的支付关系，而金融具有清算和完成支付关系的功能。金融的这一功能大大降低了交易成本，提高了资金的使用效率。

（4）储蓄资源和分割股份的功能。金融为储备资金和拥有大型企业提供了规范所有权的机制，可以用股权分割的办法来实现对大企业的所有权。这一功能扩大了企业的规模，为规模化的大生产提供了支持。

（5）提供相关的价格信息，帮助相关经济主体的决策功能。无论个人还是企业都能通过利率和股票价格信息，来对经济行为加以决策，从而减少盲目性和风险性。

（6）解决委托代理关系中的激励问题的功能。由于存在逆向选择和道德风险，使得委托代理关系常常陷于复杂的状态中，而金融中介的存在使得双方的紧张关系得到缓解。

金融功能观认为，不同国家、不同地区在不同时间的金融工具、金融机构虽然大不相同，但是其金融功能是相同的，金融的发展也是围绕以上六种功能而不断完善的。认为从金融功能角度出发去研究金融发展更科学一些。

著名金融学家白钦先从金融体制的视角来研究金融的本质属性，在反思戈德史密斯的金融结构理论以及默顿和博迪的金融功能观的基础上，将金融功能分成三个大层次：基础功能、主导功能和衍生性功能。每个功能又有细分的层次，基础功能包括服务功能和中介功能；主导功能是指资源配置功能、经济协调功能和风险规避功能；衍生性功能指资产重组功能、公司治理功能、资源再配置功能和财富再分配功能。

本书所讨论的时代交叠期中国金融工具创新，是从金融功能的角度去分析金融功能的不断完善和扩张过程。唐宋时期出现的"飞钱""交子"是金融在不同时空资源配置功能的体现，明清时期，专门解决异地汇兑问题的"汇票"的出现，则是这一功能的完善和扩张；明末已经出现的银票、当票是金融的清算和支付功能的体现，而到了清朝中期民间各种凭帖、兑帖、上帖等的出现，则是这一功能的升华；在中国官方发行的钞票与民间发行的各种金融工具之间的相互摩擦和此消彼长的演进中，则是金融管理风险功能的最好体现，当官方认为民间的金融工具风险大时便会制止民间金融工具的流通，而当官方发行的钞票通货膨胀严重时，人们会热衷于相对风险小的民间金融工具的使用。正是在金融功能的不断演进和完善过程中，不同时期中国金融工具也在朝着进步的方向进行着历史变迁；金融工具的每一次蜕变和进步也是其金融功能更加全面和完善的结果。当然从农业经济时期到工业经济时期的初级阶段，我国的金融工具的功能体现方面只是停留在基础功能和主导功能上，还没有发展到衍生功能。到工业经济时期的后期和信息化的经济时期，金融工具已发展到其衍生功能。

2.2.3 金融创新理论

20 世纪 50 年代开始，面对世界金融全方位和大规模的引进新事物，金融业产生了巨大变化，许多西方学者开始从不同角度研究金融创新，产生了许多金融创新的理论派别，主要有技术推进论、货币促成论、财富增长论、约束诱导论、制度因素论、规避管制论、交易成本论等。

技术推进金融创新理论。经济学家韩农和麦道威（T. H. Hannon & J. M. McDowell）通过实证研究发现，技术上的创新和革命是促进金融创新的主要原因。认为美国 70 年代银行业新技术的发明和应用，特别是计算机和通信技术的发明和使用，使得金融业的资金使用速度加快，同时减少了资金使用的成本，提高了资金使用效率，使得全球金融市场一体化，这些是促成金融创新的主要因素。

货币促成金融创新理论。货币促成论的代表人物弗里德曼认为："前所未有的国际货币体系的特征及其最初的影响，是促使金融创新不断出现并形成要求放松金融市场管理压力的主要原因"。金融创新归根结底是由于货币方面因素的变化而促成的。

财富增长金融创新理论。格林包姆和海沃德（S. L. Greenbum & C. F. Haywood）是这种理论的代表人物。该理论认为，经济的高度发展所带来的财富的迅速增长是金融创新的主要原因。他们认为科技进步引起财富增加，随着财富的增加，人们规避金融风险的欲望增强，从而对金融资产的需求增加，金融创新也随之产生。

约束诱导金融创新理论。美国经济学家斯尔帕（W. L. Silber）提出了关于金融创新的约束诱导理论。Silber 是从供给角度来探索金融创新的，他认为金融创新是微观金融组织为了寻求最大化利润，减轻外部对其产生的金融压制而采取的"自卫"行动，是"在努力消除或减轻施加给企业的约束，实现金融工具和金融交易创新"。

制度因素创新理论。该理论认为金融创新是一种与经济制度互相影响、互为因果的改革，金融体系任何因制度改革而引起的变化都可以视为金融创新，因此政府为稳定金融体系和防止未来收入不均而采取的改革措施，都属于金融创新范畴。代表人物有制度学派的诺思（D North）、戴维斯（L. E. Davies）、塞拉（R. Scylla）等，他们都主张从经济发展史的角度来研究金融创新，认为金融创新不是 20 世纪电子时代的产物，而是与社会制度紧密相关的。

规避管制金融创新理论。该理论的主要代表人物是凯恩（Kane）。他认为金融创新主要是由于金融机构为了获取利润而规避政府的管制所引起的。政府对金融机构的管制和由此产生的规避行为，是以政府和微观金融主体之间的博弈方式来进行的。许多形式的管制，会限制金融机构的获利机会，因而金融机构会通过金融创新绕开管制，但当这些金融创新危及金融稳定和货币政策目标实现时，金融当局会加强管制，这个博弈过程会多次进行。

交易成本金融创新理论，希克斯和尼汉斯（J. R. Hicks & J. Niehans）于 1976 年提出了金融创新的交易成本论，它的基本命题是"金融创新的支配因素是降低交易成本"。这个命题包含两层含义：降低交易成本是金融创新的首要动机，交易成本决定了金融业务和金融工具是否存在实际的价值；金融创新实质上反映了技术进步导致交易成本下降的事实。

这些金融创新的理论分别从不同角度说明和阐述了金融创新的生成机制和原理，这些理论综合起来构成本书研究金融工具创新的基本理论依据，中国金融工具的创新既有技术推进的因素，比如造纸技术和通信技术的出现推动了汇票的产生和发展；也有为降低交易成本的因素，无论政府发行的钞票还是民间金融机构发行的银票，在降低交易成本方面都做出了突出贡献；还有基于摆脱金融风险，防止货币贬值的金融工具创新，比如清朝中期出现的民间发行的各种可以流通的钱帖，就是为避免接受官方发行的已经严重贬值的钞票而形成的。总之，在中国金融工具创新的过程中，减少交易成本和解决货币材料匮乏问题是首要诱因，同时伴随减少金融风险、稳定收入水平、摆脱政府管制等原因，诚信是金融创新得以进展的必不可少的核心因素。因此，研究时代交叠期中国金融工具创新，既是总结和验证金融创新理论的既有成果，又是探索和发掘中国金融工具创新规律和路径的尝试。

2.2.4　本书主要理论

2.2.4.1　范围界定

本书所论述的"时代交叠期金融工具创新"，主要包括在以下三个方面：一是金融工具，即代表官方政府机构发行的银钱票、民间流通的各类钱票、发行的股票债券等，和互联网金融模式下新兴起的金融工具；二是金融工具的创新，即为了适应外部环境的变化，为了寻求新的经济平衡，金融工具创新主体以内在的生命生存和发展的需求出发，在一定的信用、技术、制度、机构的支持下所进行的各种适应环境的变化；三是时代交叠期，即旧的经济发展阶段向新的经济发展阶段过渡时，两种经济发展阶段共同存在的、相互影响的、朝着新的经济发展阶段共同进步的历史时期。

2.2.4.2 理论观点

在经历每一次的经济时代"交叠期"，即实现从农业经济时期向商业经济时期的跨越、从商业经济时期向工业经济时期跨越时，金融与经济发展表现出不协调的一面，在商业经济与农业经济的交叠时期，商业经济的扩张趋势与落后的金融工具流通和支付结算方式相矛盾，金融工具的功能跟不上经济发展的需求，商品交换与金属货币缺乏的矛盾日益严重，人们渴望新的金融工具出现以便利他们的交换；在工业经济与商业经济的时代交叠期，金融工具逐渐不能满足工业经济发展的需要，表现出金融与经济发展的不协调，金融工具的功能弱化不能很好解决工业经济大规模的资金需求。

在经历每一次时代"交叠期"的金融工具创新之后，新的金融工具表现出强大的生命力，其金融功能得到强化和完善，金融与经济逐步相协调，由此带来了经济效益的提升。在商业经济与农业经济的交叠时期，本票、支票、汇票等商业票据的出现大大节约了交易成本，加速了商品流通速度，解决了资金暂时周转问题，促使经济朝着新的发展阶段——商业经济时代迈进；在工业经济与商业经济的时代交叠期，票据的进一步完善，股票和债券的出现有效解决了工业经济发展中所需要的资金规模大、数量多的问题，发挥了金融工具的融资功能，一定程度上推动了工业经济的发展。

在实现每一次时代"交叠期"的金融工具创新的背后，既有来自经济发展驱动的内在动力，也有促使其创新实现的环境支持，即信用支持、技术支持、制度支持和机构支持。无论是在农业经济时期和商业经济时期的交叠时期，还是在商业经济时期和工业经济时期的交叠时期，金融工具创新都是指为了适应外部环境的变化，为了寻求新的经济平衡，金融工具创新主体以内在的生命生存和发展的需求出发，同时，在其创新的过程中离不开信用、技术、制度和机构这些支持因素。对于以上论述用公式表示为：

$$F = F_1(E) + F_2(C，T，L，I)$$

其中，F 表示金融工具创新；F_1 表示内在动力，F_2 表示环境支持因素；E 表示经济发展变化，C 表示信用支持，T 表示技术支持，L 表示制度支持，I 表示机构支持。

按照熊彼特的创新理论，"创新"即"建立一种新的生产函数"（Joseph A. Schumpcter，1912），在这一函数中，生产要素得到重新组合，或者引进一种新的生产要素，或者是两者结合起来，把一种新的生产要素引进到生产要素的"新组合"当中，生产要素重新组合的目的是要获得潜在的利润。这些新要素、新组合是构成创新的重要内容。本理论中，在每个经济发展的"时代交叠期"，引起金融工具创新的内在因素是客观经济发展状况，而信用、技术、制度和机构则构成金融工具创新的支持因素。这些因素结合起来，促成了处于经济发展"时代交叠期"的金融工具创新。

在 $F_1(E)$ 中，E 说明了经济发展所出现的变化是引发金融工具创新的内在动力，按照熊彼特的创新理论（Joseph A. Schumpcter，1912），创新是生产过程内生的，即内部自行发生的变化，不是外部强加给的，而是体系内部发生的，这构成金融工具创新重要的内在动力。在每一次经济发展的"时代交叠期"，客观经济发展带来变化，而金融机构为了生存，必须创新金融工具，从而降低交易成本，扩大金融功能，协调经济的发展。这些创新的动力来自于创新主体的内部，是一种自发的，来自于生存本能的动机，来自于渴望生命得以延续的驱动力。同时，这种内在的动力是为了协调经济的发展变化，而代表经济发展变化的 E 中，经济的发展趋势、发展速度、范围和发展强度都会影响金融工具创新的内在动力。

（1）趋势。

在每个经济发展的"时代交叠期"，经济发展趋势由旧的经济形态朝着新的经济形态过渡，在交叠期内，为了适应新的经济形态下金融工具所需要具备的新功能，为了协调新的经济发展趋势，金融机构为了能使自己生存下去，为了不被新的经济发展形态所淘汰，自发产生创新动力推动金融工具向前发展，或者为了适应新的经济发展趋势而自发产生新的金融工具。

（2）速度。

在每个经济发展的"时代交叠期"，经济发展的速度越快，创新主体所面临的破旧立新的现实压力就越大，其自发产生的创新动力就越强烈，金融机构破除旧的业务，创造新的业务品种欲望就越强烈，于是，这种强烈的金融工具创新的内在驱动力推动金融工具创新不断前行。

（3）范围。

在每个经济发展的"时代交叠期"，经济发展变化所波及的区域范围越广泛，金融工具创新的力量就越大。尽管地区间的经济发展状况不同，但如果在交叠期，处于经济发展变化的区域范围越广泛，为协调较大范围的经济发展需要，自发产生创新动力的金融机构也越多；这种创新的驱动力越大，金融工具创新的种类、功能、作用也就越多。

（4）强度。

在每个经济发展的"时代交叠期"，经济发展变化所带来的强度越大，金融工具创新的力度也越大。当处于经济发生变革较大的经济发展"时代交叠期"，其经济变化的强度越大，创新主体所提供的金融工具与经济发展所要求的金融工具在功能、作用、使用范围上表现出较大的差异，从而迫使其进行金融工具创新的内在动力也就越大。

经济发展变化体现在这四个方面，而金融工具的产生发展和演变创新，所带来的好处有交易费用的降低、减少商品买卖必须携带的产品和货币数量等，从而为使用者带来交换便利。因为人们选择交换时，首选的金融工具具有最低的边际成本，从而带来获取所需商品的费用最小，这种金融工具并不是人们非常熟悉的金融工具，而是能够明确反映交换媒介的真实价值，能够完成融资和筹资的，能成为买卖双方共同认可的交换工具，并且其交易费用最小，正是遵循这一路径，人们来选择适合的金融工具。金融工具的创新过程正是在不断地满足以上特点而演进和变化的，因此交易成本的递减规律符合金融工具的创新规律。最初的金融工具形式颇多，能代替货币完成商品交换的凭证、能够取得货币使用权的凭证都是金融工具，这些形态各异的金融工具存在着相互竞争的关系，只有信用好的，得到人们认可的，交易成本最低的才会成为社会普遍接受的金融工具。

总之，金融工具创新的内在机制即 $F_1(E)$ 可以描述为："交叠期"经济发展变化→旧的金融工具功能弱化→旧的金融工具不能满足经济发展需要→金融工具与经济发展出现不协调→金融机构为求得生存自发产生创新动力→金融工具创新实现→金融功能得到完善→金融与经济协调发展。协调论认为，即使已经完成的金融创新，由于存在功能分化、功能异化、外部环境变化以及技术发展进步等因素，会在新的状态下仍然存在是否协调的问题。如果运行协调，就会促进金融的发展。反之，如果运行不协调，就会制约金融与经济的发展[①]。金融进步和发展的每一个阶段，金融创新随时包括新的矛盾和冲突。必须规范创新行为，协调金融创新的各种支持因素之间的关系才能保证金融的稳定与发展[②]。所以，在每个经济发展的"时代交叠期"都会有经济发展的变化，在金融工具创新得以实施之后，并非一蹴而就，新的矛盾又会出现，这些矛盾在经济发展的非交叠期逐步稳定调整，而在经济发展的交叠期矛盾得到彻底的改变。

在 $F_2(C，T，L，I)$ 中，构成金融工具创新的支持因素有信用、技

---

① 孔祥毅. 百年金融制度变迁与金融协调［M］. 北京：中国社会科学出版社，2002：37.
② 孔祥毅. 百年金融制度变迁与金融协调［M］. 北京：中国社会科学出版社，2002：38.

术、制度和机构。

（1）信用支持。

熊彼特在创新理论中特别指出，信用是推动金融创新的主要因素，银行通过信用交易，向人们提供支付手段，在这一过程中，只有经过实践能确实履行交易职能的支付手段才能成为资本（Joseph A. Schumpeter，1912）。也就是说，有信用的金融工具才能发挥其支付结算、筹资融资的作用和职能。因此每次金融工具的创新都是信用链条的延伸，只有信用好的，得到人们认可的，交易成本最低的才会成为社会普遍接受的金融工具。因此在经济发展的"时代交叠期"，金融工具创新的成功与否与信用有着密切的关系。

（2）技术支持。

在金融创新理论中，许多经济学家都曾提出技术对于创新的重要意义。经济学家韩农和麦道威（T. H. Hannon & J. M. McDowell）通过实证研究发现，技术上的创新和革命是促进金融创新的主要原因；1976 年，希克斯（J. R. Hicks）和尼汉森（J. Niehans）提出金融创新源于技术的进步从而降低了交易成本，因此金融工具的创新与科技进步是紧密联系的；1985 年，弗里德曼和托宾提出，创新的形式表现为"支付制度的改革"，尤其通过现代化电子支付系统使货币支付制度发生了变革，这些金融创新带来了金融业成本、机会和竞争关系的变化，强调技术的变革引起的金融工具创新。因此在经济发展的每一个"时代交叠期"，技术的发展对于金融工具的创新至关重要。

（3）制度支持。

熊彼特也非常重视制度支持的作用，认为资源和技术主要依赖于一定的制度形式或组织行为来实现新的组合，技术创新也往往通过制度创新来实现（Joseph A. Schumpeter，1912）。

经济学制度学派的代表诺思（D. North）、戴维斯（L. E. Davies）、塞拉（R. Scylla）认为金融创新是一种制度改革，是与社会经济制度密切相关的和相互影响的制度改革。金融的任何制度改革都是金融创新，这些金融改革既有金融体系的，也有政府监管的，两者相互较量和对抗，形成管制—创新—再管制—再创新的螺旋式循环模式。因此，在经济发展的"时代交叠期"，金融工具的创新离不开国家制度的支持。

（4）机构支持。

政府机构、同业金融、行会等机构推动了金融工具的创新。金融协调论认为，通过政府和相关组织机构的适当干预来实现社会资源的更科学配置，从而实现资源配置效应功能的提升①。自金融工具产生以后，政府和相关组织机构在金融工具的创新和发展中一直扮演着重要的角色。金融约束理论是斯蒂格利茨、赫尔曼等人提出来的，他们认为，对于发展中国家和转型中的经济，有必要采取金融约束的政策。金融约束的金融政策会诱使经营金融部门的主体进行一些金融活动，而这些金融活动是在金融市场中相对不足的，但是有益于金融发展的活动②。由于存在信息不完全和交易成本等原因，金融部门的经营失败普遍存在，要解决这些问题，需要政府及相关组织去影响金融部门的私人的、追求利润的动机，创造租金，诱使金融机构采取具有社会效益的做法，而这些是在自由竞争市场上没有的行动，等私人市场开始采取行动，政府就退出，从而使金融机构高效运转，避免政府行动中的无效性③。

综合起来说，纵观每次经济发展"时代交叠期"的金融工具创新的历史，我们不难发现，金融工具的每一次进步和发展，包括功能的提升、流通范围的扩张以及支付方式的改进，都是当时经济发展方向和发展趋势的必然结果，同时也受到信用、技术、制度和机构的支持因素的影响。公式 $F = F_1(E) + F_2(C, T, L, I)$ 即金融工具创新的运行原理和

---

① 孔祥毅. 百年金融制度变迁与金融协调 [M]. 北京：中国社会科学出版社，2002：48.

② ［荷］尼尔斯·赫米斯，罗伯特·伦辛克. 金融发展与经济增长 [M]. 北京：经济科学出版社，2001：39.

③ 孔祥毅. 百年金融制度变迁与金融协调 [M]. 北京：中国社会科学出版社，2002：422.

机制可用图 2 - 5 表示：

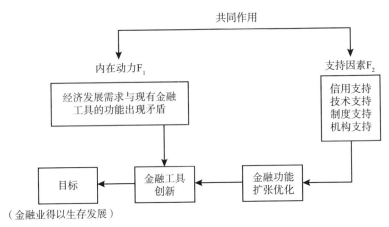

图 2 - 5　金融工具创新机制

可见，金融工具创新的内在机制是受经济发展变化引起的对金融工具需求的变化和维持自身平衡之间的差别。当处于经济发展"时代交叠期"客观经济发展变化引起对金融工具的功能产生新的需求时，创新主体为了缩小这种差距，自发产生出创新的内在动力 F_1，同时，对金融工具创新发挥支持作用的因素 F_2 也在积极地进行调整。F_1 与 F_2 共同作用，使得整个创新体系在受到外界经济变化干扰时，经过一段时间后恢复到目标值，保持内在的各个变量的稳定状态。当然，金融工具创新的成功与否会关系到金融业能否生存和发展，而这一创新的机制始终在循环进行，在经济发展的非交叠期，通过稳定调整实现平缓过渡，而在经济发展的交叠期，经济发展需要与金融工具功能的差距较大，需要经历彻底变化才能达到整个创新体系的平衡。

这一运行机制，从受到外在经济的干扰到恢复到相对平衡这一循环过程中，金融与经济经历了从不协调到协调的过程，金融的发展促进了经济增长。金融在经济中的地位和作用不容忽视，金融的发展关系到经济的进步；经济的稳定发展也会有利于金融的发展。经济的发展壮大为金融的发展创造了条件。金融的每一次创新和变革都离不开经济发展的大环境。同时，金融的功能也得到优化和扩张，表现为六大功能，即资源配置、管理风险、支付系统、财富的集中、提供财富和激励机制功能的逐步完善、逐步优化。

第 3 章

商业经济与农业经济交叠期金融工具创新

3.1 金融工具创新的客观经济要求

3.1.1 经济重心的转移

在从农业经济时代向商业经济时代的过渡期间，同世界其他国家相似，中国也经历了这两种经济共同发展的"交叠期"。在这一期间，商业经济发展速度加快，商品贸易区域范围逐渐扩大，经济重心逐步由农业转向商业。

我国明朝中期开始出现资本主义萌芽，纺织业、制茶叶、丝织业、造纸业、酿酒业等已从传统的小作坊开始向规模较大的工场手工业转变，雇用的工人人数也增加到几十名甚至几百名，在广东，"炒铁之肆有数十，人有数千。一肆数十砧，一砧有十余人。"① 在山西，"潞之西

---

① 彭泽益. 中国近代手工业史资料 [M]. 第一卷，265. //黄鉴晖. 山西票号史 [M]. 太原：山西经济出版社，2002：5.

山中，有苗氏者，富于铁冶，业之数世矣。多致四方之贾，椎、凿、鼓、泻、担、挽，所藉而食之者常百余人。"① 这些说明冶铁业在明末清初得到进一步发展，除了冶铁业、丝织业、棉纺织业也得到发展。

3.1.1.1　国内商品市场的繁荣

手工业的发展推动了商业的繁荣，国内开始形成众多的大市场、商号、同帮等，"汉口不特为楚省咽喉，而云南、贵州、四川、湖南、广西、陕西、河南、江西之货，皆于此转输。虽欲不雄天下，不可得也。天下有四聚：北则京师，南则佛山，东则苏州，西则汉口。然东海之滨，苏州而外，更有芜湖、江宁、杭州，以分其势，西则惟汉口耳。"② 在明朝万历年间，中国迎来了鼎盛时期，政治、经济、文化科技发展比较稳定，一些城市如北京、平遥、汉口、广州、扬州、苏州、杭州等，这些地区的商品化水平不断提高，商业化、货币化水平明显提高。并形成许多商业帮派，如山西帮、宁波帮、安徽帮等。随着商品经济的发展，国内形成了许多初具规模的市场，粮食、棉花、棉布、丝绸、茶叶等成为市场上交换的主要商品。

（1）粮食市场。

长沙湘潭县，当时是著名的米码头，二十多个州县的米谷都在此汇集，"秋冬之交，米谷骈至。"③ 康熙年间，汉口是当时长江中游最大的粮食市场，"聚于洞庭，经岳州出长江而达汉口。"④ "湖广距江浙甚远，本处所产之米运下江浙者居多""江浙买米商贩多在汉口购买"⑤ "江浙

---

①　（清）贺长龄辑，魏源参订. 皇朝经世文编 [M]. 卷七.//黄鉴晖. 山西票号史 [M]. 太原：山西经济出版社，2002：5.

②　刘献廷. 广阳杂记 [M]. 卷四.//黄鉴晖. 山西票号史 [M]. 太原：山西经济出版社，2002：6.

③　中国商业史学会明清商业史专业委员会. 明清商业史研究 [M]. 北京：中国财政经济出版社，1998：18.

④　汉口小志 [M]. 商业志.//中国商业史学会明清商业史专业委员会. 明清商业史研究 [M]. 北京：中国财政经济出版社，1998：18.

⑤　赵申乔. 自治官书 [M]. 卷六.//中国商业史学会明清商业史专业委员会. 明清商业史研究 [M]. 北京：中国财政经济出版社，1998：18.

粮米历来仰给湖广，湖广又仰给四川"①；番薯在明末清初作为"救荒谷"，其生产和贩运比较多，乾隆时期，"舟次德州，家人上岸买番薯，甚多而贱。"② 嘉庆时期，在湖南湘乡，"薯，山上种之极多"，"每岁八九月"，"舟运贩货遍江汉口，为利甚广。"③ 可见，番薯的销售很普遍。乾隆十三年，江西"番薯，闽兴、泉、漳人种之，除用代谷食，坐为粉，货通江浙楚粤，至今大被其利。"④；清代前期，花生也是商家长途贩运交易的主要粮食作物之一，"自朝市至夜市，灿然星陈。"⑤ "海滨滋生以醡油为上，故自闽及粤无不食落花生油，且膏之为灯，供夜作。""⑥粤海之滨以种落花生为生涯，……醡油皆供给数省，其生最易，其利甚大"⑦ 说明当时花生的生产和贸易非常繁荣。

清代中前期全国中长途粮食贸易流通大概为 4 650 万 ~ 5 750 万石⑧，可见粮食的贩运数量和规模空前繁荣。

（2）棉花市场。

明朝，江南棉布最大的市场在华北和西北⑨。明末清初我国的棉纺织业以吴淞地区为代表，大批商人去这里购进棉布，远销到北方。同时推动了漂染业和踹布业的发展，"其踹布工价，照旧例每匹纹银一分一厘"⑩。明朝末年，河北、山东、四川是棉花的主要产区，"今北土之吉

① 朱批谕旨［A］.雍正二年八月二十四日王景灏奏.//中国商业史学会明清商业史专业委员会.明清商业史研究［M］.北京：中国财政经济出版社，1998：18.
② 牧令书辑要［M］.卷三.
③ （清）齐德正修.湘乡县志［M］.嘉庆卷十一，风俗.
④ （清）陈荫昌修.大庾县志［M］.乾隆，卷四.
⑤⑥ （清）檀萃.滇海虞衡录［M］.卷十，志果.
⑦ （清）檀萃.滇海虞衡录［M］.卷十一，志草木.
⑧ 中国商业史学会明清商业史专业委员会.明清商业史研究［M］.北京：中国财政经济出版社，1998：33.
⑨ 中国商业史学会明清商业史专业委员会.明清商业史研究［M］.北京：中国财政经济出版社，1998：19.
⑩ 明清苏州工商业碑刻集［A］.54页.//黄鉴晖.中国银行业史［M］.太原：山西经济出版社，1994：5.

贝贱而布贵，南方反之。吉贝则泛舟而鬻诸南，布则泛舟而鬻诸北"
（徐光启，农政全书）。"川民不谙纺织，地间产棉，种植失宜，或商贩
贱售，至江楚成布，运川重售。"① 山东地区的棉花，"六府皆有，东昌
尤多②"，"江淮贾客列肆赉收，居人以此致富。③" 乾隆年间，夏津县
"秋后花绒纷集，望之如荼，否则百货不通。"④ 山东在清中叶有六十多
州县拥有发达的棉纺织业，每年有 300 万～500 万匹棉布输出⑤。在东
北，"旗民种棉者虽多而不知纺织之利，率皆售于商贾，转贩他省。"⑥
河南、湖广的棉花还要运输到江西，康熙年间，江西新城县，"花货自
河南、湖广。"⑦ 嘉庆道光时，"天未明棉花上市，花行各以竹竿挑灯招
之，曰收花灯。"⑧ "松江并太仓、通州、海门、崇明等处地皆沙土，民
间种植棉花极为充足，价值亦平。""凡奉天、山东、闽广商船由上海之
大关、镇洋之浏河进口，售完货物，回籍时各带内地棉花运回彼处发
卖。"⑨ 可见，这一时期棉花的商品化发展趋势明显。

　（3）丝绸市场。

　在明隆庆年间，即 1567～1572 年，全国形成了三大丝织业生产中心：
苏州、杭州和潞州。山西的潞州在 1486～1505 年种植桑树高达九万多株，
"西北之机，潞最工。"所产的丝绸种类有十几种，做工精细，时人非常喜
欢，还将丝织品运到张家口、浙江等地贩运⑩。在杭州昌化，"其地肥美，

---

　① 清高宗实录［M］. 卷七四七，乾隆三十年十月 .

　② （清）岳濬等修 . 山东通志［M］. 卷 8.

　③ （清）嵩山等修 . 东昌府志［M］. 卷 2.

　④ （清）方学成修 . 夏津县志［M］. 卷二，市集 .

　⑤ 中国商业史学会明清商业史专业委员会 . 明清商业史研究［M］. 北京：中国财政经济
出版社，1998：35.

　⑥ 和其衷 . 根本四计疏［M］. 乾隆十年 .//（清）贺长龄辑，魏源参订 . 清经世文编
［M］. 卷三十五 .

　⑦ 康熙新城县志［M］. 卷三，物产 .

　⑧ 杨光辅 . 淞南乐府［M］.//中国商业史学会明清商业史专业委员会 . 明清商业史研究
［M］. 北京：中国财政经济出版社，1998：18.

　⑨ 宫中档乾隆朝奏折［M］. 第 39 辑，两江总督高晋、江苏巡抚杨魁奏折 .

　⑩ 黄鉴晖 . 中国银行业史［M］. 太原：山西经济出版社，1994：5.

其产饶庶。桑麻百谷日用，日中为市。……经商者复收其茶、烟、漆、柏、棕、粟、楂、萸之类游于他省。"① 乾隆时期，苏州的吴江和震泽地区，"凡邑中所产皆聚于盛泽镇。"② 可见这里当时是丝绸的重要市场。明后期，丝绸的商品交易量大约 20 万匹，总价值为 16 万两③。明末清初，广东南海、顺德等地区大规模种桑养蚕，形成"周围百余里，居民数十万户，田地一千数百余顷"的专业蚕桑地区④。康熙时期，"广之线纱与牛郎绸、五丝、八丝、云缎、光缎，皆为岭外、京华、东西二洋所贵。"⑤ 鸦片战争前，丝的商品交易量为 7.1 万担，丝织品为 4.9 万担，共计价值 2 657.3 万两⑥。民间种桑养蚕的积极性得到清政府官僚的鼓励，"有桑而能养蚕固好，若不能养蚕，叶亦可卖钱；养蚕而能织绢、缎、绫、绸，其利更倍；若不能织，卖丝亦得重价。"⑦ 乾嘉时期，江南的丝织业发达，丝绸的商品交易量达 1 500 万两，生丝的国内销量达 1 万担，价值二千多万两⑧。

（4）茶叶市场。

乾隆年间，山西商人仅在临清开设的茶叶货栈就有数十家，"或更舟而北，或舍舟而陆，总以输运西边。"⑨ 四川茶叶销往新疆，湖广茶叶运往山西、陕西，浙江的茶运至陕西、外蒙古⑩。

（5）纸张市场。

雍正九年，到津的 53 只闽船中有 12 只载有纸张，每船装有 3 000 ~ 6 000 篓纸张⑪。纸张以江西和福建为主要市场，乾隆时期，铅山县"业

---

① （清）郑澐修. 杭州府志 [M]. 卷五，市镇.
② （清）陈和志修. 震泽县志 [M]. 卷四.
③ 许涤新，吴承明. 中国资本主义的萌芽 [M]. 北京：人民出版社，1985：98.
④ 刘志伟. 试论清代广东地区商品经济的发展 [J]. 中国经济史研究，1988（2）.
⑤ （清）屈大均. 广东新语 [M]. 卷十五，426.
⑥ 许涤新，吴承明. 中国资本主义的萌芽 [M]. 北京：人民出版社，1985：282.
⑦ 杨屾. 豳风广义 [M]. 卷之中，解蚕多桑广做法.
⑧ 范金民. 清代江南丝绸的国内贸易 [J]. 清史研究，1992（2）.
⑨ （清）于睿明修. 临清州志 [M]. 卷十一.
⑩ 大清会典事例 [M]. 卷二四二，乾隆时事例.
⑪ 中国商业史学会明清商业史专业委员会. 明清商业史研究 [M]. 北京：中国财政经济出版社，1998：21.

之者众，小农藉以食其力者十之三四"，"富商大贾挟资来者率徽闽之人，西北亦兼有之。"①

可以看出，从明朝中后期到清朝前期，商品种类和数量大大增加，商品交易也越来越频繁，不同的地区间和城市间的贸易往来也越来越多。商人的活动范围逐渐扩大，"凡舟车商贾所达，西北及于天上、外裔、东南及闽粤。"② 在东北，雍正时期，"黑龙江、船厂等处生齿日繁，而各处之人聚彼贸易者又甚众。"③

3.1.1.2 国际间商业贸易的繁荣

商业化水平的提高使得跨区域间的贸易活动不断增加，国际化程度明显提高。表现在如下几方面：

（1）中国与俄罗斯的商业贸易。

17 世纪后期，清朝同北边的俄罗斯开始贸易往来。17～18 世纪的清俄贸易中，俄罗斯每两年派遣商队到北京一次，其销售额很可观，比如 1727～1728 年商队的销售额为 16 万两④。

（2）中国与西亚和欧洲国家的贸易。

中国商路"茶马之路"。南起汉口，西连重庆巴蜀，东连苏杭、上海，南连长沙、广州，然后集结物资北上，路经周口、开封、清化、潞安、子洪口至平遥、祁县、太谷，把商品分类、加工、包装之后，起程经过太原、忻州、雁门关至黄花梁分成两路：东路出张家口，西北经库伦（现乌兰巴托），东北经多伦、齐齐哈尔到呼伦贝尔的海拉尔；西路经杀虎口、归化城（呼和浩特）。然后再分两线，北线至库伦、恰克图、西伯利亚、伊尔库茨克、莫斯科、圣彼得堡，西线沿着长城内侧从古城、迪化至伊犁、塔尔巴哈台，或从库伦向西到科布多后再向奇台。

---

① （清）张大凯修. 石城县志［M］. 道光，物产.
② 清文献通考［M］. 卷二十七.
③ 清世宗实录［M］. 卷六，雍正元年四月壬戌.
④ ［日］岸本美绪. 清代中国的物价与经济波动［M］. 北京：社会科学文献出版社，2010：165.

这条商路开始于汉代中期，几百年来时断时续，宋朝有所发展，明代曾经中断，明末和清中期这条商路发展较快，活跃在这条商路上的山西人居多，因为山西是中原地区与北方游牧民族的交接地区。"茶马之路"所分的三个路线，即北路、东路和西路，分别形成了三个市场：外蒙古的恰克图市场、呼伦贝尔的海拉尔市场和新疆的塔尔巴哈台市场。

恰克图市场开始于康熙中期，康熙二十八年（1689年）《中俄尼布楚条约》签订之后，中俄两国人民往来互市。"所有恰克图商民，皆晋省人"①。山西许多商人来到恰克图市场设立商号。雍正初年，商品交换额达到100万卢布左右，乾隆中期达到200万卢布，到乾隆末期达到300万卢布以上。嘉庆时到600万卢布以上，道光时期是最繁荣的时期，道光二十三年（1843年）仅茶叶贸易竟达1 240万卢布。除了茶叶贸易，还有丝绸、烟丝、瓷器、铜铁器、土布、鞋帽、米酒、陈醋等生活用品。从俄国输入的商品有毛皮、毛呢、天鹅绒、亚麻布等。道光时期，俄国对华贸易占到俄对外贸易的40%～60%，1844年，中国对俄国的商品输出占全国商品输出的19%，仅次于英国②。

（3）中国与东南亚国家的贸易。

明朝郑和七次远航东南亚、印度半岛、阿拉伯、东非等30多个国家和地区。中国的茶叶、瓷器、丝绸等商品大量流向这些国家。16世纪末到17世纪初中日贸易主要是中国的生丝换取日本的银，17世纪初，日本每年大约有400万～500万两的银流到国外，其中一多半流入中国。1650～1675年中日贸易主要通过与清政府对抗势力的船只实现，因为当时清政府实行严格的海禁。17世纪70年代，清朝官员靳辅在上奏中指出，如果解除海禁，中国商人每年可以向日本输出400万两的货物，获

① 何秋涛．朔方备乘［M］．卷四六．//孔祥毅．金融票号史论［M］．北京：中国金融出版社，2003：164.
② 孔祥毅．金融票号史论［M］．北京：中国金融出版社，2003：164.

利高达 700 万～800 万两①。后来，清朝占领台湾，解除了海禁，中日贸易的船只和数量急剧增加②，对日贸易中，主要是进行铜的进口。从康熙三十八年（1699 年）开始，我国对日本铜的贸易长达 70 多年，运到日本的商品主要是丝绸、药材、茶叶、书籍、瓷器、人参、甘草、花斑石、玛瑙石、黄腊等，从日本运回铜，来维持国内制钱市场③。清朝与朝鲜的贸易，清朝主要输出丝绸、绢等换回朝鲜的人参、银等。据估计，1700 年前后，朝鲜每年输出 50 万～60 万两银，18 世纪初到 40 年代，朝鲜每年输出 70 万～80 万两④。

明朝末年，与南海贸易往来的船只颇多，当时的贸易许可证叫"引"，资料显示：88 张引当中，马尼拉占 16 张，即 88 只帆船中 16 艘船只是前往马尼拉的，其余港口只有 2～3 张。17 世纪初美洲大约每年有 200 万～300 万比索的美洲银流入中国，相当于 140 万～220 万两银。中国与马尼拉贸易虽然在 17 世纪中期有所减少，但随后就开始回升⑤。17 世纪初，从事南洋贸易的船只每年为 75 艘，平均每艘船的载货量在 9 万两，一年输出的货物达 1 350 万两。⑥据推算，1650～1662 年郑成功在南洋的贸易中，每年去南洋的船只为 16～20 艘，采购了 128 万～160 万两的货物，其中有半数输入了中国⑦。18 世纪，去往南洋贸易的帆船出发港是厦门，表 3－1 说明了当时海外贸易的船只数量。

① （清）靳辅. 生财裕饷第二疏 [A].//卷七. 勒文襄公奏疏 [M].
② ［日］岸本美绪. 清代中国的物价与经济波动 [M]. 北京：社会科学文献出版社，2010：168.
③ 孔祥毅. 金融票号史论 [M]. 北京：中国金融出版社，2003：166.
④ ［日］岸本美绪. 清代中国的物价与经济波动 [M]. 北京：社会科学文献出版社，2010：166.
⑤ ［日］岸本美绪. 清代中国的物价与经济波动 [M]. 北京：社会科学文献出版社，2010：169.
⑥⑦ ［日］岸本美绪. 清代中国的物价与经济波动 [M]. 北京：社会科学文献出版社，2010：171.

表 3 – 1 18 世纪中国对外贸易船只数量

年份	出发港→目的地	船只数（只）
1728	厦门→	21
1729	厦门→	25
1733	厦门→	28 ~ 30
1736	广州→	19
1748	→广州	17
1750	→厦门	53
1751	→厦门	46
1751	厦门→	50 ~ 70
1752	→厦门	65
1752	→广州	18
1753	厦门→	65
1754	→厦门	68
1755	→厦门	74
1764	厦门→	40
1768	厦门→	23

资料来源：［日］岸本美绪，清代中国的物价与经济波动［M］. 北京：社会科学文献出版社，2010：172.

根据 1733 年的报告，与南洋贸易的帆船装载的商品大约货值 6 万 ~ 10 万两，这样在 18 世纪 50 年代前每年由厦门、广州出发的中国帆船与南洋进行的交易在 600 万 ~ 1 400 万两，18 世纪 50 年代之后更多①。18 世纪中叶，中国与南洋的贸易往来中，每年给中国东南沿海地区带来"三百万"② 甚至"千万"③ 的银币。

（4）中国与欧美的贸易。

1757 年，清政府规定欧洲船只航行到中国限销于广州港，此后，越

---

① ［日］岸本美绪. 清代中国的物价与经济波动［M］. 北京：社会科学文献出版社，2010：172.

② 蔡新传［A］.//光绪漳州府志［M］. 卷三三.

③ 宫中档雍正朝奏折［M］. 第 21 辑：353.

来越多的欧洲船只抵达广州，尤其是 18 世纪后半期，到达广州的欧洲船只急剧增长，平均每年达到 50 多只，贸易额可达 800 万两①。根据余捷琼的推算，1700~1751 年，欧美船只输入到中国的银约为 6 800 万两，平均每年 130 万两，1752~1800 年，欧美船只输入到中国的银大约 10 479 万两，平均每年 213 万两②。

商业贸易的繁荣开拓了国际贸易市场，中国的茶叶、瓷器、丝绸等商品大量流向亚洲和欧洲，开拓了国际商路。

3.1.2　产生新的金融需求

金融与贸易共生长，贸易的发展和繁荣促使人们对金融产生了新的需求，这些需求主要体现在以下几点：

3.1.2.1　"钱重"问题成为商品交换的障碍

商业的繁荣促进了商品交换发生的频率，"钱重"的问题越来越困扰人们的交换，人们越来越渴望更便捷的交易方式，"钱重"困扰从金属货币产生开始就伴随着人类。"一千文重六斤四两，后来重七斤。"③因此唐时期出现了"京师斗米一千四百"④的现象，"私家无钱炉，平地无铜山。胡为秋夏税，岁岁输铜钱。钱力日已重，农力日已殚"（白居易，赠友五首）。宋太宗时，一匹罗缎要两万个铁钱，《清明上河图》中桥边一处有位脚夫，推的独轮车上，铜钱有好几贯，看起来非常吃力，这是对当时人们生活的真实写照。飞钱产生以后，出现了"腰缠十万贯，骑鹤下扬州。"⑤唐朝中期，使用飞钱的有商人，也有政府机关，

①② ［日］岸本美绪. 清代中国的物价与经济波动［M］. 北京：社会科学文献出版社，2010：174.

③ 唐六典［M］.//田秋平. 纸币初始晋东南［M］. 太原：山西出版集团，2007：1.

④ 旧唐书·代宗纪［M］.//田秋平. 纸币初始晋东南［M］. 太原：山西出版集团，2007：1.

⑤ （元）陶宗仪. 说郛. 商芸小说［M］.//田秋平. 纸币初始晋东南［M］. 太原：山西出版集团，2007：9.

当时，各地方在京师的进奏院成了各地商人们携带货币的存放处，由进奏院出具一张票券，写明金额，将票分成两半，一半由商人保管，另一半邮寄到商人本道，商人将自己保管的一半与寄回去的另一半合并，经查看无误，便可拿回自己的货币。到了宋朝，"交子之法，盖有取之唐之飞钱"（宋史·食货志）。交子最早出现在四川，因为四川不产铜，流通的是铁钱，分量更重，流通不便，因此，数十个商户率先发起交子，方便流通。后来，1023 年，宋朝政府设立官办交子务，官方开始发行交子。到了明清时期，"钱重"问题更加严重，"百姓苦于用银之重滞，故乐于用票。"[①] "百姓苦于用银之重滞，而又有成色之高低，是以有会票、钱票之用。"[②] "江浙两楚与江西六省疆吏，札商定稿，合词得请。唯各营去省远近不一，解送钱文，运脚较重。"[③] "惟钱法一事，炉有常局，铸有定额。工本重而制造精。百馀年来利用流行，公私交赖，可谓酌古今而独得其平者。然窃以为夺钱之权，而阴为大贾富商豪猾所据，而公私因之有未利者。其弊在于用银太重，而银价由此日昂，钱价由此日贱。"[④] "前数年福州到上海买钱数十万串，皆系此种制钱。乃钱质太重，曾不数月"[⑤]。可见，"钱重"的问题是"钱""票"等金融工具产生的直接原因。

3.1.2.2 金属货币数量的不足

（1）工商业资本周转的困难。

随着商品交易数量和范围的扩大，远距离的贸易使得经商者的货币资金一方面数量增加，另一方面资金周转的时间变长，商品经济进一步扩大的需求与经商者资金不足的矛盾越来越严重。17 世纪中后期，依靠资本积累增加来满足商品交换的需求已经远远不能满足生产和交换。工商业资本困难的问题日益严重，工商业间资本分配的不平衡，有的企业

---

① ② （清）盛康辑. 皇朝经世文续编 [M].1897，卷六〇.

③ ④ （清）盛康辑. 皇朝经世文续编 [M].1897，卷五八.

⑤ （清）盛康辑. 皇朝经世文续编 [M].1897，卷五九.

资金暂时多余，有的企业资金不足，早期的商业信用应运而生。

明末清初，工商业的进一步发展，出现了经营资本的困难，经营所需资本不够用，有了借贷的要求，便产生了"会票"。在明朝大臣徐阶所开的商铺中，曾有"我当为君寄资徐氏官肆中，索会票若卷者，持归示徐人，徐人必偿如数，是君以空囊而赍实资也，长途可帖然矣。"① 的记载。商人开出票以流通，来取代金融货币的流通。

1985 年，发现了 23 张清康熙二十三年（1683 年）到二十五年（1685 年）的会票。这 23 张会票均为安徽省休宁县几个商人向"日成祥"布店（北京前门外的打磨厂）签发的。这说明这一时期的工商业为解决缺少货币资金的流通的问题，签发了这种信用工具。

乾隆四十二年（1777 年），山西商人张銮勾结新疆叶尔羌办事大臣管家张福，从新疆贩运大量玉石去苏州发卖，第二年（1778 年）四月抵苏州，当时因属于违禁被官方查获，经搜查得现银 24 000 余两，会票、期票也有 46 000 余两②。可见这些会票、期票，是进货商人资金不足而签给山西商人张銮和新疆张福的。

（2）"银荒"问题严重，"私铸"现象频繁。

秦统一货币以来，我国流通中的货币主要是铜钱，明初用钱钞。禁银最严③，从明代中期，商品经济进一步发展，出现了资本主义萌芽，一些价值量大的交易仅使用铜钱已经不能满足，中国的货币制度开始逐步过渡到银两与铜钱平行本位制。从 17 世纪开始外国白银流入中国的数量很多，大致有以下几个渠道。

西班牙到中国。美洲是西班牙的殖民地，经过马尼拉购买中国产品。

---

① 云间据目钞 [M]. 卷三，记祥异.//黄鉴晖. 山西票号史 [M]. 太原：山西经济出版社，2002：11.

② 清高宗实录. 卷一〇六八，乾隆四十三年十月丁卯.//黄鉴晖. 山西票号史 [M]. 太原：山西经济出版社，2002：10.

③ （清）盛康辑. 皇朝经世文续编 [M]. 1897，卷五八.

欧洲到中国。由东印度公司的船只运送，换回欧洲中国的产品。17～18世纪白银从欧洲流到亚洲有5亿银圆。

美国到中国。美国贸易商人购买大量的中国产品，1844年前约有1.5亿银圆流入中国。

葡萄牙到中国。仅仅鸦片战争之前就有1.5亿银圆流入中国①。

因此，白银在我国货币流通中逐渐成为主要货币，一两白银值700或者1 000文铜钱。"一条鞭法"以后，白银成为流通中的主要货币的地位更明显了，"嘉靖行一条鞭法，而赋之入，尽以银矣。"② 白银是主币，铜是辅币，民间交易，一钱以上用银，一钱以下用铜③。然而，随着商品交易规模和数量的扩大，出现了金属货币数量的严重不足问题。清朝中后期，随着鸦片的输入和白银的大量外流，社会上出现了"银荒"现象，银价越来越贵，引起流通领域的货币不足，"银荒"问题引起了"私铸"现象，"圣清五朝之钱，顺治、康熙多青铜，雍正青铜、赤铜各半，乾隆六十年之钱，暨今上嘉庆钱，赤铜为多。……惟乾隆五十年后，承平日久，奸宄潜滋；山南二郡，小钱之多，如水涌而山出，西同乾凤诸郡无此患，兴汉二郡，其患独深，则以南连蜀山，东接楚泽，奸民之凋敝，盗铸之巢穴也。贩小钱者或马骡重载，或舟舫潜贮，百万掩匿，期于不败。"④ "至道光年间，闽广杂行光中、景中、景兴、嘉隆诸夷钱。奸民利之，辄从仿造。"⑤ 道光年间，"御史张曾奏，凤闻广东省行使钱文，内有光中通宝、景盛通宝两种最多，间有景兴通宝、景兴巨宝、景兴大宝、嘉隆通宝，谓之夷钱。"⑥ "国初以至中叶，其可行者三也。查近年京城市上通用之钱，不免搀

---

① 孔祥毅. 金融票号史论［M］. 北京：中国金融出版社，2003.

② （清）盛康辑. 皇朝经世文续编［M］. 卷五十八.∥黄鉴晖. 山西票号史［M］. 太原：山西经济出版社，2002：8.

③ 黄鉴晖. 山西票号史［M］. 太原：山西经济出版社，2002：8.

④ （清）盛康辑. 皇朝经世文续编［M］. 1897，卷五三，户政，28，钱币下.

⑤ 赵尔巽. 清史稿［M］. 1914～1927，食货志五.

⑥ 东华续录［M］.∥彭信威，中国货币史［M］. 上海：上海人民出版社，2007：621.

和私铸。银贵时每两约换京票十五六千文，则钱较小。银贱时每两若换京票十一二千文，则钱较大"①。可见，清朝初期到中期已经存在私铸现象。

3.1.2.3　货币兑换和异地汇划的迫切需求

与世界其他国家一样，银钱并用，两种货币材料并存的局面，使得货币兑换业成为人们的需求。这一时期，由于商品经济的发展，金属货币出现了多样化趋势，民间商品交易，"一钱以下止许用钱，一钱以上用银。"② 明朝嘉靖年间，"民间止用制钱，不用古钱。"③ 万历之后，"古钱止许行民间，输税、赎罪俱用制钱。"④ 可见，当时民间交易有兑换货币的需求；明朝正德初年规定，官兵的俸饷"以银当俸粮者，仅及银数三分之一"⑤，后来又改为"钱一银九"⑥，到了清朝又按照"银七钱三"发放，可见，银和钱的兑换已经成为必不可少的业务。清朝期间，银和钱的价格波动频繁，同时由于清前期商品出口种类繁多，进入中国的银圆数额大，种类多，货币成色和质量不统一，加之当时全国各地区称量银两的砝码也不同，所以货币兑换非常复杂，需要一个机构来计算其标准。于是我国早期的货币兑换机构出现了很多，有"钱铺""钱肆""钱桌""钱庄"等。

随着商品交易范围的进一步扩大，区域间的贸易亟须解决异地汇兑问题。远距离的贸易发展使得经商者对票据流通和商业汇兑的需求扩大。因为远距离运送银两需要浪费大量的人力、物力和财力。就拿清政府异地运送京饷来说，依照当时运送现银的制度规定，送现银要委派专门的官员，叫解饷委员，解送现银除了按照每万两支付几百两的费用外，还有沿途花销。解饷委员当时属于肥差，只有少数人可当解饷委

---

① （清）盛康辑. 皇朝经世文续编 [M]. 卷五十九, 1897.
② 黄鉴晖. 中国银行业史 [M]. 太原：山西经济出版社, 1994：8.
③⑤　中华书局编辑部. 明史 [M]. 第八册, 中华书局点校本, 1967.
④　中华书局编辑部. 明史 [M]. 第八册, 中华书局点校本, 1969.
⑥　中华书局编辑部. 明史 [M]. 第八册, 中华书局点校本, 1695.

员。可见，运送现银所花费财力不是小数，而且是一种浪费。人类总归是向前发展的，以票据汇兑结算来取代现银运送，是人类社会进步的表现，也是人之所向。

同时，社会的不安定因素使得远距离的运现极不安全，镖局运送的成本高，而且也不是绝对安全，这样一来，异地间运送现银的汇划方式越来越不适应商品贸易的发展需求。

3.1.3 适应新需求的金融机构和金融业务

在由农业经济向商业经济的转变过程中，人们对金融业产生的新的需求使得金融业迅速崛起，这一时期，中国古老的银钱业发展迅速，账局、钱庄、票号等金融机构发展壮大，相应的金融业务分门别类，为商品贸易的发展注入了活力。

巨额的商业利润为金融机构的产生和发展积累了原始的资本。清代兴起的著名商帮，如晋商、徽商、浙商等货币资本非常雄厚，为他们投资金融业奠定了经济基础。

明末清初，中国已有的和新产生的金融机构种类繁多，有钱铺、金铺、银铺、钱庄、兑坊、典当、钱庄、账局、票号、印局等，这些金融机构的业务各有侧重，业务相互交叉、分工合作。明朝后期，金银、制钱、纸币同时在社会上流通，为兑换方便，出现了专门进行货币之间相互兑换的机构——"钱庄""钱铺""银号""钱行"等，这些机构发行有凭帖。"开钱桌的说道，如宅上用钱时，不拘多少，发帖来小桌支取。等头比别家不敢重，钱数比别家每两多二十文。使下低钱，任凭拣换。"[1] 具体有：

3.1.3.1 典当业

典当业是在我国产生最早的金融机构，在南北朝时期就有典当业，在历朝的经济发达城市都有典当业的存在，明朝万历年间，无锡的监生

---

① （明）西周生．醒世姻缘［M］．华夏出版社，2008．

邹德基对当时的当户做过统计，总数不少于数十万①。顺治九年，全国有 20 000 家当铺②；康熙年间，全国有 15 000 多家当铺③；雍正二年（1724 年），仅直隶、山西、江苏、山东、陕西、河南六个地区，当铺数量为 7 617 家；乾隆十八年（1753 年），这六个地区的当铺增加到 13 790 家④，乾隆二十九年（1764 年），全国当铺为 2 万家⑤。这一时期的当铺，其发挥的职能相对过去单一的高利贷而言有所扩张，在一定程度上发挥了调节物价的作用，乾隆时期，当铺曾被清政府命令平抑银钱比价，在"钱贵银贱"时规定，典押 500 文以上的只允许用银两支付，当制钱的，"大当只许存钱七八百串，小当只许存钱一二百串。……违者照例治罪。"⑥ 乾隆至道光年间，为解决资金周转问题，一些商人向典当借款，以经营的商品如粮、棉、丝绸等为抵押品，"近闻民间典当，竟有收当米谷之事，子息取轻，招来甚众，囤积甚多。在典商不过多中射利，而奸商刁贩，遂恃有典铺通融，无不乘贱收买，即如一人仅有本银四千两，买收米谷若干石，随向典铺质银七八百两，飞即又买米谷，又质银五六百两不等，随收随典，辗转翻腾，约计一分本银，非买至四五分银数米谷不止，迨至来春及夏末秋初，青黄不接，米价势必昂贵，伊等收明子母，陆续取赎出枭。是以小民一岁之收，始则贱价归商，终乃贵价归民，典商囤户坐享厚利，而小民并受其困矣，此囤当米谷之为害甚烈也。盖囤当之弊，江浙尤甚，而囤当之物，并不独米谷也，每年遇蚕丝告成，及秋底棉花成熟，此等商户，一如收当米谷之法……"⑦

3.1.3.2　账局

中国最早的银行业"账局"是商业贸易发展的产物，产生于 1736

---

① ② ③ ④　孙建华. 近代中国金融发展与制度变迁 [M]. 北京：中国财政经济出版社，2008：28.

⑤　孙建华. 近代中国金融发展与制度变迁 [M]. 北京：中国财政经济出版社，2008：29.

⑥　叶世昌. 中国金融通史 [M]. 卷一，北京：中国金融出版社，2002：582.

⑦　山西财经学院、中国人民银行山西分行. 山西票号史料 [M]. 太原：山西人民出版社，1990：5.

年①。账局最早分布于北方的商路沿线城市，北京、天津、保定、张家口、多伦、太谷等，是明清时期山西商人向蒙古、俄罗斯贸易的重要路线。专门为解决商品贸易资金不足，周转不开而设立的金融机构，主要业务是贷款给工商业，在工商业的借贷之间发挥中介作用，同时还兼营茶叶、丝绸等运销业务。

3.1.3.3　票号

商业经济的发展始终伴随着经商者对于异地间汇兑的渴望和需求，唐朝的"飞钱"、宋朝的"交子"是被世界所公认的最早用于异地汇兑的金融工具。在商业革命的潮流下，地区间贸易越来越频繁，如果说，明朝出现的会票只是偶然现象，那么到山西票号产生以后，中国进入了异地结算，由过去运送现银转变到异地清算汇兑的时代，大大便利了商品贸易，解决了携带现银的不便和安全问题，推动了商业化进程和社会的进步②。

3.1.3.4　印局

印局主要是出借小额短期信贷的机构，每还本一次就盖一次印章，也叫印子钱。借款一般不用抵押品，明代天启年间，北京就设立了印局，主要用以满足贫苦居民和个体商贩的借贷需求。清朝时期，印局数量大大增加，其中大部分为山西商人经营，借贷需有担保人，以高利贷为主。

3.1.3.5　钱庄、钱铺

在商业经济和农业经济的交叠期，商品经济进一步发展，商品贸易的扩大对于货币兑换的需求增加。钱庄是银钱兑换业务的主要机构，产生于明朝中后期。清朝初期，"固宜钱益贵，银益贱，民用日舒，国储日裕也。迩来银不加贱，钱不加贵，而钱法疏通者，则以银七钱三之法甚善，而有司未之实行者，以前有司不便耳。既无戳头之折，又无羡余

---

①　黄鉴晖. 中国银行业史 [M]. 太原：山西经济出版社，1994：29.
②　李芳. 山西票号金融工具创新分析 [J]. 山西财政税务专科学校学报，2014（5）.

之入，以贮私囊则携取不便，以敬上官则馈纳维艰。所以由单照例分派，而收时则不用钱而用银。是名虽银一两派钱一千，而其实钱一千仍收银一两也，与不派钱无异矣。甚有巧于立法，自设钱桌数张，每钱一文必得银二厘，然后换给，若非官桌所发之钱则不收。"① 说明当时钱庄的主要业务是进行银钱的兑换。康熙至道光年间，北京开设的钱铺共计389 家②，乾隆时期，上海的钱庄已经成立了钱业公所，据记载，在1786～1796 年上海设立有 124 家钱庄③。其业务不仅仅是货币兑换，还办理存放款、发行银票业务。

3.2　适应商业经济时代的金融工具创新

3.2.1　金融工具创新的时间脉络

3.2.1.1　明末清初时期的主要金融工具

这一时期，解决资金暂时周转问题的金融工具——早期工商会票开始出现。

明朝中后期，手工业的发展和大市场的出现促进了商业的迅速发展，商业的发展促成了商业信用的产生即早期商业会票的问世。

"货物交易在千文者尚系现钱过付，若数十数百千以上，不特转运维艰，并盘查短数，收剔小钱，尤非片刻所能完竣。"④ 说明当时大额的商品交易出现，用金属货币来支付显然是很不方便。"计物给值，共银

---

① （清）王启祚 . 敬陈管见三事 [A].//皇清奏议 [M]. 卷十二 .

② 孙建华 . 近代中国金融发展与制度变迁 [M]. 北京：中国财政经济出版社，2008：30.

③ 孙建华 . 近代中国金融发展与制度变迁 [M]. 北京：中国财政经济出版社，2008：29.

④ （清）申启贤 . 道光十八年九月二十五日奏折 [A].//清档 [M].//自黄鉴晖 . 山西票号史 [M]. 太原：山西经济出版社，2002：4.

一万四千三百两，芦先给银票一万两，令先看到水银店认明收清"①，可以看出，当时用银票来支付货款的现象已经出现。清代，钱庄的业务扩大到银票、钱票的发行和使用②。典当业发行的用来代替现银当赎的票据也能在社会上流通，成为流通媒介③。庄票是钱庄、当铺、钱店、钱铺等机构对于存入该机构银钱的客户开具的存款证明，不记名，在市场上购物，也可以流通。清朝中期出现纵向的长方形板式，上有印章，为了起到防伪作用，印章上的诗句中个别字故意少写一笔，以此作为暗记。钱铺、银号、当铺、票号、官银钱号、商店等都签发银票，主要是为了解决工商业在货币兑换和清点搬运时出现的困难，为工商业发展提供了便利。

以上史料说明，从明末开始，中国已经出现了解决商业资金不平衡问题的商业信用形式——工商会票。明末出现的大手工工场和大的经济中心，经济中出现了资金不平衡的问题，为解决其资本经营困难问题，出现了商业票据，即工商企业发行的"会票"，交易范围多局限在商人之间、亲戚朋友之间，而且使用次数也比较偶然，这也是早期商业信用的特点。

3.2.1.2 康乾时期的主要金融工具

（1）钱帖。

我国早期的货币兑换机构很多，有"钱铺""钱肆""钱桌""钱庄"等。这些机构在保管和兑换货币时，为了减少重复清点工作，节省时间，乾隆以来出现了"钱帖"来代替铜钱的收付，印有"凭帖取"的字样。这相当于今天的支票，是支付命令书，是存款人签发给收款人办理结算或委托其将款项支付给收款人的票据④。

---

① 信征续集［M］. 卷上 .//黄鉴晖 . 山西票号史［M］. 太原：山西经济出版社，2002：4.

② 刘建民，王雪农 . 中国山西民间票帖［M］. 北京：中华书局，2001：7.

③ 刘建民，王雪农 . 中国山西民间票帖［M］. 北京：中华书局，2001：10.

④ 孔祥毅 . 银行结算改革解答［M］. 太原：山西人民出版社，1989：128.

（2）会票。

1985年，历史学者发现了23张清康熙二十三年（1684年）到二十五年（1685年）的会票。其样式大致如图3-1所示。从这些会票可以看出：

图3-1 清康熙时期会票图样

①"今收到""今会到"字样说明是出票者向承兑人签发的，是商业贸易中出票人的承诺。

②这23张会票形式上可分为即期会票和远期会票，有"见票即兑""验票对付"等字样的为即期会票，而写明未来时间兑付的为远期会票。

③当时的银两成色、兑付的标准和方法比较多，不统一，图3-1所示为"封来钱法"，除此之外还有"日成布法""照市法"等等。

④这23张会票全部是安徽省休宁县几个商人向"日成祥"布店（北京前门外的打磨厂）签发的。说明北京与安徽地区之间的商业贸易活动是通过办理汇兑进行的。

早期的商业会票还有一种形式，主要是用来汇兑，在一个地区的官肆中先付了款，取得"会券"的人到其目的地后，向联号取款①。

---

① 刘建民，王雪农. 中国山西民间票帖［M］. 北京：中华书局，2001：7.

"余昔尝闻乾嘉之时，南北贸易繁盛之地，有数银号，其所出之银钱各票，南可用之于北，北可用之于南，其便亦与近日西商所设银行之票相似。"① 说明这一时期会票用于异地间结算和汇兑的已经不是个别现象。这些票据涉及付款人、承兑人和收款人三方，主要解决商品贸易结算问题，相当于今天的商业汇票，由收款人或付款人签发，有承兑人承兑，并于到期日向收款人支付款项的票据②。

3.2.1.3　嘉庆、道光、咸丰时期的金融工具

这一时期商业经济进一步发展，金融工具的种类越来越多，功能也越来越全，创新种类层出不穷，创新水平越来越高。"钱票有辗转相授不取钱者。银票虽存本取息。亦须岁易其票。若会票则交银于此。取银于彼。从无空票③。"说明当时流通于社会的票据种类很多，有钱票、银票和会票。钱票是在市场代替货币流通的钞票；而银票则是一种存款凭证，还要收取利息；会票则是用于异地汇款的票据。这一时期的金融工具可分成以下几类。

（1）能在市面上流通的金融工具。

①各地方官钱局发行的银钱票。

咸丰三年（1853年），清政府下令在各省设立官钱局，此后，各省纷纷成立官钱局，发行钱票。福建永丰官局，发行局票；陕西成立官钱总局；江苏设立中和官局，发行1两、5两银票，1 000钱票、2 000钱票；四川官钱局发行制钱票；直隶在苏州设立钞局，发行苏州宝钞；浙江设立大美官钱总局，发行1两、2两、3两、5两、50两银票和100文、200文、300文、500文、1 000文的钱票；山东、河南、安徽、甘肃、贵州等地相继成立官钱局，发行银钱票④。

---

①　（清）贺长龄辑，魏源参订．皇朝经世文编［M］．卷二十二.//黄鉴晖．山西票号史［M］．太原：山西经济出版社，2002：4.

②　孔祥毅，巨宪华．银行结算改革解答［M］．太原：山西人民出版社，1989：68.

③　（清）盛康辑．皇朝经世文续编［M］.1897，卷六〇．

④　戴建兵．中国近代纸币［M］．北京：中国金融出版社，1993：18.

地方官钱局发行钱票是为收兑清政府发行的钞票，其目的也是发放军饷，筹集财政资金，来应付支出，各省地方"百物增昂"，百姓"民愁其苦"。

②民间金融机构发行的银钱票

能代替金属货币交易的兑换券在当时流通比较频繁，这些票据可以随时到出票的金融机构兑换，也能在商品市场直接流通。兑换券分两种，用来兑换钱的为"钱票"，用来兑换银的叫"银票"。当时，票号也发行兑换券，"票号于汇票之外，尚有一种临时便条，名曰小票，以北京分号发行为最畅，其形为长方式，印有各色花纹，凭票付款，并不记名，其数目自京平足银十两起至五十、一百、一千两为止。此种小票出入于权贵之门，一经内眷收藏，恒有至三五年十数年而不来兑现者。查当时北京票号，每家发行流通总额自一二十万起以至五六十万者，亦多有之。至其他各地票号之小票流通较少，不过零星小数，随出随兑。"①

这些银钱票是由金融机构签发的，其信用建立在签发的银行机构上，承担保证支付的责任，可以流通转让，由于其金额固定，相当于今天的定额本票。

（2）商业票据。

①凭帖。

《孔府档案》所记载：在奉天，锦州府兴成当负债资本记录有"凭帖来往生息银两"，"凭帖"即当时发行的票据。

道光十八年（1838年）六月二十五日"晋省行用钱票有凭帖、兑帖、上帖名目。凭帖系本铺所出之票……系票到付钱，与现钱无异。应听照常行使，无庸禁止②。道光时期的凭帖是民间流通的比较完善的流

---

① 山西财经学院、中国人民银行山西分行：山西票号史料［M］. 太原：山西人民出版社，1990：189.

② 中国人民银行总行参事室金融史料组编. 中国近代货币史资料［M］. 第一辑，北京：中华书局，1964：130.

通工具，凭帖上的文字一般会有"凭帖来取""凭票取钱""凭帖到号取钱""凭帖"等（如图3－2所示）。

图3－2　凭帖图样

资料来源：刘建民，王雪农．中国山西民间票帖［M］．北京：中华书局，2001．

　　除此字样，凭帖上一般会有"认票不认人""不挂失票"等字样，正面和背面还有很多收付记录。这些说明在民间流通比较广泛，信用程度较高。钱庄签发的本票叫庄票。发行凭帖的商号有的从事商业，有的从事金融业，有的是两者兼营。这种票据是申请人将款项交存商号，由商号签发的以其本身为付款人的票据①。款项交存由发行机构签发的，见票即付，保证支付，相当于今天的本票。

②兑帖。

"晋省行用钱票有凭帖、兑帖、上帖名目。……兑帖系此铺兑与彼铺……系票到付钱，与现钱无异。应听照常行使，无庸禁止。"② 可见兑帖是由此铺与彼铺共同完成支付兑现的。兑帖票面上一般有"兑票"字样，兑票的特征是票上有"宝号爷台视今兑下""号爷台视今兑收到""祈台如数付与勿误为感留帖存照"等的文字，（如图 3 - 3 所示）。

"爷台""宝号"是出票人对兑票人的尊称，"惠宁当"是出票人，"惠溥当"是兑票人，两家是联号关系。票上还有一些提醒，即不要收下假票上当。这种票据涉及出票人、兑票人和持票人三方，是一种支付命令书，是存款人签发给收款人办理结算和支付的票据，相当于今天的支票。

③汇（会）票。

嘉庆十五年（1810 年），张集馨曾写道："进京与邑人郑健堂之子平山诸生借银二千两，又与西贾借银数千两，捐纳双月知县，会票来家兑还。"③ 可以知道，嘉庆年间在北京和仪征县之间已经可以用会票来解决个人间的债券债务活动了，一般来说，当这种金融工具先在商业企业间使用成熟后，再在个人之间使用，可见当时使用会票办理业务已经是很普遍了。"仿古交子、会子之法，祇是商贾钱票，官司其事。"④ 可以看出，当时用会票来完成交易的现象已不是个别现象。"今山西钱贾，一家辄分十数铺，散布各省，会票出入，处处可通。"⑤ 异地商号间的业务大部分通过会票来处理。

---

① 孔祥毅，巨宪华. 银行结算改革解答 [M]. 太原：山西人民出版社，1989：113.

② 中国人民银行总行参事室金融史料组编. 中国近代货币史资料 [M]. 北京：中华书局，1964：130.

③ （清）张集馨. 道咸宦海见闻录 [M].//黄鉴晖. 山西票号史 [M]. 太原：山西经济出版社，2002：12.

④⑤ （清）盛康辑. 皇朝经世文续编 [M].1897，卷五十八.

图 3 - 3　兑帖图样

资料来源：刘建民，王雪农. 中国山西民间票帖 ［M］. 北京：中华书局，2001.

　　一些工商店铺也发行类似的票据，相当于店铺的代金券①。其实也是工商业提供的信用，即工商会票。与康熙时期的会票相比，其业务关系突破了亲属、朋友，业务范围更广泛了。比如图 3 - 4 的票据：有了比较统一的格式，天格内有出票店铺的名称"美兴"，地格分成七栏，盖有两种印章，"美兴当典"和"美兴合记"，票上写有"凭帖到王董

---

　　① 刘建民，王雪农. 中国山西民间票帖 ［M］. 北京：中华书局，2001：10.

本号取钱壹佰壹拾伍千整"，出票日期为"清嘉庆二十二年二月初七日"，说明是一张本号开出的本票。

图 3-4　兴当店钱票

资料来源：刘建民，王雪农. 中国山西民间票帖 [M]. 北京：中华书局，2001：106.

汇票一式三张，一张为"票根"，由发行机构保存；一张为"送单"，用来标明付款方的情况；还有一张是用来交给汇款人的，有的是

"即票"即见票付款，有的是"期票"即见票随后再付款，汇款人持票将其委托邮局办理。同现代汇票的帖现业务类似，当时的汇票如果兑付期未到，客户如果急需用款，票号可以办理提前支付，但需要按照提前支取的天数，扣除相应的利息，叫"认利预兑。"①

会票还有一种形式，即"对票"，这种票据一式两份，两联之间有骑缝，其中一联是给来办理对票的客户，另外一联留下，客户拿对票在异地号办理兑付后，异地号将留下的对票寄回到原签发对票的商号，两联实现合对。"随统去对票一纸，又信一封，至日送通［州］照对票无利交付，将对票一并抽回寄苏。"②

钱庄也发行汇票，是对委托汇款者签发的汇款支付书，作为收款人收款的凭证，其作用能调拨不同地区间的资金的支付，通过委托异地的同业来办理汇款。上海的钱庄在附近的大城市都有往来的联号，在没有联号的地区则委托票号来汇解③。这些票据主要用于支付和异地结算，可以提前帖现，相当于今天的商业汇票。

④其他商业融通票据。

（3）壶凭帖。

工商铺号、金融铺号在逢年过节的时候，因资金周转不开，临时开具的钱帖。形式上无固定的版式，大多数用墨书写于白条上，盖上图章，以塞债务。如图3-5所示，票帖上没有记录，说明此票流通性不强，不能保证随时兑现，只是"装入瓶壶，并无实用。"涉及出票人、承兑人和持票人，由收款人签发，于到期日向收款人支付款项，只不过其信誉度不高，相当于今天的汇票。

---

① 黄鉴晖. 山西票号史［M］. 太原：山西经济出版社，2002：123.
② 黄鉴晖. 山西票号史［M］. 太原：山西经济出版社，2002：124.
③ 张国辉. 晚清钱庄和票号研究［M］. 北京：社会科学文献出版社，2007：60.

凭票向
平阳府天全木厂取钱贰仟文正
咸丰陆年玖月拾伍日批　　天字贰号

图 3 - 5　壶凭帖图样

资料来源：刘建民，王雪农．中国山西民间票帖［M］．北京：中华书局，2001：118．

　　拨兑钱帖是一种有价的，可以流通的金融票据。清乾隆嘉庆年间，在解决异地结算和支付问题中，有一种拨兑的金融业务，"各商经钱行往来拨账、周转，其作用类似货币，但不是实质的货币，也不是单纯的信贷，有货物作后盾"。① "同光之交，西北两路，每年外货输入，价值在二千万两以上，……然宝丰社在有清一代，始终为商业金融之总汇，其能调剂各行商而运用不穷者，在现款、凭帖之外，大宗过付，有拨兑

---

① 卫月望．货币史手稿之二［Z］.9 - 11．

之一法。此则为本省以往金融之特色。"① 山西的许多商号在蒙古的归化城组织宝丰社，宝丰社在融通资金时除了采用现银和支票（凭帖）之外，还有拨兑和谱银。一般一吊制钱以下的商品交易，使用制钱或信用工具，一吊以上的商品交换就要使用拨兑，即各商号之间进行商品贸易只进行划拨转账，不用现钱交易，经过辗转磨兑，不提取现金。各商号之间的债权经过宝丰社清算，期限为3日，第一天过拨钱项，第二天过拨银项，第三天各商号集合于宝丰社核对，称为"订卯"，进行轧差，即票据交换。可见拨兑钱和谱银是一种既不能兑现，又没有固定金额的特殊的金融工具。拨兑的票据用于商号之间的划拨转账，相当于今天的转账支票。

这一时期的金融工具种类可以通过表3-2反映出来：

表3-2　　商业经济与农业经济时代交叠期金融工具创新的种类

本阶段所出现的金融工具	相当于现代金融工具的类型
钱帖	支票
会票	汇票
银钱票	定额本票
凭帖	本票
兑帖	支票
汇（会）票	汇票
壶凭帖	融通汇票
拨兑帖	转账支票

3.2.2　金融工具创新的结构分析

3.2.2.1　创新的主体结构分析

这一时期，金融工具创新的主体有商业机构、金融机构和国家。

① 绥远通志稿［M］．卷四八，民国年间抄本．//孔祥毅，金融票号史论［M］．北京：中国金融出版社，2003：135.

（1）商业机构。

从这一时期发行的票据来看，发行票据的部门很多，除了有钱庄、银号、当铺，还有酒铺、铁匠铺、醋坊、烟铺等商业机构。这些流通工具当中，纸上墨书十几个字。甚至醋坊和水果店也发行，如图 3 - 6 是醋坊发行的票据模板，见图 3 - 7 是"三合梨"水果店发行的兑票。

清咸丰年间，晋东南潞城县东乡下黄村醋坊所发行的票据模板，见图 3 - 6：

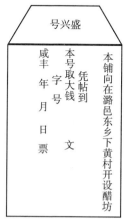

图 3 - 6　醋坊发行的票据模板

资料来源：田秋平 . 纸币初始晋东南 ［M］. 太原：山西出版集团，2007.

清光绪年，忻州南街"三合梨"店发行的兑帖①见图3-7。

票兑

上 东冶 丁字贰号
注新荣爷台视今兑下
钱壹千伍佰文

光绪冬年二月初三日三合梨帖

图3-7 兑帖票样

可见，"盛兴号"醋坊发行的票据和三合梨兑帖是在经营自己的实体经济——醋和水果的同时，又发行自己的票据，进行信用的扩张，实现两方面的共同发展。这种例子还很多，"晋省偏僻县份，商业不甚发

---

① 王雪农，刘建民．中国山西民间票帖［M］．北京：中华书局，2001：142．

达，既乏银行，又无钱庄，其赖以周转金融者，厥惟兼营钱业之商店。据此调查，共计二十二家，分布于九县：计崞县六家，安泽六家，太原、灵石各两家，高平、榆社、昔阳、平陆、左云各一家。就性质分类，由茶叶烟纸京杂货业兼营者八家，粮食兼营者七家，花布庄兼营者五家，绸缎店、酒行、盐行兼营者各一家。"① 可以说发行钱帖的商店也很多，打铁的匠人也经营钱帖，粮店的老板同时也开钱铺，发行钱帖，经营水果的店铺也发行有自己的钱帖，等等。

商业机构发行这些金融工具，主要是为了解决资金流通问题，需要交换的商品多于流通的货币，只能依靠临时发行流通工具来解决货币不足的问题。

（2）金融机构。

这一时期，金融机构发行各式各样的金融工具。"钱庄签发的本票叫庄票，能代替现金在市面流通，有即期和远期两种。钱庄也发行汇票，是对委托汇款者签发的汇款支付书，作为收款人收款的凭证，其作用能调拨不同地区间的资金的支付，通过委托异地的同业来办理汇款。上海的钱庄在附近的大城市都有往来的联号，在没有联号的地区则委托票号来汇解。"② "清代，钱庄的业务扩大到银票、钱票的发行和使用③"。"典当业发行的用来代替现银当赎的票据，这种票据也能在社会上流通，成为流通媒介"④。"票号由平遥日升昌创办，将其银拨对，书立票据，兑京使用，初无得期帖费，继而占期帖费，货款亦续作汇。有时过远者，尚做隔年期扣，概未误事……"。

当时，钱铺、银号、当铺、票号、官银钱号等都签发银票，"为百业周转之枢纽者，为宝丰社。"⑤ 即拨兑钱和谱银的发行机关为宝丰社。

① 山西财经学院，中国人民银行山西分行. 山西票号史料［M］. 太原：山西人民出版社，1990：65.
② 张国辉. 晚清钱庄和票号研究［M］. 北京：社会科学文献出版社，2007：60.
③ 王雪农，刘建民. 中国山西民间票帖［M］. 北京：中华书局，2001：7.
④ 王雪农，刘建民. 中国山西民间票帖［M］. 北京：中华书局，2001：10.
⑤ 卫月望. 货币史手稿之二［Z］. 11.

这些交易工具主要是为了解决工商业在货币兑换和清点搬运时出现的困难，有近距离和远距离的商业交易，从而为工商业发展提供了便利，这些部门发行凭帖也非常活跃。

3.2.2.2　金融工具创新的适用领域分析

（1）适用于解决金属货币不足，满足市场流通的工具创新。

无论是各地方官钱局发行的钱票，还是民间工商业发行的银票、兑票、凭帖，都是用于解决金属货币不能满足商品流通需要的矛盾，明末清初，商品种类的增加与货币金属匮乏的矛盾越来越严重，民间出现了"钱荒"现行。"京师岁除，间因钱铺闭歇稍多。藏票者争取见钱，钱即涌贵，是钱不多之证①。""下及民间一切票券，嗣后一皆以钱起数，不准以银起数，犯者其银入官②。"这些都是当时银钱短缺的真实反映。"钱票有辗转相授，不取钱者。"③因此，这些能代替金属货币流通的金融工具主要是用来满足市场交易扩大和消费的需要，也是商品经济发展到一定程度，人们为方便交换而采用简便的交易工具，商品经济进步的必然结果。

（2）适用于远距离商业贸易汇款的工具创新。

明朝中后期的工商会票、清朝道光时期票号发行的汇票、会券等主要用于满足远距离的商业交易，便于货款的携带和结账。明末清初的陆世仪曾写道"今人家多有移重资至京师者，以道路不便，委钱于京师富商，取票至京师取值谓之会票。"④"至若普通汇款，则以票汇为最多数，其汇费即以两地平色之高下、期口之淡旺、月息之大小为估定标准，……凭票付款，并不认人。是以各方人士对于票号之汇票，极为信用。例如汉口商人往四川办货，六月赴川，携带九月期票，到川时即可

---

①②　（清）盛康辑.皇朝经世文续编［M］.1897，卷五十八.

③　（清）许楣.钞利条陈［A］.//（清）盛康辑.皇朝经世文续编［M］.卷六〇.//山西财经学院，中国人民银行山西分行.山西票号史料［M］.太原：山西人民出版社，1990：16.

④　皇朝经世文编［M］.卷五十二，钱币上./黄鉴晖.山西票号史［M］.太原：山西经济出版社，2002：11.

以持期汇票当做现款以付货价，并不须蒙帖现损失，已能流通无疑。^①"
同时，还保证了远距离贸易的安全性，"若会票数大，万无有盗贼能用
之者。人家一失会票，即向出会票家知会，盗贼用之，直自投罗网
耳。"^② 随着商品贸易范围的扩大，远距离的商业活动增加，金属货币的
缺点逐渐显现，于是工商会票、汇票、会券、支票等满足了跨区域的商
业贸易活动需要，并且推动了商业贸易范围的进一步扩大。

（3）适用于清偿货款、划拨转账的工具创新。

兑帖、上帖是商铺与商铺之间结算资金的金融工具，壶凭帖也是证
明资金供需双方的债券债务关系，用于兑现和清偿的书面证明，只不
过其信誉程度较差。拨兑和谱银是商号间划拨转账的重要金融工具，
既厘清了债券债务关系，又节省了现金交易带来的成本。"浦银和拨
兑钱，均为绥远之特殊物，因交易大而现银钱少，各行商坐贾均与银
钱业往来，而银钱业之间互相进行划拨结标。即相当于现在实行的票
据交换，各商之间虽无现银钱，但彼此即可互相交易，从而促进商业
的繁荣。"^③ 可见，拨兑钱和谱银也是当时促进商品流通的金融工具创
新，其满足了商品交换的货币需求，便利了大宗的商品交换，商家之间
的转账清偿货款。这些专门用于转账结算的金融工具出现，是商业贸易
繁荣的表现，同时也促进了商品经济的继续发展，商业间的清算、结账
更加便捷。

3.2.3　金融工具创新的效应分析

3.2.3.1　效应理论依据

金融与经济、社会的协调发展理论告诉我们，金融的发展和创新可

---

① 山西财经学院，中国人民银行山西分行. 山西票号史料［M］. 太原：山西人民出版
社，1990：189.

② 王鎏. 钱币刍言续刊［M］.//山西财经学院，中国人民银行山西分行. 山西票号史料
［M］. 太原：山西人民出版社，1990：16.

③ 卫月望. 货币史手稿之二［Z］. 9～11.

以促进经济增长。金融在经济中的地位和作用不容忽视，金融的发展关系到经济的进步，金融的每一次创新和变革都推动经济的向前发展。同时，金融会影响社会的发展，金融的稳定和发展对稳定的社会环境具有重要意义。1986 年，Miller 通过对美国 20 世纪 60 年代中期以来金融创新的回顾，认为金融创新有利于金融的稳定与安全，能平息金融动荡。这一时期的金融工具创新对经济和社会带来的好处体现在对社会的经济效应和对发行机构的经济效应上。

3.2.3.2 对社会的经济效应

金融从其产生开始，就是为了在生产、分配、交换过程中降低交易成本而存在的，降低和节约交易成本是金融工具产生和创新的动因，也是金融工具创新所带来的首要经济效应①。

这一时期金融工具创新所带来的社会经济效益主要体现在以下几点。

（1）节约交易成本。

各种钱帖、银票、票据的产生，大大减少了商品流通中的交易成本以及远距离携带金属货币的不方便。"所谓合券者，盖即今日之会票，商既便于取携，官亦藉省赍运，国民两利，莫善于此。"②；"各省商贾开设银号，代人汇兑银两，累万盈千，第持一票为凭，虽远隔数省，往来无间。又如钱店开写钱票，或多或寡，但凭一纸即可行用。彼固以有票可取银钱，而又便于携带也。"③ 可见，这些金融交易工具的便捷性、安全性、流通性在当时是得到肯定的，对于减少交易成本和交易费用有积极的意义。

（2）加速商品流通。

这些金融流通工具的出现，加速了商品流通，扩大了商品流通的范

---

① 孔祥毅. 百年金融制度变迁与金融协调 [M]. 北京：中国社会科学出版社，2002：392.

② 许楣. 行钞条论 [Z].//山西财经学院，中国人民银行山西分行. 山西票号史料 [M]. 太原：山西人民出版社，1990：17.

③ 奏请推行钞法的折子，硃批——货币金融（卷号六十六）.//山西财经学院，中国人民银行山西分行. 山西票号史料 [M]. 太原：山西人民出版社，1990：17.

围。从历史资料可以看出，金融工具的流通范围不仅远涉俄罗斯、日本，甚至还流通至台湾地区。在《协和信》账簿中，记载"收台汇票处"有3页，记载"交台汇票处"有23页，共收本平足银11 019.1两，共交本平足银79 392.6两①。可见汇票在台湾实现汇兑是有历史依据的。金融工具代替了货币，担负起了货币流通手段的职能，再加上票号经营的诚信，其发行的票据在社会上的认可度很高，在一定程度上解决了"银荒"问题。"今山西钱贾，一家辄分十数铺，散布各省，会票出入，处处可通。……轻赍便捷，而无官为置务之繁。"② 可见，钱票在市场流通已经十分普遍，这起到了加快商品流通的作用。

总之，流通成本的缩减和商品流通速度的加快，使得这一时期的商品经济进一步发展，商品贸易更加活跃，贸易范围进一步扩大。

3.2.3.3　对发行机构的经济效应

由于金融工具的营利性特征，对于发行金融工具的机构来说，金融工具的广泛流通和使用能够带来巨大的经营收益。"今京师皆用钱帖，其余各省往往而是，奸商藉以牟利，甚者弃业而逋。远省厚赍，或为会票，酬以重息。"③ "民间会票钱票，即于票之出入，暗中取利，又无抑勒之权，故随时收付，略无留滞。"④；对于印局来说，"借钱十千或八千，则分一百日清还，每日还钱一百或一百二十文不等，春秋两季，周而复始，……利钱不菲。"⑤ 从这些历史资料中我们可以发现，这些金融工具的发行给营业者带来的收益是非常可观的。

其实，当时经营金融业的资本家大都也经营企业和商业资本，而且

---

① 协和信. 协和信账簿［Z］. 光绪十八年，十一.

② 冯桂芬. 用钱不废银议［Z］. 皇朝经世文续编卷五十八. //山西财经学院，中国人民银行山西分行. 山西票号史料［M］. 太原：山西人民出版社，1990：17.

③ 缪梓. 银币论上，皇朝经世文续编［M］，卷六〇. //山西财经学院，中国人民银行山西分行. 山西票号史料［M］. 太原：山西人民出版社，1990：16.

④ 许楣. 行钞条论［Z］. //山西财经学院，中国人民银行山西分行. 山西票号史料［M］. 太原：山西人民出版社，1990：17.

⑤ 张焘. 津门杂记［Z］. //山西财经学院，中国人民银行山西分行. 山西票号史料［M］. 太原：山西人民出版社，1990：8.

是从经营企业和商业起家的，其分支机构遍布各个重要城市。之所以后来又经营金融业，是因为经营金融业务在当时的利润可观。比如票号业务主要是异地汇兑和存贷款业务，当时异地汇兑和放款的月息为千分之三至千分之七①，再加上由于白银的成色、称量砝码不同而产生的平色余利，使票号业务在当时是一个收益比较可观的行业。"汇兑为票号之特长，其汇款手续，有电汇、信汇和票汇三种，电汇多为紧急需款，汇费较昂，电报恒用自编之密码，其日期、平色、数目，均能以一二字代替，颇为简捷。信汇汇费较轻，汇款者多为熟识之商号或个人，各以信关照，不至错讹。"② 可以看出，就票号所发行金融工具的利益来说，至少有三个收益，一是异地汇兑所产生的汇费收入，二是票号设本平所产生的余平，三是票号可以占用从收汇到付汇所间隔时间内资金的使用权，即"得空期"。从史料中可以看出，票号所发行的票据的汇费收入是 0.3%～0.7%③；余平所产生的收入占到票号营业收入的 5%～10%④；票号的"得空期"有 20 日、25 日、30 日、40 日、60 日、75 日、100 日不等，一般由路程的远近和客户的需求所决定。"得空期"的存在可以使票号得到资金的暂时使用权，有利于其扩大经营资本。

对于账局来说，在早期的放官款业务中，"月选各官，借贷赴任。放债之人，乘隙居奇，创立短票名色，七扣八扣，辗转盘剥……"⑤；"利之十倍者，无如放官债，富人携资入都，开设账局。遇选人借债者，必先讲扣头。如九扣，则名曰一千，实九百也。……滚利叠算，以数百金，未几而积至盈万。"⑥ 可见，账局的是以高额的贷款利息来获取收益的，其收益在本金的十倍以上。

---

①③④　黄鉴晖. 山西票号史［M］. 太原：山西经济出版社，2002：108.

②　黄鉴晖. 山西票号史［M］. 太原：山西经济出版社，2002：123.

⑤　清高宗实录［Z］卷五十六.∥山西财经学院，中国人民银行山西分行. 山西票号史料［M］. 太原：山西人民出版社，1990：8.

⑥　李燧. 晋游日记［Z］. 卷三.∥山西财经学院，中国人民银行山西分行. 山西票号史料［M］. 太原：山西人民出版社，1990：8.

正因为这些利益的驱使，使得当时金融业务异常的繁荣，金融工具的创新也源于此。

3.2.4　金融工具创新的理论分析

3.2.4.1　创新的金融工具

这一时代交叠期，新出现金融工具形式很多，但归纳起来有以下几种。

（1）本票。

我国现行的《票据法》规定，本票是由出票者签发的承诺书，保证自己在见票时，按照票面金额无条件付款的书面凭证，出票人负有完全责任。本票又叫期票，是指出票人签发时承诺在见票时将预先确定的金额无条件支付给持票人的一种商业票据。本票只涉及两个当事人，即出票人和收款人[1]。清朝嘉道年间出现的凭帖是本铺所开出的票，由本铺随时兑现，相当于今天的本票，由发行单位承担完全责任。

本票可以流通转让，分为交付转让和背书转让。交付转让就是将本票交给出票人，请求兑现即可。背书转让是持票人先将票据转让给第三人，第三人最终再找出票人承兑，这时的持票人成为出让人，第三人叫受让人，此时出让人必须在票据背面记载受让人的名字，以及背书的具体时间，并且经过签字盖章后，票据便流通到受让人一方。

而这一时期清政府、各地方官钱局以及民间金融机构发行的银钱票相当于不记名式本票，在市场可以流通，受让人无追索权。这些银钱票发行时，发行主体都承诺在见票时无条件支付，但在实际流通中出于流通方便或其他原因，可以实现转让，由于这些银钱票是不记名的，所以持票人可以继续向后转让，而不能向前追索。

（2）支票。

按照我国现行的《票据法》，支票指出票单位签发的，委托其开户

---

[1]　朱新蓉. 金融概论 [M]. 北京：中国金融出版社，2002：47.

行在见票时将款项支付给持票人的凭证。出票单位和开户行是相关联的企业，出票单位在开户行设有基本存款账户，并对其资金进行监督。而兑帖是本铺出票，需要到另一铺号兑现银钱，由出票人和兑票人共同承担责任，两个铺号是总分号或联号关系。因此兑帖相当于现在的支票。支票涉及的当事人有三个：出票人、付款人和收款人。兑帖中所涉及的签发人是出票人，"宝号"是付款人，持票人是收款人。支票也可以背书转让。

（3）汇票。

按照我国现行的《票据法》，汇票指由出票人签发的命令书，要求付款人在见票时，或在一定时期内将货款支付给持票人或收款人，主要用于跨区域间的结算。企业到银行办理汇票，不一定有足额的存款保证，汇票也可用来背书转让和帖现。汇票的当事人也有三个，即出票人、付款人和收款人。汇票须经过承兑才有效，由工商企业出票的叫商业汇票，由银行出票的叫银行汇票。这一时期无论是早期康熙时期出现的，还是后来嘉庆道光时期出现的用于解决异地结算的工商会票，都属于汇票。出票店铺是出票人，"凭帖到××号"是付款人，持票人是收款人，发行汇票的有的是金融企业，如钱庄、银号等，这叫银行汇票，有的是商业企业，这叫商业汇票。汇票可以背书转让，可以办理帖现。

3.2.4.2 本时期创新理论说明

在商业经济与农业经济的"时代交叠期"的金融工具创新的背后，既有来自经济发展驱动的内在动力，也有促使其创新实现的环境支持，即信用支持、技术支持、制度支持和机构支持。金融工具创新是指为了适应外部环境的变化，为了寻求新的经济平衡，金融工具创新主体以内在的生命生存和发展的需求出发，同时，在其创新的过程中离不开信用、技术、制度和机构这些支持因素。公式表示为：

$$F = F_1(E) + F_2(C, T, L, I)$$

商业经济发展速度加快，商品贸易区域范围逐渐扩大，经济重心逐步由农业转向商业，中国出现了资本主义萌芽，商业活动范围的日益扩大所需要的金融工具功能与实际差距逐步增加，同时，"钱重"的现象迫切需要便捷的金融交换工具，工商业的周转困难对金融工具提出了新的需求，再有，远距离的商业贸易需要金融工具有异地兑换的功能。在这样的经济发展背景下，中国旧式的金融机构典当业、账局、票号、印局、钱庄等金融机构为了自身的生存和发展，协调商业经济贸易繁荣的需要，积极寻找和探索具有新的金融功能的工具创新，民间出现了解决工商业资金周转的金融工具——工商会票；解决异地汇兑的金融工具——汇票；能委托相关机构支取款项的金融工具——钱帖、凭帖、兑帖；转账结算的金融工具——拨兑帖等。这些是 $F_1(E)$ 的理论说明。

而推动金融工具创新的除了自发产生的内部激励，还有外部环境支持因素，包括信用、技术、制度和机构，即：$F_2(C，T，L，I)$

金融工具的创新是信用链条的延伸，只有信用好的，得到人们认可的，交易成本最低的才成为社会普遍接受的金融工具。这一时期民间所产生的金融工具信用状况较好，人们愿意持有，当时所依托的社会文化背景是"仁""仁义""信义"等儒家思想的传统商业伦理和中国传统文化，主要依靠这种信用文化和信用环境保证金融工具被使用者认可。

技术上的创新和革命是促进金融创新的主要原因，金融创新源于技术的进步，从而降低了交易成本，因此金融工具的创新与科技进步是紧密联系的。这一时期民信局的出现使得通信技术水平明显提高，防伪、防盗技术和票据丢失、挂失的管理技术提高，从而降低了金融工具的风险性，促进了金融工具创新进程。

金融创新是一种制度改革，是与社会经济制度密切相关的和相互影响的制度改革。金融的任何制度改革都是金融创新，这些金融改革既有金融体系的，也有政府监管的。这一时期，国家除了有鼓励信用较好的金融工具继续流通的国家制度，也有限制和取缔信誉差的金融工具的有关制度，对于发行金融工具的资格认定、对于发行虚票进行处罚和取缔等都有相关的制度规定。

通过政府和相关组织机构的适当干预来实现社会资源的更科学配置，可以实现对资源的更高效配置。这一时期，除了政府机构的管理和支持，还有行会的监管支持和同业机构的支持，这些都促进了金融工具的创新。

3.2.4.3 创新机制

在商业经济与农业经济的"时代交叠期"，商品经济发展迅速，不仅国内的粮食市场、棉花市场、丝绸市场、茶叶市场、纸张市场等商品非常繁荣，而且跨国的商品贸易，如中国与俄罗斯、中国与西亚和欧洲、中国与东南亚、中国与欧美等国际间贸易也很活跃。这时商品经济的活跃对金融工具的功能提出了更高的要求，而旧的金融工具功能落后和弱化与经济发展的客观需求产生了矛盾，此时旧式的金融机构为了生存和发展，自发的产生了创新的内在动力 F_1。而支持金融工具创新的支持因素 F_2 也在发挥作用，在信用、技术、制度和机构的支持下，有力地推动了金融工具的创新。F_1 与 F_2 共同作用，使得整个创新体系在受到外界经济变化干扰后，经过一段时间后恢复到目标值，保持内在的各个变量的稳定状态（如图 3 - 8 所示）。

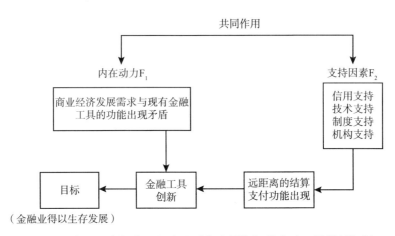

图 3 - 8　商业经济与农业经济"时代交叠期"的金融工具创新机制

金融与经济的协调关系表现在，一是金融的发展促进了经济增长，二是经济的稳定发展也会有利于金融的发展。在这一交叠期，商品经济的扩张迫切要求代表新的结算方式的金融工具出现，为了协调经济的发展，民间出现了本票（凭帖）、支票（兑帖）和汇票（工商会票）等新的金融工具，适应了当时经济发展状况，金融与经济经历了从不协调到协调的过程，金融的发展促进了经济增长。这些金融工具也得到发展壮大，实现了商品货物的"汇通天下""货通天下"。同时，这些金融工具的出现和普及大大促进了商品经济的发展。不仅加快了商品流通的速度，拓展了远距离商品贸易的空间，而且大大降低了商品流通的成本，使得这一时期商品贸易活动活跃起来。

按照金融功能理论，这一时期所出现的金融工具创新，即各种形式的商业票据出现，使得金融功能有了新的突破。

一是商业票据解决了不同时间、不同空间资源的配置。为了解决资金在时间上分配的不平衡，产生了本票（凭帖）、支票（兑帖），解决了工商企业资金暂时周转不开的问题，加快了商品流通速度；为了解决远距离的商品贸易问题，产生了汇票（工商会票），这为远距离的商业贸易提供了便捷的结算方式，扩大了商品流通范围。

二是出现了进步的清算和支付方式，便利了商品交易的功能。本票（凭帖）、支票（兑帖）和汇票（工商会票）等新的金融工具出现，进一步强化了商品清算和支付的功能，明确了企业与企业之间的支付关系，促进了人类向商业经济时代的跨越。

3.3 金融工具创新所需要的支持因素

3.3.1 信用支持

3.3.1.1 信用的理论分析

信用的内涵分为三个方面：伦理道德上的信用指社会成员在社会交往中形成的诚实守信的基本准则，提倡诚信行事，不欺不诈；法律上的信用是指当事人双方由契约建立起来的权利和义务，双方遵守诚实守信的原则，按照契约履行合同；经济上的信用是与"借贷""货币""价值"等相关联的，指在商品交换中，借款者获得一定的信用额度，贷款者以契约的形式向借款者放款，并且以取得一定的报酬为目的，借款者依照承诺按时归还。这种信用关系和信用形式不断发展，派生的信用形式、资本等金融工具等越来越多样化，促进了商品交换的发展。

马克思认为，信用表现为一种信任，使一个人把一定的资本额，以货币形式或商品形式，委托给另一个人，到期偿还这笔资本额①。信任是信用产生的前提，是否具有支付能力在信用关系确立之前是是否值得信任的前提，只有借贷者具有支付能力，信用关系才可能建立；信用是价值单方面运动的一种形式，将价值单方面转移给借款者，而所有权没有改变，只是将使用权暂时转移，在约定期限内借款者必须将这一价值连同利息一起偿还给所有者；信用关系是经济利益关系的反映，信用关系的产生是对利益追求的结果，借方以最小的成本获得资金的使用权，贷方由于暂时出让了资金的使用权，而获得了利息收入。

3.3.1.2 信用表现

金融创新的基础是信用，金融工具的每一次创新都是对其信用的考验，其信用状况的好坏直接关系到金融工具创新的成功与否，这一时期所出现的金融工具，既有实现"汇通天下"的奇迹，其信用状况为世人所惊叹，也有不能实现兑现，最终走向失败的深刻教训。

这一时期民间所产生的金融工具信用状况较好，人们相对更愿意持有。"令贾人出钱票，其始皆恃票取钱无滞，久久人信其殷实不欺，于是竟有展转行用至数十年不回者，并有竟不回者。黄河两岸，致富者莫不由此，皆以信行其诈，故能得手。"② 说明钱票的信用程度很高。清朝

---

① 马克思. 资本论 ［M］. 卷三，北京：人民出版社，1975：452.

② 王鎏. 钱币刍言续刊.//山西财经学院，中国人民银行山西分行. 山西票号史料 ［M］. 太原：山西人民出版社，1990：7.

货币学者许楣曾经对票号评价如下："今之汇票,有累至千金者","千斤之票,欲金而得金","若会票,则交银于此,取银于彼,从无空票。"①

19世纪40年代,上海钱庄发行的庄票在对外贸易活动中都能得到认可,其信用程度极高,一位英国商人去宁波做生意,为了免去带现款的麻烦,从上海锦生钱庄换取一张期票,此期票可在商人去往宁波的商店后进行兑现②。在广州当时进口洋货再内销的中转点——湘潭,成为连接国内外贸易商品的枢纽,得益于期票这种金融工具,"中国丝、茶之运往外国者,必先在湘潭装箱,然后再运广东放洋。以故湘潭及广州间,商务异常繁盛。"③ 从汉口运往湘潭的货物,大部分是用期票支付的④。正因为这种金融工具的信用支持,使得外国商品能从长江进入中国西南内地。

3.3.1.3 维持信用的文化信仰

这一时期民间金融工具能取得如此高的信用水平,在一定程度上是因为它是在中国传统文化的孕育下成长和发展起来的,金融工具创新所依托的文化背景是传统商业伦理、中国传统文化、"仁""仁义""信义"等儒家思想。《商人要录》里要求经商做到"身正不令而行,德坏虽令不从,约己实无私意,待众真以公心,处事皆要当理,出言都要合情,能调号务和美,就是第一本领,凡是贸易之中,总得和美通顺……"⑤ 强调以和为贵,"公平大道宽长,和气招众无穷,众伙调治和美,诸事商量情通,各行生意事业,不和总是坏症,但能谨慎勤和,即为贸易要领,协力山成白玉,同心土变黄金,意合功成业就,人和财旺家兴,和气能致

① 张国辉. 晚清钱庄和票号研究 [M]. 北京,社会科学文献出版社,2007:40.
② F E Forbers. Five years in China, From 1842~1847 [M]. 1848:68–69.
③ 张国辉. 晚清钱庄和票号研究 [M]. 北京:社会科学文献出版社,2007:70.
④ 英国领事报告 [Z].1869~1871,汉口,191–192.
⑤ 山西省晋商文化基金会. 晋商史料系列丛书——商业论本卷,商人要录贸易须知 [M].太原:三晋出版社,2014:18–19.

吉祥，扭秘必至败凶，贸易以和为贵，求财以勤为本。"① 这些都是儒家思想的体现。同时，金融工具的流通范围相对固定，金融工具的使用者一般都是"熟人"，对其信用评价主要靠了解，为维护自己的"名声"，"虽凭号规治众，亦得思义感情，公能服其诸意，宽能得其众心……"② 以此来要求经商人的心智素养，很少有借款潜逃的风险；在处理金融工具使用时出现的纠纷和矛盾时，基本采取的是号规、行会规定和会馆的条规，以神灵、行会和宗族加以约束。可以说这一时期民间金融工具所带来业务的兴盛与繁荣所依赖的是个人信用，建立业务的基础是以血缘、亲情、本地老乡等力量来维持。

3.3.2 先进的通信和防伪技术支持

3.3.2.1 技术支持相关理论

技术是指人们努力改变和控制自身环境的手段和技能，技术是一种能力，其创造出的方法或手段能促成产品的改进。伊诺斯（1962）认为，技术创新是几种综合行为的结果，这些行为包括资本的投入、经济组织的建立、制订相关的创新计划等，从集合的角度解释了技术创新。弗里曼在1973年的《工业创新中的成功与失败研究》中将技术创新定义为，在整个过程中具有技术性、工艺性和商业化的特征，其目的在于提高新产品的市场占有能力，以及将新技术和工艺应用于新生产中去③。因此技术创新是企业出于利润最大化的目的，采取生产流程、优化企业组织、提高资源配置效率、对生产技术进行升级和发明、提供新产品、

① 山西省晋商文化基金会. 晋商史料系列丛书——商业论本卷，商人要录贸易须知［M］. 太原：三晋出版社，2014：34－35.
② 山西省晋商文化基金会. 晋商史料系列丛书——商业论本卷，商人要录贸易须知［M］. 太原：三晋出版社，2014：21.
③ 李建伟. 技术创新的金融支持——理论与政策［M］. 上海：上海财经大学出版社，2005：26－27.

应用新的生产方式，从而形成相关行业创新的驱动力，推动经济和社会的进步。

3.3.2.2　通信手段的提高——民信局的出现

经济的发展伴随着通信技术水平的提高，在农业经济时代，通过沿途设立"驿站"来传递公文；在从农业经济向商业经济时代转变的时期，对于信息传递的渴求越来越强烈，"自本朝嘉道年间，由宁波人创设信局，……民皆便之。"① 可见，在商业经济与农业经济交叠期，产生了早期的民信局，这一时期，金融工具的创新得益于民间通信技术的提高，即民信局的出现。"自同治初粤寇乱平，而信局之业乃大盛。其主、其伙大都皆宁波人，东西南北，无不设立。"②

民信局的出现成为促进当时金融工具流通的技术载体，"内地各地方之送寄汇票，向托于信局，即私人经营之邮务业者。此等私营邮务业者，……或为个人经营，或系数人经营，均为中国商人所信用。"③ 民信局促进了金融工具的流通，表现在：

（1）金融工具依托民信局完成异地兑款业务，其便捷性日益突出。

"最初在没有信局子的时候，票号的信最先由镖局或其他商号以及票号相互捎带。后来随着票号业务的扩大，并且为了方便起见，由各家票号共同雇人肩挑送信。那个时候，把他称为'信卒子'。信卒子送信也是风雨无阻，并且各地都有规定的到信日期，到了那天，信卒子一半都能到，留下当地的信件，拿上往外地发的信就走了。"④ 可见，在民信局产生之前，金融工具若发挥其流通作用，必须借助其他商号、镖局或

---

① 论中国通商各口宜多开小汇划庄以辅邮政之不逮［Z］. 申报，1897 年 8 月 28 日 .//山西财经学院，中国人民银行山西分行 . 山西票号史料［M］. 太原：山西人民出版社，1990：26.

② 徐珂：清碑类钞［M］.//山西财经学院，中国人民银行山西分行 . 山西票号史料［M］. 太原：山西人民出版社，1990：27.

③ 东海 . 记山西票号［J］. 东方杂志，14 卷 6 号，1917 年 .//山西财经学院，中国人民银行山西分行：山西票号史料［M］. 太原：山西人民出版社，1990：27.

④ 乔殿蛟访问记录［Z］.1961 年 .//山西财经学院，中国人民银行山西分行 . 山西票号史料［M］. 太原：山西人民出版社，1990：27.

票号。而民信局产生以后，"在有信局子的地方，由信局子传递信件"①；"当时中国私家书信传递，全恃民间经营之信局。民局为宁波人之专营，其资本亦甚大……"② 大大便利了金融工具的流通，使得金融工具发挥流通的作用不再依附于其他商号、标局等，而是有了与之固定的合作机构——民信局。

（2）民信局的出现使得金融工具流通的形式越来越进步。

民信局出现之前，金融工具发挥异地汇兑的职能，需要汇款人自带汇票。"票庄既用汇票汇款，但当时汇票，如何寄给收款人，亦有注意之必要（中有自带汇票前往取款者，自不待言。如天津商人到四川办货，即将款交天津票庄，自带汇票到四川票庄支用是。）"③ 而民信局出现之后，"信局与票庄来往密切，于是信局亦兼营汇款业。凡欲自甲地兑款至乙地，可将款交信局。甲地信局，只写信至乙地信局，即可照兑。"④ 可见，其汇款的形式更加进步，无须汇款人亲自持有汇票，即可去异地兑现。同时，金融工具与民信局共同发挥作用，促进其流通，"信局款项不足，可托票庄代付。故信局与票庄合作，在中国国内交通贸易上，贡献甚大。"⑤

（3）民信局的出现提高了金融工具的信用程度。

民信局产生后，一定程度上分担了金融工具流通的风险。"信局有保险之法，凡经保险之信函，内中银钱汇票，如有失落，一概包赔。"⑥其受寄送汇票之委托时，须将汇票信挂号，交付收据于寄信人，关于其书信之送达负一切责任，如途中有遗失情事，则由信局挂失，停止付款；倘因此延误时日，致汇款之受汇兑书面上之损失，须由信局赔偿。"⑦ 这样看来，民信局要对金融工具的流通过程负责，赔偿路途中所

---

① 乔殿蛟访问记录［Z］.1961年.//山西财经学院，中国人民银行山西分行.山西票号史料［M］.太原：山西人民出版社，1990：27.

②③④⑤⑥ 曲殿元.中国之金融与汇兑［M］.上海：上海大东书局，1930：120－122.

⑦ 东海.记山西票号［J］.东方杂志，14卷6号，1917年.//山西财经学院，中国人民银行山西分行.山西票号史料［M］.太原：山西人民出版社，1990：27.

出现的不安全因素所带来的损失。这样就降低了金融工具流通的风险性，为其流通范围的扩大提供了保障。

3.3.2.3　防伪、防盗技术的成熟与应用

这一时期，金融工具在纸张水印、印章、书写字迹、防伪密码、工具印刷等方面的技术堪称一绝，令世人惊叹。各家机构为保证金融工具的安全流通，设有暗语、防伪等技术，票据上所反映的日期、金额分别用暗号代替，以防止假票流通。比如在当铺，"……内设有货架，收到当物后，即按月用《千字文》语句，即'天地元黄，宇宙洪荒'等字，按月顺序编号，每月再按写票的先后次序，编作某字某号。如正月开始的第一项当物，即编为'天字第一号'，二月的即为'地字'号，如此顺序搁置于货架上。当户赎当时，按当票的编号即可取出原物，井然有条。……这些破损字样，是典当业的专业字，内行看来一目了然，一般人是无法认识的。这些字是用草书体，并用每字的半个组成。"①

据记载，"昔年在山左谳局，有吕姓黏庄票控告一案，票注贰百千，钱庄只认贰拾千。吊查庄簿。实止贰拾千。细验票上百字，一无补缀痕，图记花板字迹，分毫不爽，竟不能断为伪票。初疑庄伙舞弊，虚出贰百千之票，而书贰拾千于簿。研鞫至再，原告吐露真情。云以水洗去拾字，改为百字。始犹不信，令其当堂洗改。次日持一白笔来，不知笔内有无药水，即将原票千字用清水一滴，以笔扫洗，上下衬纸按吸，随洗随吸，至白乃止。世固有巧夺天工如此者，讵止欺一二人耶。②"可见其防伪技术已经能识别比较高明的欺诈手段，难怪创造了"没有发生过假汇票骗取汇票的事情"③的奇迹。

此外也产生了对于票据遗失的处理技术和方法，"钱庄生意，……皆凭银票往来……庄伙偶有遗失，当即知会，票根写帖招纸，悬格酬

---

① 包头文史资料选编［M］.//孔祥毅. 民国山西金融史料［M］. 北京，中国金融出版社，2013：90.

② （清）盛康辑. 皇朝经世文续编［M］.1897，卷六〇.

③ 黄鉴晖. 山西票号史［M］. 太原：山西经济出版社，2002：127.

谢，往往为人拾取拗出。好事之徒，强为顶认，致成讼端。……如有拾取庄号往来银票，即行送还，听凭照议酬谢，毋许争多论少，致启讼端。倘或故违，许即禀县，以凭饬提拾票之人，从严惩治，决不宽贷。"① "庄票遗失，有人拾得，将原票送还者，照前清道光二十一年间禀准成案，每千两酬银十两。"② 可见对于票据的丢失、挂失技术方法在当时已经有了具体的规定。

3.3.3　国家、行会和企业的制度支持

3.3.3.1　制度支持的相关理论

没有规矩，不成方圆，经济活动的不确定性，要求必须有一定的制度规范来约束人与人之间的经济交往，减少由于信息不对称而带来的风险，给经济活动带来稳定、可靠的预期。完善的制度规定有利于形成较稳定的市场秩序。

新制度经济学提出，制度是由社会认可的非正式约束、国家制度的正式约束和实施机制构成③。非正式约束是社会成员在相互交往中，自发形成的并且影响生活方式的习惯或传统。主要包括伦理道德、风俗习惯和意识规范④。这种非正式约束是在社会发展中自发形成的。正式性约束是人们有目的的创设的合同条款、行政规则等，其主要形式是国家通过制定法律确定对公民、企业、组织等的约束。实施机制是决定规则具体实施的程序、过程，是制度得以运行的决定性因素。缺少实施机制，制度规则犹如一堆条文堆砌而成的书面文件，没有实际意义。这一时期，制度支持比较明显地表现在正式性约束。

---

① ［日］加藤繁．支那经济史考证［M］．下卷，469页．//杨端六，清代货币金融史稿［M］．武汉：武汉大学出版社，2007：149.

② 上海钱业公会章程规则汇编［Z］．1923：7.//杨端六．清代货币金融史稿［M］．武汉：武汉大学出版社，2007：154.

③④　范南．信用理论、制度和实践问题研究［D］．博士学位论文，东北财经大学，2004.

3.3.3.2　国家管理制度

在这一时期，针对民间金融工具广泛流通的情况，国家曾分情况对金融流通工具进行了相关的制度规定。具体有：

（1）鼓励信用较好的金融工具继续流通的国家制度支持。

道光十六年（1836年），道光皇帝与官员针对山西民间的金融流通工具展开了一次规模较大的存废争议。群臣之间针对流通于山西的金融工具进行了大讨论，经过斟酌，道光皇帝保留了凭帖、兑帖、上帖三种金融工具继续流通。原因是这三种金融工具信用状况好，"臣查民间以银易钱，铺户给予钱票，随时支兑，既省盘运，兼便取携，现票无异现钱，原属例所不禁。……惟各省情形不同，臣与藩、臬两司，详加访查，直隶所属州县，庄农十居九八，向无富商大贾，即间有商贾凑集之区，如天津、郑州等处，皆系外省商民暂时携货前来贸易，逾时辄返。钱票易地不能通行，是以居民、客民所易钱文，不过数十百斤，随时取用，商民久已相安。"[1] "今臣等公同会认，京城内外钱铺开写钱票，既为商民两厢情愿，由来日久，自应仍听其便。"[2] 可见民间对这些金融工具的认可程度很高，民间市场流通需要这三类金融工具。山西巡抚申启贤陈诉了不能禁止钱票的4个理由，一是因为洋钱银色低但交换方便，钱票相对洋银有更多的好处，所以不能禁止，"夫洋钱系外洋而来，每个市平七钱三分，银色甚低，而作钱价则等于足色纹银，且有较纹银昂贵之时，暗中每被折耗，因其便民，尚不能禁。今以内地铺户之钱票，行之内地，转行禁止，是舍其重而图其轻……此不可行者一也。"[3]；二是因为钱票一旦禁止，由洋银取代，会引起很大的损失，"因银少而价

---

①　中国人民银行总行参事室金融史料组编. 中国近代货币史资料［M］. 第一辑，北京：中华书局，1964：130.

②　中国人民银行总行参事室金融史料组编. 中国近代货币史资料［M］. 第一辑，北京：中华书局，1964：127.

③　中国人民银行总行参事室金融史料组编. 中国近代货币史资料［M］. 第一辑，北京：中华书局，1964：128.

昂，今欲平银价，趋之使受外洋之折耗，是漏卮更甚矣。此不可行者二也。"[①]；三是因为国家发行现银少，如果取消钱票，则不能满足民间流通交易，引起不便，"夫银钱有互为盈虚之道，银少尚赖钱文流通为之接济，若致钱文亦形短绌，商民必受其困。此不可行者三也。[②]"四是因为取消钱票会引起银钱价格不稳，引起混乱，"则凡折价采买等项，又将作何津帖，是钱贵较银贵更形掣肘。此不可行者四也。"[③] 这些原因比较客观地反映了民间钱票在当时的流通情况，说明当时的凭帖、兑帖、上帖在社会中流通比较顺利，得到民间商户的认可，其可信度比较强。"应奉谕旨刊刻规条……并禁用银镶器物，使之黜华崇实，藏富于民，较为得力，似不必禁用钱票，遂谓有益于国计民生也。"[④]

于是，道光皇帝允许了信用高的钱票流通，"道光十八年七月初一日朱批：依妥办。钦此。"[⑤] 使得这些金融工具的流通有了国家制度保障。经过此次关于钱票存废的争议之后，民间的钱票流通得到了官方的认可，其流通范围更扩大了，即使是官方发行的纸币，也没有民间的这些钱票信用程度高。"但民间行用铺户银钱各票，因实有现银，实有现钱，持票即可支取，故其用周流而无滞，是票乃取银取钱之据，并非票即为银、票即为钱也……"[⑥]

（2）限制和取缔信誉差的金融工具的有关国家规定。

①规定金融工具的发行资格。

"道光十年十二月，复有关闭钱铺多案，又经步军统领衙门具奏，分别送交刑部办理。并于摺内声明，以后再有开设钱铺者，先由大兴、

① 中国人民银行总行参事室金融史料组编．中国近代货币史资料［M］．第一辑，北京：中华书局，1964：128.

②③ 中国人民银行总行参事室金融史料组编．中国近代货币史资料［M］．第一辑，北京：中华书局，1964：129.

④⑤ 中国人民银行总行参事室金融史料组编．中国近代货币史资料［M］．第一辑，北京：中华书局，1964：130.

⑥ 中国人民银行总行参事室金融史料组编．中国近代货币史资料［M］．第一辑，北京：中华书局，1964：323.

宛平两县查明该民人是否实在殷实，取其确切保结，详报顺天府，移咨都察院、步军统领衙门，准其开设……"① 可以看出，国家对发行金融工具的资格进行了规范，对不符合规定的钱铺限制其发行。

②对于发行虚假钱票进行诈骗的相关处罚规定。

这一时期，从史料可以看出，清政府对于发行虚票、不兑现的行为处罚很严格，"钱铺如有将兑换现银票存该铺钱文侵蚀，并因有人寄存银两，或托故借人银两，积聚益多，遂萌奸计，藏匿现银、闭门逃走者，立将铺户拘拿押追，勒限两个月能将侵蚀藏匿银钱全数开发完竣者，免罪释放；若逾限不完……加一等罚附近冲军……"② 可以看出，政府针对钱票欺诈行为做出了相关的惩罚规定制度。

对于发行虚票的机构进行惩罚的相关规定，"现将虚票截止行使，销毁印版，一面将该铺现存银钱提出，先行使兑零星小票，一面查封资产备抵，晓视持票之人，赴官挂号照验，等候开发等情前来。奴才等以该铺所出虚票过多，将来恐致抵项不敷，随即咨部将董毓美、辛文经、胡纯一之捐纳监生，马庭广、刘金祥之捐纳千……会同地方官出示，将五磨所出虚票本城及外城者，概行验查，勒限令其将现在铺货房产及别项生意本利钱文尽数估抵去后。"③；"应请嗣后凡有开设钱铺，仍照旧由大宛两县查明是否殷实，取具五家互保甘结。如有一家歇业，即令所保之家报明，另补一家。如有隐匿不报，查出治罪。设有关闭钱铺，无论财主、管事人、铺伙到案，先行枷号，仍勒限两个月，开发票存钱文。如奸商捐有顶戴，先行咨革，以便枷示。虽遇热审及封印期内，仍照常枷号。如限内开发完竣，方予省释，顶戴一并开复。若限内不能开发完竣，送交刑部，将该犯照例拟军，不得辗转再行讨限。其票存钱文，仍行文原籍追产赔交，并令互保之四家代为开发。如此严定章程，

---

　　① 中国人民银行总行参事室金融史料组编．中国近代货币史资料［M］．第一辑，北京：中华书局，1964；127.

　　②③ 中国人民银行总行参事室金融史料组编．中国近代货币史资料［M］．第一辑，北京：中华书局，1964；123 - 125.

使奸商知所畏惧，自不敢故昂银价，虚出钱票矣。从之。"①；"臣与两司公同酌识，愿请此后商民以银易钱，愿取钱者不准强行付票，原用票者钱写不付现钱，如钱铺有注为外兑及换外票，辗转磨兑，不能支取钱文，及藉词亏折、关闭无偿者，但往告发，各主通计钱数在一百千以内，枷号一个月，责令照数尝完；百千以外，将铺内管事之人无论财东、铺伙及有职衔顶戴者，一面咨革，均先行枷号，勒限两个月开发清楚……"②

说明政府对于虚开钱票的行为惩罚很严格，并且对钱票的发行资格进行严格审查和规定。

（3）彻底取缔虚票的制度规定。

道光时期，在关于民间票帖存废的群臣争议中，最终废除了上票、壶凭帖和期帖三种金融工具，"此外有别项铺户，并非钱店所出之帖，亦曰上票，又有年节被债逼索，自行开给钱票，盖用图章，以为搪账地步，俗名谓之壶瓶帖，言其装入壶瓶，并无实用，民间亦不甚流通。有期帖系易银时希图多得钱文，开写迟日之票，期到始能取钱。以上三项，均非现钱交易，应请禁止……"③，取缔原因是其存在欺诈行为，流通缺乏信用，风险较大。

3.3.3.3 商业行会的制度

这一时期，行会对于金融工具流通所制定的许多规章制度对保障其信誉发挥了作用。比如行会通过制定一些规则来约束商人的行为规范，从而预防矛盾纠纷的发生，"出银票之商家宜认真整顿……争小利，致票不通行，其非计也……倘有贪利妄为，致现银缺乏，不敷开发所出之

① 中国人民银行总行参事室金融史料组. 中国近代货币史资料［M］. 第一辑，北京：中华书局，1964：28.

② 中国人民银行总行参事室金融史料组. 中国近代货币史资料［M］. 第一辑，北京：中华书局，1964：131.

③ 中国人民银行总行参事室金融史料组. 中国近代货币史资料［M］. 第一辑，北京：中华书局，1964：130.

票者，则商会不负保护之责。"① 这是通过商会立规矩来保障金融工具的顺利流通。还有由商会和银钱业制定的标期、标利制度，"晋省通例，每年分春夏秋冬四标。大致每标相距为三月，日期则因须选合吉日关系，并不固定。"② 所谓标期就是过去金融市场交解现银的期限，等于现在的集体结算期。全年有四标八常骡，标期分春夏秋冬，每个标期相隔大约三个月，具体日期不固定，由商会在春标日商定夏标日，函期推算。春标过后的两个月，还有两次骡期，进行小范围结算，每至结算期必须用骡子托运元宝到付款市场交解。这些制度保证了金融工具的流通性。

3.3.3.4 商业号规、企业制度

这一时期，晋商的金融企业内部规定资本金由正本和副本组成，即股东的投资与提取的红利继续留在企业中使用，以避免经营发生亏损的风险，这些企业制度是当时防范金融风险的做法，对于其安全性的管理具有重要意义③。晋商企业通过制度建立起来的商品赊销、信用贷款等融资制度，不仅解决了资金周转问题，而且使金融票据的流通更加广泛。

金融工具的发行企业本身对其管理也有严格的规章制度，即企业的内部号规。"你若不遵号规，何以服顺众人，如要拗群秘众，号中怎能和顺……"④ 号规成为企业必须执行的规章制度，而这些制度在当时大都是严格谨慎的职业操守，"既当此号伙等，必遵此号执种，一要至公无私，二要行端立正，三要循规蹈矩，四要约己随众，五要度量宽大，六要情性和平，七要礼仪当先，八要殷勤为本，九要谦恭和气，十要谨

---

① 张正明. 称雄商界500年晋商兴衰史 [M]. 太原：山西古籍出版社，2001：151.
② 蒋学楷. 山西省之金融业 [J]. 银行周报，20卷21期，17–19.//山西财经学院，中国人民银行山西分行. 山西票号史料 [M]. 太原：山西人民出版社，1990：37.
③ 孔祥毅. 晋商的企业制度 [J]. 山西财政税务专科学校学报，2007，9（3）：3–5.
④ 山西省晋商文化基金会. 晋商史料系列丛书——商业论本卷，商人要录贸易须知 [M]. 太原：三晋出版社，2014：24.

慎小心。"①"外行不可昌做，先探浅可再深。"② 这些商号制定的号规成为金融工具的信用流通保证。在《商人要录》里，对于处理账务、赊账、讨账、出门贸易等业务进行了详细的规定，谨慎账务："无论大小生意，皆以账簿为凭，务要谨慎经理，不可懈怠粗心。宗宗须搭小决，条条要有凭证，若有一笔不清，疑惑追思无门。"③ 少赊勤讨："但能贱卖不赊，就是稳当行情。"④ 虽讨谅情："讨账亦要讨有，果无不可强窨，若要仗势催逼，惟恐招出祸凶，处事看风使船，还得见景生情。"⑤ 这些商业内部的严格管理制度对于所发行的金融工具起到了保证作用。

3.3.4　具有宏观管理作用的机构支持

3.3.4.1　机构支持的相关理论

政府机构、同业金融、行会等机构推动了金融工具的创新。金融协调论认为，通过政府和相关组织机构的适当干预来实现社会资源的更科学配置，从而实现资源配置效应功能的提升⑥。自金融工具产生以后，政府和相关组织机构在金融工具的创新和发展中一直扮演着重要的角色。

3.3.4.2　清政府的支持

这一时期，金融工具的广泛使用和创新得益于清政府的支持，以山

---

① 山西省晋商文化基金会. 晋商史料系列丛书——商业论本卷，商人要录贸易须知 [M]. 太原：三晋出版社，2014：24－25.
② 山西省晋商文化基金会. 晋商史料系列丛书——商业论本卷，商人要录贸易须知 [M]. 太原：三晋出版社，2014：40.
③ 山西省晋商文化基金会. 晋商史料系列丛书——商业论本卷，商人要录贸易须知 [M]. 太原：三晋出版社，2014：41－42.
④ 山西省晋商文化基金会. 晋商史料系列丛书——商业论本卷，商人要录贸易须知 [M]. 太原：三晋出版社，2014：43.
⑤ 山西省晋商文化基金会. 晋商史料系列丛书——商业论本卷，商人要录贸易须知 [M]. 太原：三晋出版社，2014：46.
⑥ 孔祥毅. 百年金融制度变迁与金融协调 [M]. 北京：中国社会科学出版社，2002：48.

西票号发行的汇票为例，以下是对汇票业务对清政府的依赖程度进行的实证分析。

（1）数据选取。

为了分析山西票号对清政府的依附程度，本书选取了《山西票号史料》中 1862～1908 年票号汇兑官款的省关变化表，因为以"银两"为计算单位，所以所选的数据不考虑通货膨胀因素。本书选取了 1889～1896 年四个机构，即广东省、粤海关、福建省、淮安关各自当年的票号汇兑总额和代清政府垫汇的数额（见表 3－3），设两个变量：票号垫汇的数额（DH）、票号汇兑总额（HDZE），并且对两个变量分别取对数，即 LNHDZE，被解释变量为 LNDH，解释变量为 LNHDZE。接下来对两个变量进行 OLS 回归，估计影响系数，并且利用面板 DOLS 进行 F 检验。

表 3－3　　　　1889～1896 年四地区汇兑总额与票号垫汇数额　　单位：银两

机构\时间	广东省		粤海关		福建省		淮安关	
	汇兑总额	垫汇数额	汇兑总额	垫汇数额	汇兑总额	垫汇数额	汇兑总额	垫汇数额
1889	859 575	30 000			220 000	50 000		
1890	776 770	191 320	679 260	679 260	1 200 327	575 000		
1891	1 484 602	539 650			1 374 511	402 027	15 000	4 000
1892			1 434 560	756 940	1 354 799	824 618		
1893	1 193 610	416 360			863 309	311 000	30 000	10 000
1894								
1895	1 149 210	455 260	339 635	339 535			20 000	5 000
1896	1 158 645	983 335			570 805	203 000	10 000	7 000

资料来源：山西财经学院，中国人民银行山西分行. 山西票号史料［M］. 太原：山西人民出版社，1990：137.

（2）OLS 回归结果。

$$LNDH = 1.012LNHDZE$$

$$(0.0000)$$

$$T = 9.7357$$
$$R^2 = 0.8479$$

回归结果表明票号垫汇额是与票号汇兑总额呈现一元回归，汇兑总额每增加 1%，垫汇额就增加 1.012%。说明清光绪年间票号对清政府的汇兑业务中，与垫汇业务的关系十分密切，即替清政府支付的业务成为汇兑业务中的主体。垫汇业务的变化直接决定整个汇兑业务的变化，这必然导致山西票号的兴衰与清政府的命运联系在一起，即票号的兴盛得益于清政府对公款项业务的保护，而最终清政府的灭亡也导致了票号的衰败。

（3）对面板 DOLS 进行 F 检验。

原假设 H_0：模型中不同个体的截距 C 相同；

备责假设 H_1：模型中不同个体的截距 C 不同。

通过检验，得以下数据：

Redundant Fixed Effects Tests

Pool：LOGHDZE

Test cross-section fixed effects

Effects test	Statistic	d. f	Prob
Cross-section F	1.6597	3. 14	0. 2210
Cross-section Chi-square	5.7816	3	0. 1127

因为 $P = 0.2210 > 0.05$，所以接受 H_0，即模型为混合回归模型，无论任何个体和截面，系数都是形同的。票号汇兑总额业务中垫汇所占的比重不随地区变化而不同，票号业务依附于清政府的现象在全国都是普遍的。

（4）实证检验的结论。

在对光绪年间山西票号的对公业务与清政府紧密联系进行理论分析后，利用 1889~1896 年山东、粤海关、福建、淮安关四个地区的面板数据，进行了 OLS 估计和 F 检验，面板数据的使用克服了历史性数据不全、样本少的局限性，提高了实证结果的可靠性，并且得出了以下结论：①清光绪年间票号对清政府的汇兑业务的很大一部分是票号为清政府垫付的，即形成了票号业务的不良贷款，这使得山西票号的命运与清政府的命运紧紧联系在了一起，清政府繁荣的时候，带来的是票号业务的兴盛，不仅为票号提供了政府保护，还大大扩展了票号的业务范围，使得票号的盈利能力增强。②票号汇兑总额业务中垫汇所占的比重不随地区变化而不同，票号业务依附于清政府的现象在全国都是普遍的。这就决定了随着票号业务在地区上的扩展，依附于清政府的程度也在扩大。

山西票号和清政府的关系并不是正常的市场经济下的关系，因为当时毕竟还处在封建社会制度下，票号的经营不能完全脱离清政府，还必须依赖清政府。

3.3.4.3　行会的监管支持

这一时期，晋商制定商业规则和解决商业纠纷的渠道之一——行会调解，成为支持各商号发展的途径。商事纠纷通过行会来调节是经常发生的现象。行会是通过民间商人自发组织形成的协会，其叫法多种多样，有"公会""公所""社"等。商业行会通过制定严格的行规，维护各商户的利益，维护市场的公平交易，调解商事纠纷，以利于经济的健康有序发展。通过专门设立银钱业行会，如北京的"银号会馆"，呼和浩特的"宝丰社""为百业周转之枢纽者，为宝丰社。"①，广州的"忠信堂"，上海的"汇业公所"，这些都是对银钱业管理的行会机构；北京的典当业行会，初名"公合堂"，后改称当商会馆、当业商会、当业同业公会。天津典当业行会，在清嘉庆十七年（1812 年）建立，后改名为典业公会。除了典当行会、钱业行会外，还有汇业行会、账庄行会等。比如当时在上海，由山西票号成立的"汇业公所"以维护各家票

---

① 卫月望：货币史手稿之二［Z］.10.

号的利益，通过制定共同遵守的规约调整各方的利益，维护市场的公平交易；还有平遥的"钱业公所"承诺，凡是因为纠纷请求公所予以解决的，如果事实清楚的，要书面承报公所，公所将秉公处理，并公开议之①。

据记载，在当时如果要开设钱庄，先要订条规，写清经营业务的范围、东家和掌柜各自的权限、获取分红和承担风险情况，在当时这些规定统一叫"议单"，"议单"订好之后，要交给当地同业行会，除北京还需经过官府审批外，其他地方只通过行会审批该"议单"后，就可以开业②。可见当时行会对同业的审查和监督是很具权威性的。这些行会行使监管责任，保障了金融工具的广泛流通。

3.3.4.4　同业机构的支持

在商业经济与农业经济时代交叠期，金融工具的创新与同业机构的支持有很大的关系，一种金融工具在市场流通中得到认可，单靠发行机构的信誉保障是不够的，需要保证其流通的大的环境，在这个大环境中，同业机构的支持不可缺少。这一时期，金融工具的发行机构很多，而这些机构之间互相支撑、互相协调造就了金融工具的创新成功。

"京师交易由于钱店，钱店之懋迁半出账局，而账局之放贷全赖私票。都中设立账局者山西商人最多，子母相权，旋收旋放。各行铺户皆藉此为贸易之资，故钱店暨钱账局向各出具私票来往通行，民以为便。"③说明私票能够在钱店、账局、铺户这些机构间流通，离不开这些机构本身的支持。还有"印局之资本全靠账局。"④说明机构之间的融资

---

① 李希增. 晋商史料与研究 [M]. 太原：山西人民出版社，1996.

② 中国社科院中日历史研究中心文库. 东亚同文书院中国调查资料选译 [M]. 上册，北京：社会科学文献出版社，2012：285.

③ 翰林院侍读学士宝钧奏折 [Z].//山西财经学院，中国人民银行山西分行. 山西票号史料 [M]. 太原：山西人民出版社，1990：45.

④ 通政使司副使董瀛山奏折 [Z].//山西财经学院，中国人民银行山西分行. 山西票号史料 [M]. 太原：山西人民出版社，1990：45.

很重要，这也为其发行的金融工具创造了基础。

钱庄依靠票号分号分布广的特点，为其发行的金融工具创造流通条件。"票号身居先进之地，而周旋于两雄之间，划界分疆，互资臂助。洋商之事，外行任之；本埠之事，钱庄任之；至埠与埠间，省与省间之联络，则非如票号之分号遍布，臂指相联者，决不能胜其任。①""票庄集中全力经营各地及各省往来的汇兑，把有关地方性质的营业，逐渐让与钱庄。在几个地方，票庄总号或分号，委托邻近殷实的钱庄为代理处。最重要的是钱庄的资本，经过长久时间，几乎完全依靠票庄供给。票庄与钱庄的关系，密切如此。"②

同时票号与钱庄资金相互融通，以保证其发行的金融工具有十足的准备金。"本地钱庄资力薄弱，有赖于票庄之供给。而票庄于各省人情风俗，亦诸多隔阂，极愿与之往来以通声气。于是相互提携，共营斯业。"③"山西票庄与钱庄的关系，纯粹是一种商业上的来往。五口通商后，中国商业发生重大的变化，因为各地金融紊乱，以兑换银钱为中心的钱庄，形成重要的机关。起初钱庄的资本薄弱，须向票庄借贷。票庄乐意养育钱庄，藉以容纳各地的公款。钱庄依赖票庄作为后盾，可以取得民间信用，便于经营各种事业。"④

票号为保证其汇票随时汇兑，需要其他同业机构为其吸收和提供资金，以保证其资金的流通性。"（票号）结合为之保管银锭，俟需要时应付之约。……使钱铺利用其所保管之银，钱铺当票号之索取时，付还以改铸之新票。"⑤

① 杨荫溥.上海金融组织概要［M］.商务，1930.//山西财经学院，中国人民银行山西分行.山西票号史料［M］.太原：山西人民出版社，1990：71.
②④陈其田.山西票庄考略［M］.//山西财经学院，中国人民银行山西分行.山西票号史料［M］.太原：山西人民出版社，1990：67.
③ 马寅初.吾国银行业历史上之色采［J］.银行杂志，第一卷第一号，1923：2-3.
⑤ 潘承锷.中国之金融［M］.下册，中国图书公司，1908：45.

3.4 小 结

这一时期是中国从农业经济时代进入商业经济时代的过渡期,在这个历史"交叠"时期,原有农业社会经济状态依旧存在的情况下,新的商业经济已经表现出巨大的生命力,商品贸易的种类逐渐增多,贸易范围不断扩张。这时的金融工具与商业经济发展表现出不协调性,金融工具的流通与经济发展的矛盾越来越明显,金融工具的功能逐渐不能满足经济发展的需求。以金属货币流通为主的金融工具逐渐不能满足商品交换的需求,一方面,商品种类的增加与货币金属匮乏的矛盾越来越严重,民间出现了"钱荒"现象;另一方面,人们在商品交换过程中渴望更便捷的流通工具,尤其对于远距离的商品贸易者来说,便利的交易工具更是解决了他们的燃眉之急;同时,资本主义开始萌芽,工商业的规模与经营周期扩大,出现了资金周转困难的问题,有些地区出现了早期记载工商业赊销交易的"会票""会券"。这些新的金融工具是为了协调当时经济发展而出现的,同时,金融工具的创新也促使经济朝着新的发展阶段——商业经济时代迈进。

这一时期民间金融机构发行的金融工具普遍得到社会认可,并且在市场上流通频繁,同时其发行的商业票据对于解决当时资本主义萌芽时期的工业资金周转问题起到了作用,还节约了交易成本,加速了商品流通速度。

通过对这一时期金融工具创新的深层剖析,得出如下结论。

金融工具创新的基础是信用,是否有信用成为决定金融工具创新是否成功的决定因素,民间金融工具能得到社会认可最主要的原因在于其能兑现,守信用;而政府发行的钞票由于不守承诺,钞票通胀严重而最终不被人们接受,走向失败。

技术的进步是实现金融工具创新的重要力量。这一时期民信局的出现以及防伪技术的产生对于金融工具的创新起到了推动作用。

金融工具的创新离不开制度的有力支持。针对金融工具所制定的各种法律、法规，减少了金融工具的风险，保证了其稳定发展。当然，制度的支持是建立在信用的基础之上才能发挥其作用，否则没有信用保证，即使有健全的制度，金融工具的创新也不会成功。

金融工具的创新与政府、行会、同业机构的支持密不可分。这一时期，清政府机构对汇票工具的支持使得其发展非常繁荣；而行会作为中观层面的金融监管对于金融工具的创新也有促进作用；同业的支持也成就了这一时期金融工具的发展和创新。

第4章

工业经济与商业经济交叠期金融工具创新

4.1 金融工具创新的经济背景分析

4.1.1 经济近代化的发展趋势

4.1.1.1 经济开放程度进一步提高

（1）国内经济贸易进一步繁荣。

山东种棉区，明朝时有四十多个州县，到了清朝扩大到九十多个州县[①]。清代后期，产棉布的县有 685 个，直隶、山东、河南、湖北、湖南、江苏、江西、四川八省中产棉布的县有 423 个，五分之一的县要从外地购买棉花。说明棉花业已经发展为以商业贸易为主的产业[②]。

---

① 中国商业史学会明清商业史专业委员会. 明清商业史研究［M］. 北京：中国财政经济出版社，1998：34.

② 中国商业史学会明清商业史专业委员会. 明清商业史研究［M］. 北京：中国财政经济出版社，1998：35.

明朝时期长距离的粮食运输大约只有 1 000 万石，而到了清代长距离的粮食贩运路线发展为 10 条，粮食流通达到 4 000 多万石，价值 3.2 亿两①。清朝鸦片战争前期的商品交易达 7.1 万担，丝织品交易量为 4.9 万担，总共价值 2 657.3 万两，比二百年前的 16 万两增长了 165 倍多②，可见其增长速度极快。

咸丰三年十月，广西道御史说："所谓厚籍巨富之力者何也，今各直省俱议劝捐矣。官吏绅董往往办理未能尽善，致巨富之家深自韬匿，所捐之数且与小康之户无异。其稍优者偶有一户输一二万金耳，虽集有成数，终不足以资巨费。……山西太谷县之孙姓富约二千余万，曹姓、贾姓富各四五百万。平遥之侯姓，介休之张姓，富各三四百万。榆次之许姓、王姓聚族而居，计阖族家资各千万。介休县百万之家以十计，祁县百万之家以数十计。"③ 可见当时商人的富裕程度。

（2）对外贸易开放程度加深。

鸦片战争后，我国开放了五口通商口岸，广州、厦门、福州、宁波、上海五处实行自由贸易，进出口贸易总额进一步扩大，1860 年，中英贸易达到 3 070.2 万海关两，中美贸易达到 890 万美元，中俄贸易年平均为 806 万卢布，中法贸易总额为 100 万英镑④。1860 年开始，中国贸易的方法开始有了大的变化，世界大型汽船的发明带来了运输革命，使得中国、欧洲与美国三大市场的距离缩短。中国经济和商业开始得到恢复，中国商人又开始投身于棉、茶等行业，而这些行业在太平天国运动期间一度为洋行所占有。1872 年，旗昌洋行的员工曾说："对洋行而言，在茶和棉制品的贸易中，开始时他们仅仅获得单纯的佣金或特定利

---

① 中国商业史学会明清商业史专业委员会．明清商业史研究［M］．北京：中国财政经济出版社，1998：33．

② 许涤新，吴承明．中国资本主义的萌芽［M］．北京：人民出版社，1985：282．

③ 山西财经学院，中国人民银行山西分行．山西票号史料［M］．太原：山西人民出版社，1990：52．

④ 孙建华．近代中国金融发展与制度变迁［M］．北京：中国财政经济出版社，2008：61．

益。在中国商业界中的自古以来经营主要产品的代理店，全部由商人来代替了，商人事实上已经成了掮客。在此转换期结束之时，有实力的和有信用的大洋行，几乎都从生产物品的交易开始向工业、向金融事业转换，成为事实上的个人银行家。其中像我等这样经营航运和保险的经济者最为幸运。而且，贾丁和哈德及其他洋行，也都在为开拓此业务而奋斗，这是很有意义的事情。"① 说明当时中国在商业界的经营范围不断扩大。1871 年，贾丁马赛逊的职员也曾说过："洋行为了合理的发展，避免那些只为获得单项利益而进行的大量农产物品的交易，有必要向能够不断获得佣金的方面发展。"②

1865 年牛庄的海关报告：4 家洋行（英国 2 个，美国 1 个，德国 1 个）和 10 家中国大商业行会（分布于广东、汕头、泉州）在从事进出口贸易活动；中国商人占牛庄贸易的大部分份额，大豆的出口中国是外国的 49 倍，鸦片和棉布的进口中国是外国的 20 倍和 3 倍，中国商人所缴纳的关税是外国商人的 16 倍。③

1865 年，天津的报告指出，中国的棉布商人从上海购入产品，这样一来，要比从天津的外国进口代理店购买节约成本，最终能以低于外国竞争对手的价格销售④。大量的利润可观的贸易，从外国人手上转移到中国人手上，中国支配市场⑤。1865 年厦门的海关报告指出，中国自己从事规模较大的贸易活动，并不需要外国的商人和掮客，中国商人还把过去为外国商人的中介佣金业务变为中国商人自己的业务，并且规模有所扩大⑥。在对外贸易方面，中国参加的万国博览会如表 4-1 所示。

---

① Liu Kuang – China. Angle – American Steamship in China, 1862 ~ 1874 ［M］. Cambridge Mass, Harvard University Press, 1965：139.

② 刘广京. 唐廷枢之买办时代 ［J］. 清华学报, 1961：2 - 2, 150.

③ 滨下武志. 中国近代经济史研究——清末海关财政与通商口岸市场圈 ［M］. 南京：江苏人民出版社, 2006：130.

④ China. Imperial Maritime Customs. Report on Trade at the Treaty Port. 1865. Tientsin. 27.

⑤ 滨下武志. 中国近代经济史研究——清末海关财政与通商口岸市场圈 ［M］. 南京：江苏人民出版社, 2006：131.

⑥ China. Imperial Maritime Customs. Report on Trade at the Treaty Port. 1865. XiaMen. 70.

表 4 - 1　　　　　　　　有中国参加的万国博览会

时间	地点
1873 年	维也纳
1876 年	费城
1878 年	巴黎
1880 年	柏林
1883 ~ 1884 年	伦敦
1884 ~ 1885 年	新奥尔良
1900 年	巴黎
1902 年	河内
1904 年	圣路易斯
1905 年	列日

资料来源：滨下武志. 中国近代经济史研究——清末海关财政与通商口岸市场圈 [M]. 南京：江苏人民出版社，2006：48.

中国在对外贸易进一步开放的过程中，中国产品的知名度也在提高，表 4 - 2 是中国的土布在世界博览会上展出的情况。

表 4 - 2　　　　1884 ~ 1885 年万国博览会被展出的华中地区各种土布

展品名称	展品编号	价格（美元）	价格（两）	尺寸	产地
土布蓝	232	0.58	0.43	250	浙江
土布黄	233	0.88	0.65	300	江苏
土布杏黄	234	0.88	0.65	300	江苏
土布灰	235	0.76	0.56	270	江苏
土布绿	236	1.28	0.94	380	湖北
光土布绿	237	1.12	0.82	380	湖北
土布深青	238	1.29	0.95	310	湖北
土布深蓝	239	0.88	0.65	380	湖北
土布元色	240	1.86	1.37	370	湖北
土布桃红	241	0.95	0.70	380	湖北

续表

展品名称	展品编号	价格（美元）	价格（两）	尺寸	产地
土布白银红	242	1.28	0.94	380	湖北
光土布蓝	243	1.02	0.75	380	湖北
光土布月白	244	0.76	0.56	380	湖北
光土墨灰	245	1.05	0.77	380	湖北
小土布各色	246	9.70	7.03	150	湖北
小土布各色	247	1.86	1.37	110	湖北
顶稀土布	248	1.52	1.12		江苏
印花布	249	0.75	0.55	200	江苏
印花布	250	0.80	0.59	200	江苏

资料来源：China，Imperial Maritime Customs. Catalogue of the Chinese Collection of Exhibits from the New Orleans Exposition 1884～1885. Shanghai，1884：28 - 29.

可以看出，这个时期在中国的对外贸易逐年增长，随之对外的知名度也在提高，这必然要求有满足其资金调拨结算的金融机构与金融业务。

4.1.1.2 民族工业经济的发展

在中国，近代化工业的发展使得中国经济开放度、股份经济发展程度不断提高。随着外资的入侵，中国自给自足的经济模式开始解体，沿海地区出现了资本主义的萌芽，民族工业有所发展。同时受洋务运动的影响，19世纪50年代中国开始工业化的努力，1861年曾国藩在安庆建立军械所，1862年李鸿章在上海建立洋炮局。之后，苏州洋炮局、江南制造总局、金陵制造局、福州船政局、天津机器局等相继建立，19世纪50～90年代办了一批军事工业，多为官商合办、官办或官督商办。1872～1895年，由洋务派创建的企业有27家，资本投入为2 964万元，1895～1910年国内总共设立的工矿业中资本超过1万元的达490个，平均每年设29个企业[①]。19世纪70年代开始，民族股份公司、股票和股票市场相继出

---

① 汪敬虞. 中国近代工业史资料 [M]. 第2辑，北京：中华书局，1962：657.

现，从 1872 年我国第一家民族股份公司继昌机器缫丝厂成立，到 1903 年创办登记的有 462 家属于商办的工矿、航运等企业，这些当中以"公司"命名的就有 83 家[①]。1905～1908 年，国内又一次出现建厂高潮，新建的厂矿平均拥有资本 33 万元，有的企业拥有 100 万元的资本[②]。1906～1907 年是兴建新企业最活跃的两年，每年建厂投资额在三四千万两以上[③]。1894～1911 年，我国的产业资本从 6 749 万元增到 76 548 万元，每年平均增长率为 14.44%[④]。1895～1913 年设立的民族资本工矿企业，资本在 1 万元以上的有 549 家，其资本总额达到 12 018.8 万元[⑤]。第一次世界大战期间，中国工业有了较快发展[⑥]。民国时期，山西的银行业中，"抵押放款以工业为最多，计 909 259 元；商业次之，住户第三……"[⑦]可见，当时的工业发展比较快，其抵押贷款的数量已经超过商业。

1912 年，全国有 961 家华商公司，1913 年增加到 992 家，1917 年继续扩张为 1 024 家，这些公司的实收资本也呈现出增长趋势，1913 年实收资本为 8 600 万元，1917 年增长为 19 100 万元[⑧]。这些公司和企业的盈利能力也在逐渐增强，1914～1922 年，大生一厂、二厂等企业盈利都在 420 万两左右，1913～1920 年，上海福新厂的盈利从 3.21 万元涨到 51.1 万元，八年盈利总数为 193 万元。其利润率 1913 年为 80.21%，1917 年达到 188.72%，1920 年为 102.2%，八年平均利润率为 133.3%[⑨]。

① 张忠民. 艰难的变迁——近代中国公司制度变迁研究 [M]. 上海：上海社会科学院出版社，2002：144、245.

②③ 张国辉. 晚清钱庄和票号研究 [M]. 北京：社会科学文献出版社，2007：161.

④ 许涤新，吴承明. 旧民主主义革命时期的中国资本主义 [M]. 第二卷，北京：人民出版社，1990：1066－1067.

⑤ 孙建华. 近代中国金融发展与制度变迁 [M]. 北京：中国财政经济出版社，2008：313.

⑥ 孔祥毅. 金融票号史论 [M]. 北京：中国金融出版社，2003：459.

⑦ 山西财经大学晋商研究经典文库. 中国实业志·山西省·金融 [M]. 北京：经济管理出版社，2008：136.

⑧ 洪葭管. 金融话旧 [M]. 北京：中国金融出版社，1991：75.

⑨ 徐建生. 民族工业发展史话 [M]. 北京：社会科学文献出版社，2000：100.

4.1.1.3 新式股份经济的出现

随着我国对外开放口岸的增加和对外开放程度的加强，许多外资企业来到中国，这些外资企业中大多数是股份制公司，他们在中国市场公开招募和交易股票。洋务运动开始后，洋务官员在向西方寻求自强之路时，我国民族股份经济得到推动。洋务运动以来，清政府支持成立的官办、官商合办、官督商办企业大部分是股份公司，1858～1903 年，我国官办企业资本总额累计达到 4 088 万元，共计 283 家[①]。1872 年，作为商办企业代表的轮船招商局，发行了首张民族公司的股票。此后，许多华商企业采用股份公司的组织形式，用募集股票的形式来筹集资金，截至1887 年，36 家华商股份公司用发行股票筹集了 1 000 多万元的资本[②]。上海地区的股票交易对象逐步由外商公司股票扩大到华商公司股票，华商"不仅投股而已，又有以股份票相互买卖者，其行情时有涨跌。"[③]

甲午战争以后，在"设厂自救"思潮的影响下，民族股份公司的数量逐渐增多，表 4 – 3 是 1895～1912 年民族股份公司设立及资本状况。

表 4 – 3　　　　　1895～1912 年民族股份公司设立数量及资本情况[④]

年份	股份有限公司设立数量	公司资本数额（元）
1895	1	2 000 000
1896	2	500 000
1897	1	2 000 000
1898	1	1 000 000
1901	2	1 012 500

---

① 孙建华. 近代中国金融发展与制度变迁［M］. 北京：中国财政经济出版社，2008：168.

② 孙建华. 近代中国金融发展与制度变迁［M］. 北京：中国财政经济出版社，2008：169.

③ 申报. 劝华商集股说（1882 年 6 月 13 日）［J］.//孙建华. 近代中国金融发展与制度变迁［M］. 中国财政经济出版社，2008：169.

④ 上海市档案馆. 旧中国的股份制（1868～1949）［M］. 中国档案出版社，1996：246 – 247.

续表

年份	股份有限公司设立数量	公司资本数额（元）
1902	1	500 000
1903	1	5 000
1904	2	3 299 250
1905	3	112 000
1906	10	3 452 798
1907	7	2 004 525
1908	10	5 849 862
1909	7	4 105 200
1910	8	1 582 480
1911	21	7 802 689
1912	35	11 565 030

资料来源：上海市档案馆《旧中国的股份制（1868～1949）》，中国档案出版社，1996：246-247.

1898～1911 年，我国新设立的 100 家华商股份公司通过发行股票，募集到了 3 697 万元资本金[1]。这些民族股份公司的设立及其股票的发行流通，在一定程度上拓展了民族企业的融资渠道，并且促进了股票市场和股票业务在中国的开展，为金融工具的创新提供了市场基础。

4.1.2　工业发展产生了新的金融需求

4.1.2.1　经济贸易的进一步发展扩大了对金融服务的需求

进出口贸易的扩大使得商人对于区域间货款汇兑的需求进一步增加，尤其是广东、福建、江苏等开放地区的清算需求逐渐扩大，各省通过票号来汇兑款项的规模和数量很多，表 4-4 是 1889～1896 年广东、

---

[1]　郑振龙. 中国证券发展简史［M］. 北京：经济科学出版社，2000：118-119.

粤海关、福建和淮安关四地区的票号汇兑情况：

表 4 - 4   1889 ~ 1896 年四地区汇兑总额

时间	广东汇兑总额	粤海关汇兑总额	福建汇兑总额	淮安关汇兑总额
1889	859 575		220 000	
1890	776 770	679 260	1 200 327	
1891	1 484 602		1 374 511	15 000
1892		1 434 560	1 354 799	
1893	1 193 610		863 309	30 000
1894				
1895	1 149 210	339 635		20 000
1896	1 158 645		570 805	10 000

资料来源：山西财经学院、中国人民银行山西分行，山西票号史料 [M]. 太原：山西人民出版社，1990：137.

    1860 年以后，钱庄的数量逐渐增加，在资金清算和汇兑制度方面，钱庄逐渐建立和完善了一套制度，并且还建立了票据交换机构。随着票号的逐渐衰落，原属于票号主要的业务——汇兑，由钱庄和其他金融业所接手，"在对蒙对满贸易兴旺时，省外汇入之款，常较汇出为多。近来满蒙两路商业皆告断绝，其他各省之晋商，亦因商业萧条，纷纷回省，以致省内经济，大见拮据。据此次调查，最近一年内晋省汇款经钱庄之手者，汇出共计 27 586 820.2 元，汇入共计 27 127 004.66 元……"[①]，可见，此时晋省的汇兑业务主要由钱庄来办理。据史料记载，宁波的钱庄业最先实行一种叫"过账制度"的资金清算制度，杭州、绍兴的钱庄在 19 世纪 70年代也实行"划账制度"，天津地区的钱庄业在 1875 年也开始实行一种叫"川换"和"拨码"的资金清算制度[②]，这些地区虽然叫法不一样，但都

---

    ① 山西财经大学晋商研究经典文库. 中国实业志·山西省·金融 [M]. 北京：经济管理出版社，2008：42 - 43.

    ② 孙建华. 近代中国金融发展与制度变迁 [M]. 北京：中国财政经济出版社，2008：116 - 117.

是解决异地间汇兑和资金清算的制度，便利了商人间的清算。

4.1.2.2　为工业发展筹备资金

工业的发展离不开大量的资金，在工业经济与商业经济的"交叠期"，工业经济还停留在初期，资金准备自然成了工业经济的首要条件，而这时的金融业发展已经具备了一定的规模，从19世纪60年代开始，钱庄、账局、银号等的主要业务开始由货币兑换业向银行业转变，经营存放款业务，为进入工业经济时期进行准备，对工业经济做出了融资和筹资的金融贡献。

（1）将吸收的社会资金通过贷款给工业企业，从而给企业注入大量资金。

1858年，"凡有钱者皆愿存钱于庄上，随庄主略偿息钱；各业商贾向庄上借钱，亦略纳息钱。"① 可见其借贷业务的繁荣。"故宁波商贾，只要有口信，不必实有本钱，向客买货，只到钱店过账，无论银洋自一万，以致数万、十余万，钱庄只将银洋登记客人名下，不必银洋过手。"② 其借贷和划拨业务已非常发达。1860年以后，钱庄也开始对工商业贷款③。

同治十一年（1872年），李鸿章创办上海轮船招商局，其规模迅速扩大，1876年，船只从3艘增加到12艘，1877年，又增加到30艘，20多年里，在其规模扩大过程中，借款总额达到36 254 688两，仅1877～1879年，共借白银314.9万两。其中，向国内银行业的借款占55.23%。光绪十年（1884年），广东省南海县商人叶亮卿投资白银1.8万两，在营口开设3个杂货店和两个油坊，经营加工豆油、豆饼、面粉等，并负责运输，在票号和账局的融资下，五年后增资为5万两④。到19世纪末20世纪初，这家杂货店依旧是靠票号和各银行的支持，得到了迅速发展，油坊手工榨油变为机器榨油，并建成机器大楼一座，建有

---

①② （清）段光清．镜湖自撰年谱［M］．北京：中华书局，1997：123.

③ 孙建华．近代中国金融发展与制度变迁［M］．北京：中国财政经济出版社，2008：31.

④ 黄鉴晖．明清山西商人研究［M］．太原：山西经济出版社，2002：329.

码头和出油管，铁路支线和车站接通，还自置海轮两艘，年销豆油六七百万斤，叶亮卿发展成为大资本家，"所用柜伙、机匠、火工人等不下千人，而每日散雇扛抬驳运更难累计，至少亦数百人。""积累尽在此一百余万产业及股票内。"叶商的发展离不开票号、账局等金融业的支持和帮助。光绪三十三年，山西保晋公司需要支付英帝国福公司白银275万两来赎回采矿权，在支付这笔巨额的款项当中，除了募捐和招股，最重要的是向票号借款，"交款之日，福公司暗托与有往来银行，收集在外之款，以困票庄。而票庄当日不动声色，不爽时刻，纯然以彼外国银行所周转之票相交付，于此，外商固惊讶不置，而晋商金融界活动之力若何，亦可以睹矣。"[①] 直至1916年，保晋公司还欠票号50多万两借款[②]。

总之，账局票号等金融机构为工商业融资，成为当时工商业发展的重要支持力量。清末，许多大的钱庄已经成为以借贷业务为主要业务的金融业。辛亥革命后，即使是在发生全国挤兑风潮之后，1913年仅存的14家票号在全国仍有放款3 151万两[③]。可见其对工商业贷款的重要地位。

（2）通过发行各种金融工具，为工业提供资金周转和支付的手段。

洋务运动时期，各省机器局之间的资金往来多数依靠票号来进行。"汇解山东省交兑的。"[④] 这里所说的是从1878年起，四川省每年向山东省拨银两，这些业务是通过四川的票号进行的；1881年，北洋总督李鸿章奏请购买铁甲船，以加强沿海防务，户部令四川筹解30万两白银，也是通过票号办理的[⑤]；1886年，百川通、日昇昌等票号承接了四川解交海防10万两[⑥]。"上海与内国各地交易繁盛，每年几有亿万两之巨额，而其转送正货所以极少者，赖有票号为之周转……[⑦]"

其他金融机构也提供信用工具，满足资金周转和贸易的需求。比如

---

① 严慎修. 晋商盛衰记［M］. 太原范华制版印刷厂，1923.

②③ 黄鉴晖. 明清山西商人研究［M］. 太原：山西经济出版社，2002：332.

④⑤ 四川总督丁宝桢奏折附片［M］. 光绪五年三月初十日，军机处录副奏折.

⑥ 暂行护理四川总督接察使游智为筹解海军衙门饷银奏折［M］. 光绪十二年九月十九日，军机处录副奏折.

⑦ 潘承锷. 中国之金融［M］. 上册，北京：中国图书公司，1908：52.

钱庄发行的票据，"有钱庄票据之发行，而金融之调节益形灵活，而商家与钱庄之关系因此亦益形密切。"① "上海花号向汉口购买棉花。号客去汉口时，并不带现，以带现颇为风险，亦不由上海汇款去汉，借以省却汇水。号客欲用款时，普通即多利用钱庄的汇票以资周转。……向与自己素有往来的上海钱庄开具迟票兑付的汇票（俗名申票），卖与汉口的钱庄或钱行（即帖现），取得现款（或取得钱庄的庄票），借以偿付棉花的代价之谓。"② 可见钱庄开具的汇票既能解决资金周转问题，又能解决异地货款支付。"买卖豆麦花布，皆凭银票往来，或到期转换，或收划银钱，……"③

（3）发行股票债券，为工业筹集资金。

19 世纪中后期开始到 20 世纪初，我国的民办机器工业和其他工业得到了发展，国内开设的工厂有 521 个，总资本达到 159 654 812 元④。这些企业开办时，利用票号为其招募股金、发放股票和支付股息。云南矿物招商局曾委托票号"分赴川、广、汉口、宁波、上海等处招股。其招股之法，则按照商规，以出股之多寡，管厂事之轻重，周年六厘行息，三年结算，再分红利。"⑤ 上海制帽公司招股 10 万元，本埠由宁波路四明银行和天津路源丰润票号代收，外埠经由汉口、天津、杭州、宁波、广东、中国香港等处源丰润票号代收⑥。

在这一时期的股票市场交易中，中国出现了比较明显的三次股票交易高潮。

---

① 杨荫溥．上海金融组织概要 [M].66 – 67.//杨端六．清代货币金融史稿 [M]．武汉：武汉大学出版社，2007：149.

② 上海银行调查部，棉 [J]．商品丛刊，第 2 编，79 – 80.//杨端六．清代货币金融史稿 [M]．武汉：武汉大学出版社，2007：149.

③ ［日］加藤繁．支那经济史考证 [M]．下卷，469.//杨端六．清代货币金融史稿 [M]．武汉：武汉大学出版社，2007：149.

④ 严中平，等．中国近代经济史统计资料选辑 [M]．北京：中国社会科学出版社，2012：93.

⑤ （清）盛康辑．皇朝经世文续编 [M].1897，卷五十七．

⑥ 新闻报 [J].1910 年 9 月 9 日.//黄鉴晖．明清山西商人研究 [M]．太原：山西经济出版社，2002：331.

第一次是在 1883 年的矿局股票投机风潮之前。19 世纪 60 年代开始的洋务运动使得民族工业得到发展，股票筹资也出现了繁荣的局面。到 1882 年 6 月 9 日，轮船招商局的股价已由 100 两/股，上升到 247.5 两/股；1882 年 7 月 28 日，平泉铜矿的股价由原来的 105 两/股，上涨到 257.5 两/股[①]。当时社会投资股票的热情很高。

第二次是在股市经历 1883 年的矿局股票投机风潮之后到 1910 年"橡皮股票风潮"之前。1883 年矿局股票投机风潮之后，经过恢复，到 1895 年，由于受到"设厂自救"的思潮影响，中国近代化出现第二次高潮，华商股市交易出现新的亮点。一是民族新式银行的出现，这些华商股份制银行发行的股票很多，而且在市场上比较受欢迎。二是商办铁路公司的设立，1903~1907 年，全国 15 个省份成立了 18 个铁路公司，大量发行铁路股票。这些企业发行的股票和债券成为市场交易的主要对象。

第三次是在 1910 年"橡皮股票风潮"之后第三次民族工业的发展带动了股权债权融资的发展。民族工业发行股票、债权的规模扩大，1914~1926 年，华商公司共发行 816.2 万元的公司债券[②]。辛亥革命发生后，由于社会的变革引起了民间工业投资的热情，仅 1912 年一年时间，全国新办的企业就达到 2 001 家[③]。近代公司的开设数量有了增长，1920 年，全国公司的数量已经超过 1 300 家，工商业、银行业盈利增加，刺激了股份经济发展，金融股票大量发行上市。

4.1.2.3 为政府筹集资金的需求

清政府为筹集甲午战争的军费，光绪二十八年（1894 年），户部上奏："伏查近年以来，帑藏偶有不敷，往往息借洋款，多论镑价，所耗实多。因思中华之大，富商巨贾，岂无急公慕义之人，若以息借洋款之法，施诸中国商人，但使诚信允孚，自亦乐于从事。"[④] 当时解决清政府

---

① 孙建华. 近代中国金融发展与制度变迁 [M]. 北京：中国财政经济出版社，2008：172.
② 孙建华. 近代中国金融发展与制度变迁 [M]. 北京：中国财政经济出版社，2008：411.
③ 孙建华. 近代中国金融发展与制度变迁 [M]. 北京：中国财政经济出版社，2008：397.
④ 东华续录·光绪朝 [M]. 卷一二一：9.

的财政资金问题已经显得非常紧迫了。

1898 年，黄思永提出发行自强股票，"不知在外洋与在通商口岸之华民，依傍洋人，买票借款者甚多，不能自用，乃以资人。且缙绅之私财，寄顿于外国洋行，或托洋商营运者，不知凡几。存中国之银号票庄者又无论矣。"① 依照他的建议，户部承办，名为"昭信股票"，面额有 100 两、500 两、1 000 两，分别发行了 50 万、6 万、2 万张，合计发行 1 亿两，年利 5 分，期限 20 年，由银行、票庄、典当、银号办理，官家不参与，户部在各省设立昭信局，负责发行事务②。表 4-5 是 1898 年昭信股份募集情况。

表 4-5　　　　　　　　1898 年昭信股份募集情况表

地区	金额（万两）
江苏	120
安徽	50
河南	30
奉天	30
其他	270
合计	500

资料来源：孙建华，近代中国金融发展与制度变迁 [M]. 北京，中国财政经济出版社，2008.

4.1.3　适应新需求的金融机构和金融业务

4.1.3.1　传统银行业继续发展

1860 年以后，由于国内外贸易的扩大和民族资本主义的发展壮大，钱庄的发展迅速，在福州 90 家钱庄中，其中在城内的 20 家拥有的资本

---

① 光绪二十一年四月乙巳户部上奏，地方官借机苛派勒索摺 [M]. 卷一四二：12.
② 光绪二十一年四月乙巳户部上奏，地方官借机苛派勒索摺 [M]. 卷一四二：13-15.

额最高约 4.5 万两，城外 70 家钱庄中的 12 家资本在 15 万～20 万两。福州的钱庄是为当地贩运武夷山茶叶的商人提供信用的重要机构[①]。同时，上海这时已经发展为中国重要的商业城市，上海地区的钱庄发展非常迅速。1866 年，上海钱庄有 116 家，其中的 58 家钱庄都办理票据汇划业务，规模大的钱庄资本达到 8 万～10 万两，规模较小的钱庄资本也在 3 000～5 000 两[②]。并且上海地区的钱庄与周围城市还建立了业务往来的联号[③]。1890 年，上海钱业公所成立汇划总会，把加入汇划总会的钱庄统称为汇划庄，钱庄之间的清算交由汇划总会来完成，轧出的差额经汇划总会收付现金，汇划总会当时还接受新式银行委托，代办票据的清算，这种类似票据交换的票据清算和资金汇划制度在当时是十分先进的。这种制度同时也加强了钱庄与工商业的业务联系，上海钱庄在当时汇成了强大的金融势力，表 4 - 6 是 1866～1912 年上海钱庄的数量，可以看出 19 世纪 70 年代是上海钱庄发展的高峰。

表 4 - 6   1866～1912 年上海钱庄的数量

年份	钱庄数量
1866	116
1873	183
1876	105
1883	58
1886	56
1888	62
1903	82

---

① China Imperial Maritime Customs. Reports on Trade at the Treaty Ports in China [Z]. 1881, Fuzhou, 6.

② China Imperial Maritime Customs. Reports on Trade at the Treaty Ports in China [Z]. 1866, Shanghai, 14.

③ Great Britain Foreign office. Commercial Report From Her Mejesty's Consuls in China [Z]. 1875～1876, Shanghai, 33.

续表

年份	钱庄数量
1904	88
1905	102
1906	113
1907	111
1908	115
1909	100
1910	91
1911	51
1912	24

资料来源：孙建华. 近代中国金融发展与制度变迁［M］. 北京，中国财政经济出版社，2008：287.

洋务运动开始时期，也是票号业务的大发展时期。1862～1893 年的 32 年，中国年均进出口货值 15 470 万海关两，比前一个时期增长 103.28%，年均入超 985.7 万海关两，比前期增长 146.48%[①]。如此巨大的进出口贸易额，必然通过通商口岸与内地各城镇大量的货币流通。而这些货币的流通，主要就是由票号汇兑完成的。因此，票号在对外贸易中发挥了非常重要的作用。19 世纪 40 年代之前，票号与清政府的关系已经很密切，鸦片战争后，票号与清政府的关系更进一步加强，1900 年庚子事变以后，光绪皇帝下旨令各省解京饷款改电汇山西票号。这样一来，山西票号成为清政府的总出纳。票号与清政府互相利用，票号需要清政府的政治保护，而清政府需要票号汇兑机构的资金融通和资金支持，这样一来，共同的利益使他们相互联系在一起，各票号进入清政府的财政支付体系。清政府财政开支拮据之际，正是票号业务发展迅速之时。1862～1893 年 30 年间，票号共汇兑官款 81 408 180 两，户部和内

---

① 李康华. 中国对外贸易史简论［M］. 附表 9. // 黄鉴晖. 山西票号史［M］. 太原：山西经济出版社，2002：212.

务府京饷占了75.5%，京饷在票号中的地位可见一斑。甲午战争后，票号汇兑公款大增，汇款增加，则汇费收入多，利润多。庚子年，八国联军侵占北京，北京各商号纷纷逃离，票号也遭受损失，撤庄回到山西总号避难。这时，逃亡在外的商号、居民和官员，凡在票号存款者，害怕再遭受损失，他们在南方各地、山西各处持券向当地票号兑现。"幸赖各埠同心，应付裕如""凭票付款，分毫不短，信用益彰"①。票号在战乱中仍然守信用，其美德为世人赞赏，在商界赢得了声誉。当1901年票号返回北京时，"独我西号自二十七年回京后，声价大增，不独京中各行推重，即如官场大员无不敬服，甚至深宫之中亦知西号之诚信相符，不欺不昧，此诚商务之大局，最为同乡最得手之时也"②。庚子年的战乱，不仅没有让票号倒闭，反而给票号带来了机遇，使其发展进入极盛。

4.1.3.2 新式银行的出现

传统的银行业账局、票号、钱庄等金融业为近代的工业发展提供了大量的贷款，虽然起到了一定的推动作用，但其致命的缺陷是资本有限，责任无限，导致在清末的金融危机中，许多传统银行业的倒闭。同时，随着帝国主义侵略的进一步加深，中国被迫进一步开放通商口岸，国际间的贸易进一步加深，这样外商银行大量地进驻中国，成为帮助帝国主义侵略者掠夺中国财富的帮凶。从鸦片战争后，外国在华设立银行先后共有25个，清末仍有13家，1904~1909年，仅6年时间，这些银行掠夺走纹银2亿多两。在这种形势下，清政府和国内的许多有志之士开始考虑建立自己的银行。1897年，经清政府批准，盛宣怀在上海设立中国第一家有限股份制银行，"合天下之商力，以办天下之银行，但使华行多获一份之利，即从洋行收回一分之权。"③光绪三十一年（1905

---

① 李宏龄.山西票商成败记［M］.1917.//黄鉴晖.山西票号史［M］.太原：山西经济出版社，2002：335.

② 李宏龄.同舟忠告［M］.太原：山西人民出版社.1989：23.

③ "请设银行片"光绪二十二年九月，愚斋存稿［M］.卷一.//黄鉴晖.中国银行业史［M］.太原：山西经济出版社.1994：85.

年），经过一年多的准备，清政府成立的股份制官商合办银行"户部银行"诞生了，三年后更名为"大清银行"，除了代理国库、发行纸币，还从事存、放、汇商业银行的业务，"大清银行得由度支部酌定令其经理国库事务及公家一切款项，并代公家经理公债及各项证券。"① 光绪三十四年（1908 年），经清政府批准，"部所管轮路电邮四政，总以振兴实业，挽回利权为宗旨。"② 设立了官商合办的股份制银行，即交通银行。除此之外，各省也开始设立商办的商业银行，1903 年设立天津志成银行；1904 年，新茂银行设立；1906 年，中东银行、上海信成银行、汉口信义银行、浙江兴业银行成立；1908 年，四明商业银行、裕盛银行设立；1909 年，宁波商务银行、北京厚德银行成立。短短几年，各地方商业银行成立了很多。1914～1918 年世界经历了第一次世界大战，战争结束以后，各帝国主义国家忙于战后问题的解决，放松了对中国经济的干预，这样，使得中国工业经济得到了短时间的发展，相应的银行业发展比较迅速，到民国七年（1918 年），共存在 27 家官商合办、商办、中外合办银行，29 家各省地方商业银行。1920 年以后，商业银行为了增强自己的实力，组织成立了"北四行"和"南三行"的银行集团。1912～1927 年，新设的民营股份商业银行达到 186 家，新设的华商股份制银行 302 家，平均创办资本 56.2 万元。1926 年，25 家主要华商银行收益共计 1 692 万元，各项公积金总计 3 989 万元③。

　　总之，这一时期新式银行盛极一时。

4.1.3.3　股票业务开始出现并迅速发展

　　最早在中国进行有价证券交易的金融机构是英国商号在上海设立的长利公司，随后又有许多外商的股票公司从事外商股票买卖。19 世纪六七十年代，上海地区的外商股票交易市场已经初步形成。在外商股票公

---

①　大清光绪新法令［M］. 第十册，大清银行章程：72.
②　大清光绪新法令［M］. 第十册，邮传部奏拟设交通银行折：66.
③　杜恂诚. 上海金融的制度、功能与变迁（1897～1977）［M］. 上海：上海人民出版社，2002：80.

司的推动下，1882 年 9 月，上海平准股票公司成立，其业务主旨为："即如公司一端，人见轮船招商与开平矿务获利无算，有是风气大开，群情若鹜，期年之内效法者十数起。每一新公司出，千百人争购之，以得票为幸，不暇计其事之兴衰隆替也。……今平准公司逐日悬牌，定出真价，如兑换钱洋之听衣牌然，可一见而知。"[①] 轮船招商局和开平矿务局所表现出来的积极应募股票，即企业发行新股，会产生十分巨大的投资热潮，但此后股价变动，却无暇顾及。所以平准公司的建立是想公布股票价格以便买卖。"为各项公司通路径而固藩篱"，可见其是专门为股票发行和股票交易而设立的证券公司，是中国第一家民族证券公司。

1912~1928 年，我国共创设了 525 家金融机构，其中以"公司"注册的达 406 家，股份制公司达 358 家[②]，这些金融公司通过证券市场募集资金的能力大大增强。金融股票更加繁荣了股市交易，促进了证券市场的兴旺。

进入民国时期，产业证券的大量发行引发了证券市场的兴旺，其交易也朝着规模化、专业化的方向发展。

4.2　适应工业经济时代的金融工具创新

4.2.1　金融工具创新的时间脉络

4.2.1.1　清朝末年的金融工具

（1）市场流通的金融工具。

①政府委托国家银行发行的兑换券。

1904 年，户部银行成立，在其银行章程里明确指出要印纸币，凡有

① 滨下武志. 中国近代经济史研究——清末海关财政与通商口岸市场圈 [M]. 南京：江苏人民出版社，2006：168.
② 张忠民. 艰难的变迁——近代中国公司制度研究 [M]. 上海：上海社会科学院出版社，2002：274.

可用票币收发者，均须用该行纸币。1908 年，改称为大清银行，并确认为国家银行，有代国家发行纸币的权力，代国家经理公债及各种证券。1907 年，交通银行成立，在其银行章程中规定，"仿京外银号及各国银行，印刷通行印钞。"①

户部银行发行的钞票有两种，银两票和银圆票，银两票分一两、五两、十两、五十两、一百两五种；银圆票分为一圆、五圆、十圆、五十圆、百圆五种。到宣统三年六月，共发行银两票 5 438 910.759 两，银圆票 12 459 907.898 圆。

②地方官钱银号发行的银钱票。

甲午战争爆发后，清政府财政困难，各地方财政相应也亏空严重，于是各省相继大设官银钱号，发行各省独自的纸币，大部分为兑现纸币，由于各地的银两平色不同，所以各省的纸币种类和面额也各自不同，银钱票上各自标有本地区的银两平色，钱票上有东钱、中钱、九八钱、九五钱等不同标准，银票上各地方所标的种类也非常复杂②。但这些银钱票信用状况较好，"令捐生交银领票报捐，地方官即将所交之银买补。并请于京城内外招商设立官银钱号三所，每所由库发给成本银两。再将户工两局每月交库卯钱，由银库均匀分给官号，令其与民间铺户银钱互相交易。即将户部每月应放现钱款项，一概放给钱票，在官号支取。俾现钱与钱票相辅而行，辗转流通，兵民两有裨益。"③ 可见这些银钱号发行的钱票对于当时解决银荒问题，活跃地方经济，抵制外国货币起到了一定的作用。

③民间金融机构发行的银钱票。

光绪二十一年（1895 年）在查抄卫汝贵家产时，发现他开的允升典有货物、银钱、房屋等，"还曾分设允隆衣庄，出有钱票，凡当取及

① 石毓符. 中国货币金融史略 [M]. 天津：天津人民出版社，1984：183.
② 戴建兵. 中国近代纸币 [M]. 北京：中国金融出版社，1993：21.
③ （清）盛康辑. 皇朝经世文续编 [M].1897，卷六〇.

民间交易率皆用之，该衣庄被火后，除已收回外，散在民间票钱计尚有九千六百六十串……"① 可见，卫汝贵所开的当铺发行的钱票，在民间交易使用。

清朝末年的江西，典当业在遇到资金短缺时，便发行钱票，有"一千""五千""十千""百千"等面额②。

"山西祥字号钱铺：京师已开四十余座，俱有票存，彼此融通。"③ 说明当时这些钱票是流通于市场的。

"山西行用私票由来已久，清代民间钱铺、银号、钱庄、当铺以及票号多发行以钱文、银两为单位的各种钞币或银票。银票面额大一点，钱票面额小一点。钱票流通性更大一点，钱票面额有五百文、一吊、两吊、两吊五百文、五吊或五吊以上，各省情形不同……"④ 可见，民间金融机构发行的在市场流通的金融工具在当时很普遍。

这些兑换券和银钱票是由金融机构签发的，保证见票付款，也允许持票人转让流通，相当于今天的本票。

（2）为商业结算服务的金融工具。

①凭帖。

19 世纪 60 年代，钱庄给本地商人和进出口商人提供的信用工具，叫庄票和汇票。其中庄票是钱庄发行的本票，分为即期庄票和远期庄票两种，可在市面流通，钱庄到期付款，上海多家商号使用庄票，有 10日、15 日、20 日的期限⑤。这种票据是由出票单位签发的，负有支付义务的，既是出票人，又是债务人，相当于今天的本票。

---

①　张文襄公奏稿［M］.卷二十三.//王雪农，刘建民.中国山西民间票帖：27.

②　江南典当业［J］.经济旬刊，1935，4（11）.//刘建民，王雪农.中国山西民间票帖［M］.北京：中华书局，2001：27.

③　清档.硃批奏摺［M］.咸丰三年四月初三日.//孔祥毅.金融票号史论［M］.北京：中国金融出版社，2003：134.

④　山西省地方志编委办编印.山西金融志［M］.上册，1987.//孔祥毅.民国山西金融史料［M］.北京：中国金融出版社，2013：23.

⑤　张国辉.晚清钱庄和票号研究［M］.北京：社会科学文献出版社，2007：59.

②会（汇）票。

清朝同治年间，商业会票逐渐增加，"今京师民间市易，自五百以上，皆用钱票。安徽省若滁、风诸处，皆用钱票。且一处之钱票，可携之于二三百里之外，向钱庄取钱者。较京师之钱票，止在京城中用者，更为流通。又闻盛京及山东地方，亦俱用钱票，岂非以银不便之故乎。"① 可见当时钱庄发行的钱票十分广泛，不仅在同一地区使用，而且跨地区也能使用，起到了异地结算的作用。

汇票作为钱庄签发的汇款凭证，其作用在于完成异地的资金流通，主要通过同业往来制，"上海的钱庄在上海附近的大城市都有往来的联号。"② 但在没有联号的地区就需要委托给票号完成汇兑。这种用于远距离结算的凭证，相当于今天的银行汇票。

（3）其他商业融通票据。

①上帖。

其票据原理与兑帖相同，只不过兑帖的出票单位与兑付单位是平等的业务关系，而上帖的出票单位和兑付单位是上下级的从属关系，"晋省行用钱票有凭帖、兑帖、上帖名目。……上帖有当铺上给钱铺者。系票到付钱，与现钱无异。应听照常行使，无庸禁止"③ 可以看出，上帖是分号上于总号或非专业金融机构上于专业金融机构的票据（如图 4 - 1 所示）。到光绪年后，这种区别逐渐没有了。清末民初，这种票据完全消失了。

这种票据也涉及出票单位、兑付单位和持票者三方，是出票单位开出的委托持票人到兑付单位实现解兑的金融票据，相当于今天的汇票。

---

① 王鎏. 钱币刍言 [M].//山西财经学院，中国人民银行山西分行，山西票号史料 [M]. 太原：山西人民出版社，1990：7.

② 英国领事报告 [Z].1875～1876，上海：33.

③ 中国人民银行总行参事室金融史料组编. 中国近代货币史资料 [M]. 中华书局，1964.

隆合心

上　南留属自寻保人
元泰德爷台视今兑收下
集义昌　钱肆仟文　凭帖付
与千万勿误此帖存照
同治三年十二月廿九日

图4-1　上帖图样

资料来源：刘建民，王雪农．中国山西民间票帖［M］．北京：中华书局，2001：127.

②换外票帖（外兑帖）。

由商号联手所出的票据，不付现钱，只是各商号之间相互磨兑，一家商号把换外票帖给了另一家商号；另一家商号再把票据给了第三家商号来磨兑，不兑现钱。这种换外票帖有的是书写在白条之上，也有的是以其他票据如执照为票据模板，但实际功能只是外兑，不支付现钱，起到了结算转账的功能，涉及出票人、承兑人和持票人三方，相当于今天的支票（如图4-2）。

照执

上 南留属字 自寻保人 号
元盛德爷台视今兑收下
换四乡帖叁仟文整
祈验图章印票谨防假帖存照
光绪十三年七月十七日

图 4 - 2 换外票帖

资料来源：刘建民，王雪农．中国山西民间票帖［M］．北京：中华书局，2001：148.

③拨兑和谱银。

在融通资金时，除了采用现银和凭帖之外，还有拨兑和谱银。"小桌当街钱换钱，翻来覆去利无边，代收铺票充高眼，错买回家只叫天。"① 这种用来交换的拨兑钱帖如图 4 - 3 所示：

---

① （清）杨静亭．都门纪略［M］．杂咏．//孔祥毅，金融票号史论［M］．北京：中国金融出版社，2003：136.

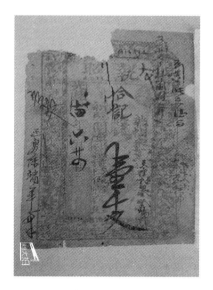

照执

执照来丁 天字贰佰叁叁号
合记拨兑钱壹仟文
祈验图章印票谨防假帖存照
光绪十四年六月廿四日

图 4 - 3 拨兑和谱银

资料来源：刘建民，王雪农. 中国山西民间票帖［M］. 北京：中华书局，2001：149.

谱银与拨兑相似，但谱银可以选择兑现，也可不兑现，以一月为期。拨兑和谱银实际上承担了转账结算、交换票据的职能。拨兑钱帖在市面的流通性较强，咸同以后成为流通货币，相当于今天的转账支票。

（4）新式筹集资金的金融工具。

①政府筹集资金的金融工具。

a. 对外债券。

洋务运动期间，洋务派最早提出利用外资的思想，是对金融工具创新的体现。为了用于国内近代工业投资、维持军事开支和对外赔款，清政府开始发行外债。1865 年，清政府向英国举借 1 431 664.2 英镑的政府债务；1878 年，清政府为筹集第三次"西征"军费，发行了 300 万两的混合公债，其中华商 175 万两，外商 125 万两①。甲午战争前，清政府向外商发行高达 1 179 万两债务②，洋务派举借有 3 200 万两外债，其中用于抵御外侵和发展实业的占到 88%③。

b. 对内债券。

甲午战争后，1898 年，清政府发行"昭信股票"，"闻京兆已请拨昭信款二百万两，现拟据实会奏，务求俯赐查明原案，设法成金，俾免蹉跌。裕师过沪，曾谆切恳求，似甚关切，垂谅公私之幸。"④清政府开始募集昭信股份，条件是：偿还期以 6 个月为 1 期，从第二期开始每次返还 1/4，偿还期共 2 年半，年利 7 分。募集情况如表 4 - 7 所示。

表 4 - 7　　　　　　　　　　昭信股份募集情况表

地区	金额（万两）
广东省	500
江苏省	184
山西省	130
直隶省	100
北京	100
其他	88
共计	1 102

1911 年，清政府发行"爱国公债"，1900～1911 年，地方政府也发行各种内债。由于清政府信用差、债信低，缺乏流动性，发行的公债相当于行政摊销。

---

① 孙建华. 近代中国金融发展与制度变迁 [M]. 北京：中国财政经济出版社，2008：181.
② 曹均伟，方小芬. 中国近代利用外资活动 [M]. 上海：上海财经大学出版社，1997：161.
③ 卢文莹. 中国公债学说精要 [M]. 上海：复旦大学出版社，2004：94.
④ （清）盛宣怀. 盛宣怀未刊信稿 [Z]. 84.

1894 年，清政府为了筹集中日甲午战争的军费开支，发行内债"息借商款"，然而由于发行困难，只募集到 1 102 万两借款就宣布停止了。

②企业筹集资金的金融工具。

19 世纪 80 年代，在上海，新式股票招股集资活动活跃起来，各省采矿企业、官督商办企业纷纷到上海招股集资，于 1873 年创办的轮船招商局在股市上声誉很高，因为"如果在轮船招商局初创时购买股票一股，即投资 100 两，七年后，到 1880 年，股息累计可达 70 两。"① 1881 年，轮船招商局在上海招股筹资够 100 万两后，又在 1882 年再增资 100 万两②。上海织布局，在 1880 年公开招股 80 万两③。开平煤矿在 1881 年底在上海也筹资股金 100 万两④。1877～1883 年，来上海招股的煤、铁、矿企业至少有 15 家⑤。当时投资者看好这些股票，纷纷购买，1882 年，在上海市场，轮船招商局、开平矿务局的股票每股升水在两倍以上，各省经营的金属矿每股升水在一倍半⑥。

4.2.1.2 民国时期的金融工具

（1）市场流通的金融工具。

①代政府发行的兑换券。

民国元年（1912 年），大总统命令其纸币在全国通行，大清银行改为中国银行，当年就发行了兑换券，并规定无论发放军饷、管款收付，还是民间交易，都要使用中国银行发行的兑换券，不得拒绝接受。"所有官款出纳、商民交易，均准一律行用，并多储准备，以供兑换。"⑦ 兑换券由中国银行随时兑现，有银元票（一元、五元、十元、二十元）和

---

① 国民政府清查整顿招商局委员报告书下册 [Z].1928：29.
② 国民政府清查整顿招商局委员报告书下册 [Z].1928：31.
③ 张国辉. 晚清钱庄和票号研究 [M]. 北京：社会科学文献出版社，2007：143.
④ 北华捷报 [Z].1881：486.//张国辉. 晚清钱庄和票号研究 [M]. 北京：社会科学文献出版社，2007：142.
⑤ 张国辉. 洋务运动与中国近代企业 [M]. 北京：中国社会科学出版社，1979：295－299.
⑥ 张国辉. 洋务运动与中国近代企业 [M]. 北京：中国社会科学出版社，1979：301.
⑦ 戴建兵. 中国近代纸币 [M]. 北京：中国金融出版社，1993：38.

铜元票两类。次年，北京临时参议院通过中国银行则例，明确中国银行为中央银行，因此有代国家发兑换券的权利。1915 年底，中国银行发行的兑换券流通总额为三千八百多万元①。

北洋军阀统治时期，中国银行和交通银行通过大量发行纸币，导致通货膨胀，通过对人民进行经济上的掠夺，来筹集军费。

1927 年，国民党在南京建立国民政府，成立新的国家银行——中央银行，至此国家银行共有四个，即中央银行、中国银行、交通银行和中国农民银行。1935 年，法币改革后，规定这四行发行的纸币为国家纸币。

②各省银行发行的纸币。

辛亥革命间，清朝地方的许多官银钱号被破坏，后来改组为各省银行。由于各地方政治分裂，军阀混战，各省银行发行的纸币成为各地方筹集军费的主要手段，纸币形式常常变换，种类多样，贬值严重，百姓遭殃。

地方银行发行的纸币主要是银圆票和铜圆票，这与当时世界许多国家放弃银本位的趋势，从而摆脱货币上被剥削的被动地位是一致的。民国初期，由于国家银行刚开始发行纸币，还没能得到普遍推广，各省当局都将自己的地方银行作为省金库，地方银行发行的纸币势力强大。

1919 年，山西省银行成立，太原设总行，全省主要地区设分行，后来在上海、天津、汉口、北京、石家庄等地也设立了分支机构，按照"物产经济"的原则，即发行纸币的数量完全根据山西经济发展的需要，极力改变人民不信任官方纸币的心理，采取"随发随兑"的政策，其信誉状况较好，曾经得到群众的普遍接受。但因后来军事开支增加，随之滥发纸币，造成了"晋钞毛荒"的风波。

法币改革前，在河北地区，地方银行发行的纸币中，河北省银行券流通最广，其次为中南票，在 85 个县流通，北洋保商银行发行的票币在 45 个县流通，农工票在 29 个县流通，实业票在 22 个县流通②。

---

①　石毓符. 中国货币金融史略［M］. 天津：天津人民出版社，1984：226.
②　戴建兵. 中国近代纸币［M］. 北京：中国金融出版社，1993：48.

1935 年，法币改革后，中国货币发行权统一。国家对地方纸币整顿，先收回部分地方银行的发行纸币权，使得地方发行的纸币成为法币的辅币。

③民间金融机构发行的流通票据。

钱庄、钱铺自己发行的有固定面额的纸票。与清早期的庄票相比较，兑换期限没有限制，随时兑换，并且可以循环使用，而不是像庄票那样，经过兑付便作废了。如民国初年，晋蚨祥银号发行的钱票，人们对其发行的钱票认可度很高。兑换券面额较小，不能挂失。横板，书写的部分很少（如图 4 - 4 所示）。

图 4 - 4　民间金融机构发行的流通票据图

资料来源：刘建民，王雪农．中国山西民间票帖［M］．北京：中华书局，2001：288．

"还有一种地方纸币叫钱帖子，是地方上驰名吃硬的钱铺或当铺出的。钱帖子用最好的硬麻纸做成，宽约三市寸，长约五市寸，用毛笔写好，凡是钱帖子都是以一千钱（即一吊钱）为单位的，用钱帖子到当铺或钱铺本号立即可兑出现钱一千钱，钱帖子只能在本县本地才能通行……"①

这些金融工具相当于定额本票，由金融机构签发，承担保付责任，见票即付，也可以流通转让。

---

① 刘江汉．民国时期山西流通的集中货币［J］．文史研究，1989（4）//孔祥毅，民国山西金融史料［M］．北京：中国金融出版社，2013：23．

存票。这一时期民间金融机构出现了定期存款和活期存款凭证，定期存款凭证叫"存票"，存款时定期限，有 1 个月、2 个月、3 个月、6 个月，也有 1 年以上的长期，但长期的起存额一般是 1 千两以上，利率为 6% ~ 8%[①]。活期叫"便期存储币"的金融工具，也是一种存款凭证，如图 4 - 5 所示，可以看出，当时存款是不支付利息的。

图 4 - 5　存票图

资料来源：刘建民，王雪农 . 中国山西民间票帖 [M]. 北京：中华书局，2001：193.

---

①　中国社科院中日历史研究中心文库 . 东亚同文书院中国调查资料选辑 [M]. 北京：社会科学文献出版社，2012：319.

清朝中后期以来的各种凭帖经过历史的发展与演变，经过自身的创新和政府的管制，承担商业结算的票据只剩下"兑外帖"，其余的逐渐退出了历史舞台。此时的"兑外帖"样式上有了简化趋势，逐步向新版过渡。其用途主要还是转账结算，相当于今天的转账支票，如图4-6所示。

福福

天字叁拾号
凭帖取拨兑钱叁仟文整
民国七年正月初一日票

图4-6　兑外帖图

资料来源：刘建民，王雪农．中国山西民间票帖［M］．北京：中华书局，2001：208．

（2）新式筹集资金的金融工具。

①政府筹集资金。

1914年，北洋政府发行公债，并颁布公债政策让银行认购，这样公债市场交易活跃起来，北京和上海的证券交易所98%以上的有价证券是公债，1927 年底，国内 30 家较大的银行持有公债达到 10 881 万多元，7 种主要公债的面值达到 22 500 万元，流通市值约 15 000 万元①。

②企业筹集资金。

a. 股票。

北洋政府时期，华商公司数量增加，相应其融资规模不断扩大，公司证券的发行也继续扩大，大量金融公司股票上市，仅 7 家专业银行通过招股募集资金便达到 7 000 万元②。

b. 债券。

北洋政府时期，随着公司证券发行的扩张，华商公司开始涉足债券的发行，1914 年，天津启新洋灰公司发行了 156.2 万元的债券，这是华商企业首次发行公司债券；1919 年 4 月成立哈尔滨证券交易所，交易所的交易对象已经包括一些公司债券；1921 年，通泰盐垦五公司委托银行发行公司债券 500 万元；1926 年北京电车公司发行 150 万元公司债券。1914～1926 年，华商企业共发行 806.2 万元企业债券③。

通过对这一时段金融工具种类的汇总和整理，其主要形式和相当于今天的类别如表 4-8 所示。

表 4-8　工业经济与商业经济时代交叠期金融工具的种类及类别

商业经济时代	工业经济时代
兑换券、银钱票	本票
凭帖	本票
会（汇）票	汇票
上帖	汇票
换外票帖	支票
拨兑和谱银	转账支票
对外债券	国债券

① 杜恂诚. 上海金融的制度、功能与变迁（1897～1977）[M]. 上海：上海人民出版社，2002：92.
② 孙建华. 近代中国金融发展与制度变迁 [M]. 北京：中国财政经济出版社，2008：401.
③ 王志华. 中国近代证券法 [M]. 北京：北京大学出版社，2005：24.

续表

商业经济时代	工业经济时代
昭信股票	内债券
存票	存款凭证
兑外帖	转账支票
股票	股票
债券	债券

4.2.2　金融工具创新的结构分析

4.2.2.1　发行主体结构分析

（1）市场流通金融工具的发行主体结构。

在工业经济与商业经济的时代交叠时期，用来代替货币在市场流通的金融工具发行的机关很多，有国家银行——户部银行和交通银行；有外国在华银行；有商业银行；有各省官银号和官钱局；也有钱庄、票号、银号等传统金融机构。其种类也很多，有银两票、银圆票、辅币和铜圆票。面额也分为多种。"钱庄有发行之特权，为内地金融界一特殊现象。晋省钱庄取得发行权，始于何时已不可考。惟知民国初年以来，私钞发行之数，已颇可观。当时不但钱庄可以发行，即当铺质店，以至粮行布庄，亦莫不有纸币之发行。省府虽屡欲整顿，终无结果。"① 可见当时发行主体多元化，有钱庄、当铺质店、粮行布庄等。民国时期，纸币发行非常混乱，仅仅中央授予发行货币权力的银行在 1927 年前就达到 27 家②。在 1935 年实行法币改革以前，全国有发行货币权力的银行有很多，除了中央银行、中国银行、交通银行和农民银行外，还有 30 多家，发行总额为三亿零一百四十八万元③。

---

① 山西财经大学晋商研究经典文库. 中国实业志·山西省·金融 [M]. 北京：经济管理出版社，2008：50.

② 戴建兵. 中国近代纸币 [M]. 北京：中国金融出版社，1993：30.

③ 石毓符. 中国货币金融史略 [M]. 天津：天津人民出版社，1984：186.

（2）商业结算金融工具的发行主体。

这一时期，除各类金融机构发行金融工具以方便结算，非金融业的工商部门，粮店、米铺、杂货店、绸布庄、棉花店、古玩店、肉店、水果店等都在发行能在市场流通的票据，到了"无店不出帖，有商即有票"的程度。

（3）筹集资金金融工具的主体结构。

这一时期，出现了新式的筹集资金的金融工具，即债券和股票。发行债券和股票的机构为政府和新式企业。政府发行债券的主要目的是为了筹集财政资金，而企业发行股票的目的是为了招募资金，满足自身扩大规模的资金需求。

4.2.2.2　这个时期的金融工具的功能

（1）流通功能。

随着商品经济的继续发展和工业经济的出现，对于能代替货币承担流通职能的金融工具需求十分迫切，同时各发行主体深知发行金融工具所能带来的利益，加上这一时期处于时局动荡、管理混乱时期，能在市场流通的金融工具十分杂乱，既有受政府委托的官办银行发行的金融工具，也有民间的各类金融机构发行的金融工具，还有各地方官银局和各商业银行发行的流通工具。这些金融工具促进了商品流通，发挥了其流通的功能。

但这一流通功能的有效发挥必须以信用为基础，这些金融工具随着信用状况的不同而出现了不同的结果。

信用不好的金融工具在市场流通中逐渐被逐出。地方官银局发行的金融工具由于不兑现，造成了流通领域的混乱，比如山西官钱局，在民国八年改名为山西省银行，属于官督商办，资本额定三百万元，并在太原设立总管理处，发行兑换券，于民国十九年收归为官办金融机构。因军费紧缺，省府借省银行为筹饷机关，滥发不兑现纸币，从而造成晋钞毛荒，给流通领域带来恶劣的影响。"迨十八年，省府通令各庄号所发纸币，一律限期回收，一时发行之数大减，同时省府为流通市面筹码，授权省银行加发纸币。不料十九年政治风潮起后，金融风潮接踵而起，省行纸币，一日数跌，初尚有市价可循，终则等于废纸，民商受累不浅。"① 各省银行发行的纸币信用程度不及商号发行的纸币，地方政府虽然名义上在管理，但形同虚设。部分民间金融机构发行的金融工具由于信用状况不良，而逐渐被淘汰。比如曾经在局部范围内承担流通职能的各钱铺、当铺等发行的"钱帖子"，"后来钱帖子因为伪造者渐多，慢慢的失掉信用，即断绝使用②。"

而信用状况较好的金融工具在商品流通中继续发挥其功能，尤其是一些用于商业结算的票据，由于其信用良好，其功能已经从支付功能悄然转换成市场流通功能。比如一些钱铺、钱庄发行的固定面额的钱票，不仅随时兑现，而且反复使用。"京师有座瑞蚨祥，潞安城里晋蚨祥；京师蚨祥卖绸缎，长治蚨祥发钱票。"③ 人们对其信用度十分认可。

（2）支付功能。

民间金融工具创新的涓涓细流从来没有停止过，这是商品交换的发展趋势所决定的。外商普遍的接受庄票作为结算工具是在19世纪中后期。19世纪70年代，上海钱庄"经常要承兑为外商所持有的，以及在中国商人之间流通的期票，这种期票的数目，不论哪一年，都是极大的。"④ "上海出售的一切外国进口货，都是以本地钱庄签发的五天到十天的期票支付的。"⑤ 可见，庄票的使用非常普遍，其流通的范围也扩大了，信用程度极高，为外商所接受认可。即使在1897年中国通商银行产生后，很多工商业仍然喜欢在钱庄办理业务，因为钱庄签发的庄票信用程度高。20世纪初，新式的银行还没有设立票据交换所，所以新式银

① 山西财经大学晋商研究经典文库.中国实业志·山西省·金融［M］.北京：经济管理出版社，2008：50.
② 刘江汉.民国时期山西流通的集中货币［J］.文史研究，1989（4）.//孔祥毅，民国山西金融史料［M］.北京：中国金融出版社，2013：23.
③ 田秋平.纸币初始晋东南［M］.太原：山西出版集团，2007：125－126.
④ 英国领事报告［Z］.1875~1876，上海：34.
⑤ 英国领事报告［Z］.1875~1876，上海：33.

行签发的票据在汇划时还需要借助钱庄。中国通商银行也需要借助钱庄来开展业务，1897~1911年，在钱庄放置存款，叫"拆票"，1898年，"拆票"达192万两，1905年达260万两，占中国通商银行贷款总额的60%[①]。

还有的金融工具在承担支付功能过程中，通过自身演变，实现了功能的深化，比如分期付款票据的出现，如图4-7所示。

图4-7　分期付款票据图

资料来源：刘建民，王雪农. 中国山西民间票帖［M］. 北京：中华书局，2001：200.

---

① 中国人民银行上海市分行金融研究室. 中国第一家银行［M］. 北京：中国社会科学出版社，1982：142.

帖上有红色文字："民国五年九月期取过叁成，十一月期去过贰成。"这说明此种兑外帖是分期兑付的，分别于民国五年九月和十一月兑过两次①。可以看出，当时支付票据已经有了分期付款这一创新方式。

（3）储蓄功能。

这一时期，民间的金融机构产生了有储蓄功能的金融工具，相当于存款凭证，这种金融工具在具有储蓄功能的领域发挥了作用。

（4）融资功能。

这一时期，股票债券的产生和发展发挥了金融工具的融资功能，在向工业经济转变时期，资金需求的规模和数量都在增加，急需新的融资工具，股票和债券就是在这一领域的功能得到体现的金融工具。

4.2.3　金融工具创新的效应分析

4.2.3.1　效应理论依据

金融与经济、社会的协调发展理论告诉我们，金融的健康发展可以起到促进经济增长的作用，成功的金融创新推动经济的向前发展，而失败的金融创新则阻碍经济的发展。金融的稳定和发展对稳定的社会环境具有重要意义，金融创新的成功会推动社会发展，而创新的失败会带来金融危机，由此可能会引起社会动荡，泡沫化严重的金融市场会带来社会的动荡不安。2002年，Tufano则提出金融创新也有可能对经济带来负面影响，导致金融的脆弱性、危机的传染性和系统性的风险②。本阶段的金融工具创新既有积极的效应，也有消极的负面效应。

---

① 刘建民，王雪农. 中国山西民间票帖［M］. 北京：中华书局，2001：63.

② Tufano P. Financial Innovation in Handbook of the Economics of Finance［M］. Chapter 6, North Holland，2002.

4.2.3.2　对社会的经济效应

（1）促进了国内商品流通，推动了社会经济发展。

"查市行钱票，与钞无异。而商民便用者，以可取钱也。"① "凡商人之来者皆货物，而往者皆银。使银票得随处兑银，则京城之银可以少出，而各路之银亦可得来。此又通筹全局之所宜加意也。"② 可见在商品流通领域的金融工具已经非常普遍了。19 世纪后期，上海钱庄和票号的汇票对于上海地区进口商品再转销到内地发挥了极大的作用。1867 年，在天津市场上的外国商品 90% 是从上海转运过来的③。汉口地区在这一时期所有的外国商品都是从上海地区转运过来的④。19 世纪 70 年代初，上海地区 20% 的洋货是本地区消费，剩下 80% 都转运到内地了⑤。

（2）拓宽融资渠道，促进了民族工业的发展。

华商股票交易促进了民族股份经济的发展，首先利润的增加活跃了股票市场，洋务运动所建的民用企业由于实行垄断经营，初期利润很高，发放的股利也很可观。1873~1883 年，轮船招商局所支付的红利一直趋于上升趋势，其股票每年可获得一分的官利，其收益性受到当时投资者的欢迎，其股票价格连年上升，带动了股票市场的活跃。同时，股市的繁荣也有利于民族股份经济的发展。轮船招商局从成立开始，短短10 年间已经完成了招股 100 万两的计划，1882 年 10 月，在股东会上决定再招 100 万两新股，到 1883 年 6 月，新股也完成招募；平泉铜矿到1882 年，1 年间已经完成 12 万两的招募计划⑥。1882 年 3 月，开平煤矿在上海已经筹集了百万的资金⑦。可见当时投资股票的热情高涨。

清政府洋务派发行的对外债券，对中国的工业化建设发挥了作用，

①② （清）盛康辑. 皇朝经世文续编 [M]. 1897：卷六〇.

③　英国领事报告 [Z]. 1867，天津：167.

④　英国领事报告 [Z]. 1869，汉口：180.

⑤　英国领事报告 [Z]. 1872，上海：150.

⑥　孙建华. 近代中国金融发展与制度变迁 [M]. 北京：中国财政经济出版社，2008：173.

⑦　孙毓棠. 中国近代工业史资料 [M]. 第一辑下册，北京：科学出版社，1957：1057.

其中用于修筑铁路、采矿事业和运输业等领域，对于拓展轮船招商局的规模、改善交通运输事业等方面起到了推动作用，同时弥补了企业资金不足，降低了产业成本，提高了产品竞争力，引进了国外的先进技术装备，这些都有利于我国工业化的发展。

（3）有利于金融业的相互竞争，市场利率整体下降。

金融工具的创新降低了市场利率，金融工具品种的增多使得金融业竞争加剧，从而利率水平出现了降低的趋势。其中，广州地区的利息行市从 1890 年 1 月的 6.5% 降低到 1898 年 3 月的 4.3%，到 1900 年，利率继续降低到 3.2%①；上海地区白银拆借平均价格从 19 世纪 70 年代的 0.2343，降低到 19 世纪末的 0.1443，到 20 世纪 30 年代继续降低到 0.093 的水平②。利率的降低抑制了旧式高利贷金融，有利于工业化经济的发展。

（4）金融工具的创新对经济的负面影响。

金融工具创新的步伐加快，在对经济促进的同时，也带来了经济的脆弱性。

1883 年，上海爆发金融危机，给证券市场造成重创，导致整个经济严重受损，沉重打击了民族股份经济。1887～1920 年，我国工农业年均增长率仅为 1.38%，国内生产总值平均增长率为 3.55%③，使得股份公司在中国很长时间没有得到发展。

金融危机还使好多商铺和商号倒闭停业。上海大商号金嘉记丝栈亏损 56 万两银子倒闭，而受其牵连的钱庄就有 40 家④。钱庄迅速收缩银根，这使得商人借贷更加困难，无异于雪上加霜，由于资金周转不开，相继有 20 多家商号倒闭，陷入恶性循环，钱庄 150 万两资金收不回来，

---

① 黄鉴晖. 山西票号史 [M]. 太原：山西经济出版社，2004：361–362.
② 刘佛丁. 中国近代的市场发育与经济增长 [M]. 北京：高等教育出版社，1996：259.
③ 周志初. 晚清财政经济研究 [M]. 济南：齐鲁书社，2002：256.
④ 许涤新，吴承明. 旧民主主义革命时期的中国资本主义 [M]. 北京：人民出版社，2003：710.

使其倒闭清理 20 多家，上海钱庄只剩下 58 家①。这次金融危机导致上海 87% 的钱庄倒闭，停业破产的商号和店铺达三四百家。同时也影响了其他地区的金融和经济，镇江的 60 家钱庄倒闭了 45 家，扬州的 17 家钱庄在危机中倒闭，宁波的钱庄数量从 31 家减少到 18 家②，1883 年 10 月，广东徐润投资股票和房地产失败，宣告房地产公司破产，受到牵连的钱庄有 22 家③，11 月，浙江地区胡雪岩在与外国商人竞争中失势，他在全国十多个城市开设的钱庄倒闭。北京倒闭歇业的钱铺不下百家，由此引起了全社会对钱庄、票号等的挤兑，使得危机更加严重。

4.2.3.3　对发行机构的经济效应

金融机构在发行金融工具过程中，所获得的经济利益是其创新的首要驱动力。"不用一文现款，而钱庄能坐食其利，亦妙矣。"④ "铺保连环兑换银，作为局面惯坑人，票存累万仍关闭，王法宽容暗有神。"⑤ 可见其发行流通工具带来的利益是巨大的。

就票号所发行金融工具的利益来说，汇水收入比较可观，"三帮营业固以汇兑为性质，然而所以大获胜利者，固资乎汇兑，而亦资乎存款。存款则汇兑灵，汇兑灵则利息汇水源源而来，生生不已……"⑥ "广州汇款至上海，则打十五天期。汇水甚低，每百两只一二两，然在收款票庄得现款周转，故所获亦殊不菲。"⑦ 可见其通过发行汇票所取得的收入在当时是较多的。至于票号放款的盈利情况，在当时的信件和账簿中可以找到证据，"二月初一日迟早三五日，苏州交西批银一万五千两，

---

① ③　孙建华. 近代中国金融发展与制度变迁 [M]. 北京：中国财政经济出版社，2008：175.

②　孙建华. 近代中国金融发展与制度变迁 [M]. 北京：中国财政经济出版社，2008：176.

④　林竞. 环海依松楼西北日记 [M].//孔祥毅. 金融票号史论 [M]. 北京：中国金融出版社，2003：136.

⑤　杨静亭. 部门纪略 [M]. 杂咏.//孔祥毅. 金融票号史论 [M]. 北京：中国金融出版社，2003：136.

⑥　卫聚贤. 山西票号史 [M]. 北京：经济管理出版社，2008：316.

⑦　区季鸾. 广州之银业 [M]. 台北：台湾学生书局，1971：4.

四月标京、口随时交咱，迟交日期按月四厘三口规与咱行息外，每千两帖咱银四两。"① 可以看出当时日升昌票号汇到苏州 1.5 万两白银，按照每千两利息四两来放款。在 2013 年发现的记载 1891～1892 年的《协和信账本》中记载的第四部分是该外和外该，该外借项总计 80 455.84 两，外该借项总计 4 061.88 两②，其中外该即贷款项目，可见其贷款规模和收益。正因为这些利益的驱使，使得当时票号业务异常的繁荣，票号金融工具的创新也源于此。

4.2.3.4　对政府的效应

这一时期，政府发行的金融工具对于筹集军费开支和满足财政开支起到了一定的作用。从 19 世纪后半期以来，清政府京饷、协饷都由票号发行的汇票这种金融工具来办理，这些金融工具不仅对清政府的财政支持做出了很大的贡献，而且对于清政府维持其封建统治起到了巩固作用。

北洋时期，政府公债的大量交易促进了国内公债市场的形成，而银行大量承销公债，使其业务趋于财政化，降低了对经济的贡献。1921 年后，受"信交风潮"的影响，股票交易减少，证券市场变成了公债市场。这样一方面政府财政对银行的依赖程度增加，使银行的经营具有了不稳定的因素；另一方面，证券市场的财政化趋势使得证券市场没能发挥其应有的社会功能，不能为产业经济服务，而单独为政府财政服务。同时，由于政府发行的金融工具屡次没有信用保证，也成为其逐步走向灭亡的催化剂。

4.2.4　金融工具创新的理论分析

4.2.4.1　创新的金融工具

（1）债券。

债券是发行者为了筹集资金，依法按照程序发行，并按照约定在指

---

① 张国辉. 晚清钱庄和票号研究 [M]. 北京：社会科学文献出版社，2007：38.
② 协和信. 协和信账簿 [Z]. 光绪十八年.

定的时间内支付利息，保证到期之后还本付息的有价证券。债券的期限较长，体现出资金供求双方之间的债权债务关系①。按照发行主体的不同，债券可分为政府债券、公司债券和金融债券②。这一时期，中国出现的既有政府债券，也有公司债券，发行政府债券的主要目的在于筹集战争开支。

（2）股票。

股票是股份公司发行给股东的，作为股东的入股凭证，能取得股息的有价证券。股票是一种所有权证券，可以转让和抵押，是一种永久性的证券。出于筹集自有资金的目的，股份公司将资本总额按照相等金额分成若干股，由各投资者认购。采取这种形式筹资，可以有数量更多的投资者出资，形成巨额资本。股票具有不可偿还性、参与性、收益性、流通性和风险性等特点③。股票的发行是和股票制度的建立相关联的④。随着经济的发展，股票制度广泛流行于世界各国。这一时期华商公司发行的股票融资规模还是比较可观的，也具有收益性、风险性、永久性等特点。

4.2.4.2　本时期创新理论说明

在工业经济与商业经济的"时代交叠期"背后，同样，既有来自经济发展变化的内在驱动力，也有推动其金融工具创新的支持因素，即信用、技术、制度和机构。随着中国工业经济的发展，对金融工具提出了更多的功能要求，创新主体为了生存和发展，内部自发产生创新的动力，来优化金融工具的功能，协调经济的发展需要。同样，金融工具的创新也需要外部的支持因素，即信用、技术、制度和机构的支持。公式表示为：

$$F = F_1(E) + F_2(C, T, L, I)$$

---

① 孔祥毅．金融市场学概论［M］．北京：中国金融出版社，1994：154.
② 朱新蓉．金融概论［M］．北京：中国金融出版社，2002：48.
③ 朱新蓉．金融概论［M］．北京：中国金融出版社，2002：206.
④ 孔祥毅．金融市场学概论［M］．北京：中国金融出版社，1994：156.

随着商业贸易的继续扩大，国内外的商品贸易进一步繁荣，对金融工具的功能提出了更高的要求，必然要求有更加便利的满足其资金调拨结算的金融工具；同时，工业经济的发展迫切要求出现新的金融工具来进行规模较大的筹资。工业的发展离不开大量的资金，在工业经济与商业经济的"交叠期"，工业经济还停留在初期，资金准备自然成了工业经济的首要条件。在这种情况下，为扩大金融工具的功能，满足其商业贸易需要和筹资需要，旧式金融机构、新式的商业银行和地方的官钱银号发行兑换券和银钱票，这些兑换券和银钱票是由金融机构签发的，满足了商品市场的流通需求和商业结算汇兑支付业务；同时政府、工业企业和新式的商业银行开始发行新的金融筹资工具，即股票和债券。这些是 $F_1(E)$ 的理论说明。

同样，推动金融工具创新的除了自发产生的内部激励，还有外部环境支持因素，包括信用、技术、制度和机构，即 $F_2(C, T, L, I)$：

金融工具的创新必须有好的信用做保证，没有良好的信用，金融工具创新就不会有新的突破，这一时期信用的正反两面对金融工具创新形成截然不同的影响。这一时期，民间的钱票、庄票的信用状况比较好，因此在社会的认可度较高，流通性较强；而政府发行的金融工具每次出现市场混乱都是因为其信用的缺失。

技术支持是这个时期金融工具创新的"双刃剑"，票据交换技术对于票据间的清算有促进作用；而维持金融工具流通稳定的技术并不成熟，导致这一时期金融工具在市场流通的坎坷和困难；防范金融风险的技术水平更是落后，从而导致一些旧式金融机构经营的风险大大增加。

金融创新是一种制度改革，是与社会经济制度密切相关的和相互影响的制度改革。这一时期，国家对金融工具创新的监管制度经历了从监管的缺失到不断完善的过程。除了规范发行市场流通工具主体的规定，还规范了证券的监管，对证券市场发展提供了法律依据。

金融协调论认为，通过政府和相关组织机构的适当干预来实现社会资源的更科学配置，从而实现资源配置效应功能的提升①。这一时期，无论是政府机构、自律组织机构，还是同业金融机构，这些机构的支持使得流通工具、股票证券在一定程度上得到创新和发展。

4.2.4.3　创新机制

在工业经济与商业经济的时代交叠期，商品经济进一步繁荣发展，表现为国内经济贸易的进一步繁荣和对外经济开放程度的进一步提高，这种内在的动力 F_1 促进了金融工具功能的进一步完善，因此这一时期的民间发行的金融票据功能更加完善，流通范围更加广泛。商业结算票据不仅加速了商品的流通速度，而且还解决了工业企业的资金需求问题。这一时期中国民族工业化水平逐渐提高，自给自足的经济模式慢慢解体，客观要求股份经济的出现，股份制使得投资规模扩张，投资期限延长。随着洋务运动的开展，一些官办企业和官商合办工业相继出现，国内出现了投资办厂的热潮。于是出现了期限较长、融资规模较大的股票、债券等金融工具。而支持金融工具创新的支持因素 F_2 也在发挥作用，在信用、技术、制度和机构的支持下，有力地推动了金融工具的创新（如图 4－8 所示）。

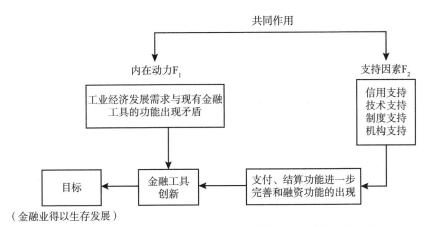

图 4－8　工业经济与商业经济的时代交叠期金融工具创新机制

---

① 孔祥毅. 百年金融制度变迁与金融协调［M］. 北京：中国社会科学出版社，2002：48.

金融协调论认为，金融在经济中扮演十分重要的角色，金融的发展与经济的进步紧密联系，金融创新的成功可以推动经济的迅速发展，反之，金融创新的失败不可避免要阻碍经济的发展。这一时期，中国处于商业经济向工业经济跨越的时期，一方面，企业所需要的资金规模逐渐扩大；另一方面，企业经营所面临的风险也越来越多，企业急需具有筹集资金、分割风险功能的金融工具出现，此时，股票、债券等在国外已经不是新鲜事物，华商企业仿照外资的做法，发行股票，满足了此时的资金需求和风险管理，对民族工业的发展有一定的促进作用。当然，由于中国此时处于特殊的历史时期，受外资因素的影响，股票、债券等金融工具的出现增加了证券市场的脆弱性，中国在短短几十年时间内爆发了数次金融危机，使得企业严重受损，经济发展受到影响。

这一时期股票和债券的出现使得金融工具新的功能产生，即融资功能。金融功能包括资源配置、管理风险、支付系统、财富的集中、提供财富和激励机制六种。而融资功能是财富的集中和提供财富功能的良好体现，股票的出现为公司储备资金和规范所有权提供了解决渠道，通过发行股票，使得公司的所有权可以用股权分割的办法得以实现。这一功能为公司扩大规模，实现大生产的分工合作提供了支持。

4.3 金融工具创新所需要的支持因素

4.3.1 信用支持是创新的基础

4.3.1.1 信用的理论

信用在经济生活中有双重作用，马克思认为，信用制度加速了生产力的发展和世界市场的形成，使二者发展到一定的高度，同时，也加速了危机的爆发①。一方面，信用对于经济发展进步有着重要的推动作用。信用使得资本在不同的部门之间通过竞争实现转移，实现资本的再分配，实现资本从利润低的部门向利润高的部门转移，利润率逐渐趋向平均化②；信用节约了流通费用和流通时间，用各种金融工具代替货币的交换，减少了流通中所需要的货币量，加速了商品的流通速度，大大节约了流通中的费用，缩短了商品流通过程所需要的时间，使得商品周转速度加快，从而节约了流通成本；信用促进了股份公司的产生和发展，随着工业经济时代的到来，企业所需要的资金规模日益扩大，小额资本已经无法满足大工厂和大企业的运作和需求。信用使得许多小额资本能够联合起来，为股份制的开展奠定了基础，把零散的资本联合到一起，资本量上的优势使股份公司拥有了大的生产规模和雄厚的资本实力；信用加速了资本集中，扩大了资本数量。信用为资本的集中和积累提供了多种途径和方式，成为扩大资本规模和数量的有力武器。

另一方面，信用又给经济的发展带来许多消极作用，导致危机的产生。信用增加了投资和交易中的风险，使得买和卖的行为相分离的时间拉长，给投机创造了机会③。由于买和卖的暂时分离，资本所有者可以利用这一机会，通过短期投资获得高额利润，这种短期投资在追求利益的过程中具有高风险性，买卖分离的时间越长，投机性的风险也就越大；信用加速了经济危机的发生，信用的扩张导致虚假需求的出现，如果依靠信用所取得的资本被大量用于投机，经济泡沫就会产生、变大，一旦破灭，就会出现债务链条的断裂，导致大量债权债务无法实现，从而引发经济危机；信用会导致资源配置的扭曲，信用的盲目扩大会导致过多的信贷，可能会用于套取更多的借贷资本，这些资本没有用于再生产，而进入了虚拟的泡沫经济，造成资源配置的失效。

信用是金融工具创新的基础，也是创新的永恒主题。金融工具的创新必

---

①③　马克思．资本论［M］．卷三，北京：人民出版社，1975：494.
②　马克思，恩格斯．马克思恩格斯全集（第 26 卷）［M］．北京：人民出版社，1975：576.

须有好的信用做保证。没有良好的信用，金融工具创新就不会有新的突破。这一时期信用对金融工具创新的正反两面形成截然不同的影响。

"今之会票，即古之交钞也。交钞之始，本以富民主之。其后富民不能偿，变为官钞，而其不能偿更甚于富民。至变为孤钞，钞废而后票兴。民之乐于用票也，以其有交钞之利，而无孤钞之害也。今以无银之钞，而易有银之票，百姓之不乐甚矣，民心之不顺甚矣。且天下事有不便于民者，则当易之。民便用票，何以易为"。[①] 从横向上说，人们在对同时存在的信用状况良好的"票"和信用状况不好的"钞"进行选择时，自然倾向于"票"，信用的好坏成为金融工具能否流通的重要标准；而从纵向来看，"钱庄之始也，出票以会银，银与票相准，无或失信后时。于是豪商大贾从而信之，竞取其票为轻赍之计，或遂以票相授受。既而钱庄出票日多，而所受豪商大贾之银，颇以事耗。银与票不相准，稍或失信后时矣。彼豪商大贾，苟尽持票责银，则彼有闭肆而逃耳。不得已，听其分期，听其展限，甚或存母取子，岁岁易票而谨藏之，至于终不能偿，而后为废票。此亦积欺与愚使然焉。有贫子焉，见钱庄之以票取豪商大贾之银而不复偿也，亦效钱庄之票以与豪商大贾取银，则不笑即唾矣。"[②] 在金融工具信用状况好的时候，流通快，人们使用也多；而在其信用状况变坏时，人们不愿意使用，流通自然不畅。

4.3.1.2 良好的信用是金融工具创新的主要推动力

这一时期，民间的钱票、庄票的信用状况比较好，因此在社会的认可度较高，流通性较强。"彼钱店开票，何尝尽见取钱。如四官钱店，现在开票放饷之数，可谓明证，似无庸虑。一则有钱许取，人亦安心候取。"[③] 由于信用良好，人们乐于用这些钱票交易。19 世纪 60 年代以后，庄票的使用在外国商人中得到普遍的认可，"任何一家本地钱庄庄票或其他合格票据，作为偿付保险费的手段。"[④] "接受期票支付货款，远比用卖了货的

---

①②③ （清）盛康辑. 皇朝经世文续编 [M]. 1897，卷六〇.
④ 张国辉. 晚清钱庄和票号研究 [M]. 北京：社会科学文献出版社，2007：61.

现款再来买货要销出更多的货物。"70 年代，上海钱庄"经常要承办为外商所持有的，以及在中国商人之间流通的期票，这种期票的数目，不论哪一年，都是极大的。"① 甚至外国银行还接受钱庄庄票作为抵押，向钱庄进行信用贷款②。可见钱庄的庄票的信用程度很高，外国人接受庄票，重在利用国内钱庄的信用。1853 年，上海怡和洋行经理戴尔斯（Dallas）在向香港总行报告鸦片走私的结算情况时，说道"有的兑帐，有的物物交换，也有给期票的。"③ 1858 年，"设在上海城区和租界地区的钱庄大约有 120 家。其中，资本力量雄厚的钱庄都以 10 天或 20 天的期票，……外国商人则接受大钱庄的期票，作为收取货价的凭证。"④ 50 年代末期，上海沙逊洋行在收购黄金时，经常使用当地大钱庄庄票支付金价⑤。"1862 年，上海公平洋行在生意广告中称，该洋行愿意接受任何一家本地钱庄庄票或其他合格票据，作为偿付手段。"⑥ 1869 年，"在镇江，支付进口洋货的主要方法是开出由上海钱庄付款的汇票；而商人则把铜钱或银锭运入苏州，从那里收购土产，到上海去变价付款。"⑦ 19 世纪六七十年代，外国银行开始接受钱庄庄票作为抵押，向钱庄提供贷款，即"拆款"业务⑧。这样一来，外国银行拿庄票充当支付手段，与商人成交，便利了贸易。同时也推动了外国商品向内地的贸易，这对于中国资本主义势力的扩大和打破旧有的经济基础，促进生产力的发展起到了巨大的作用。

1916 年之前，中国银行发行兑换券比较谨慎，发行量是依据市面的需要而发行的，其兑换券在市场的流通状况较好，社会认可度较高，为人们提供了交换的便利，属于信用货币。1916 年，中国银行和交通银行的钞票发生停兑风潮，上海地区浙江兴业银行董事长叶揆初迅速组织了

---

① 英国领事报告［Z］.1875～1876，上海：34.
②⑧ 张国辉. 晚清钱庄和票号研究［M］. 北京：社会科学文献出版社，2007：63.
③ 严中平. 怡和书简选［M］. 太平天国史译丛，第 1 辑，140.
④ 北华捷报［N］.1858 年 6 月 12 日 .182.
⑤ 北华捷报［N］.1858 年 6 月 12 日 .27.
⑥ 北华捷报［N］.1858 年 6 月 12 日 .34.
⑦ 英国领事报告［Z］.1869～1870，镇江，117.

中国银行股东联合会，为其维持兑现提供支持，上海地区的中国银行得以维持兑现。

4.3.1.3 失败的信用成为金融工具创新的阻力

这一时期，政府发行的金融工具每次出现市场混乱都是因为其信用的缺失。由于清政府没有信用，甲午战争后国家两次发行的内债和地方政府发行的内债都没有成功。也由于清政府发行的内债极度缺乏信用，其流动性极差，市面上对于清政府发行的内债缺乏需求。清政府发行内债"息借商款"的失败是由于其信用的缺失，实际民间对于公债发行的态度早就是怨恨和反对，因为清政府名义上是募集，实际上就是强行摊派，是各地方政府的变相捐输和对百姓财产的变相勒索。因此民间对于清政府的失信非常反感，因此其对内债券发行不出去。

这一时期，由于战乱频繁，投机现象严重，银行也在收缩银根，金融风潮频繁发生，股票市场出现过三次影响较大的信用危机。

第一次是1883年矿局股票投机。随着洋务工业和近代商办工业的积极开展，其经营的利润和派发的红利、官利激发了股民的投资热情，投资者甚至不关心公司的实际经营状况，而只在意买卖股票所得的收益。股市的火爆还吸引了商号和钱庄，他们不仅积极参与股票的投机活动，还以这些证券作为抵押而放款，仅钱庄本来用于维持资金周转需要的，而投入股市的货币量达到300万两白银，这样一来，股市已经存在严重的泡沫，钱庄自身也存在严重的脆弱性。1883年股市彻底崩溃，同时也摧毁了股份公司在投资者心目中的地位。

第二次是1910年"橡皮股票风潮"。这次风潮重创了中国的股市，不仅导致购买橡皮股票的华商破产，而且严重破坏了股份公司和募股活动在中国人心目中的形象，使中国股市再次跌入低谷。同时对经济发展也有伤害，近代中国第二次的工业化高潮失去了股市的支持，银行业出现了危机，受这次风潮牵连而倒闭的钱庄有20多家，坏账、挤兑现象频发，社会陷入恐慌，大批工商企业倒闭。

第三次是1921年的"信交风潮"。这次风潮又一次创伤了股市，民族股票再一次受到冷落，募集资金的活动第三次衰落。由于民族股票、债券的交易减少，证券市场的交易对象主要为公债，证券市场逐渐被财政化。证券市场对民族经济的融资作用再度脱节。

4.3.2　技术支持是金融工具创新的"双刃剑"

（1）技术支持的相关理论。

熊彼特认为，技术创新就是将生产要素的新的组合引入生产体系，建立新的生产函数，包括发明一种新产品、引入新的生产流程、开拓新市场、开拓原材料的新来源和新的管理技术（Joseph A. Schumpcter，1912）。也就是说，技术创新就是创新主体通过发明、引进新流程、改进技术和工艺，以新的生产方式投入生产，获得成功，既满足了市场，也为企业带来了效益。因此这一时期的技术支持表现在新的要素组合、生产体系、新的管理技术等方面。同时技术支持是一把"双刃剑"，先进的技术会促进金融工具创新，而技术的不成熟或者落后的技术则恰恰相反。

（2）票据交换技术的产生。

19 世纪后期，上海庄票之间清算创造了"公单制度"的清算方法。即每日下午 2 点，各钱庄汇总好其应收的庄票，送到出票的钱庄来换取"公单"，到了下午 4 点后，各钱庄聚集到"汇划总会"，相互核算，支出和收入相抵之后，剩下的整数部分由钱庄出票划账，零钱尾数用现金清偿，这样就避免了现金的搬运。除了钱庄与钱庄之间清算用"公单制度"，还接受银行委托清算，这是当时的票据交换技术。这一技术对于票据间的清算具有促进作用。

（3）维持金融工具在市场稳定流通的技术。

这一时期，维持金融工具在市场稳定流通的技术已经产生，但还不成熟。"1919 年，山西官钱局改组为省银行，开始发行纸币，称为晋钞。人民手中掌有的银元多被晋钞吸收。晋钞在山西境内广泛流通，形成独立的金融体系。……用以向外购买工业生产资料，增强军火生产能力。……这一时期山西商业及现代工业发展较快，金融业也相应地繁荣起来……"① 这是当时山西省银行发行晋钞，回笼其余货币技术的开端，这一技术一开始比较成功，而且促进了经济的发展。"省行代理省库，发行了晋钞，有一定比例的准备金，随时可以兑换银元。……绝大部分都是官钱局或票号出身的懂金融业务的人员。"② 这是运用准备金而发行货币的思路，"在去年间，晋南偏僻各县，尚有拒绝使用晋钞者，自前任财政厅长孟元文实行其一四比价（即每元钞洋只准换铜圆票四百枚，不准自由增减），及厉行取缔各县系商号所发私票之二大政策后，该行钞票乃普及全省各邑，所通行者，百分之九十以上悉为省钞。"③ "它的出世初期，每年发行量百万元，控制在库金之内，保证了货币的面值，与银元等价流通，随时可以兑换。它又以好携带、好交易、好保存受到人们的欢迎。20 世纪 20 年代的物价相对稳定，……晋钞利用了这一优势，其纸币不断向外发行，大量回笼民间银圆，为发展军工生产，筹积资金。"④ 可以看出，在维持金融工具在市场上比较稳定的流通，并且有步骤的取代其他金融工具上取得了一定的成绩。

但此时这一技术并不成熟，导致后来晋钞的失败。"一方面在账簿处理上，收了发行兑换券科目，付了总分行往来；一方面支了兑换券准备金科目，存在特别往来科目内的准备金户内。各分行处交回废券时，

---

① 太原市人民委员会办公厅. 巨变中的太原（财贸部分）[M]. 太原：山西人民出版社，1961. 转引自孔祥毅. 民国山西金融史料 [M]. 北京：中国金融出版社，2013：199.

② 山西文史资料 [M].//孔祥毅. 民国山西金融史料 [M]. 北京：中国金融出版社，2013：144.

③ 银行周报 [J]. 第十五卷第十号，民国二十年三月二十四日.//孔祥毅. 民国山西金融史料 [M]. 北京：中国金融出版社，2013：172.

④ 太原文史资料 [M].//孔祥毅. 民国山西金融史料 [M]. 北京：中国金融出版社，2013：200.

又用同上办法转回，这称是纸币回笼了。"① 说明运用准备金发行货币的技术还是没有充分发挥好。"这就为无限地滥发纸币开了绿灯，导致后来山西广大人民蒙受晋钞毛荒的灾难。当时社会上普遍流行这样两句话：'晋钞杀人不用刀，老的少的活不了。'"②"从省银行成立到民国十九年（1930）阎冯倒蒋战争失败。……10 年期间共发行 1 300 万元，平均每年 130 万元。从民国十八年起，为了给大规模的倒蒋战争做准备，不顾老百姓死活，肆意滥印滥发。当时七十多万军队的官饷，几乎全靠山西省银行的印钞机。至十九年十月底，纸币发行量猛增至一亿元。"③可见，发行货币技术的落后导致了最终晋钞的失败。

（4）防范和抵抗金融工具风险的技术。

防范和抵抗金融工具风险技术比较落后。中国贸易商的资金来源于钱庄，而钱庄间的资金周转还要依靠从外国银行借入。1897 年 11 月，上海发布禁令："近来各钱庄复有利空盘买卖，以致洋价日涨，每天拆息重至三元之多，而银拆亦因之加大。……查上海市面出入多用现银，商贾与钱庄通有无，拆息原不能禁止，而银洋皆系合作规银核算，是以向不准有洋拆名目……合亟出示谕禁。"④钱庄的复有利空盘交易使得洋价高涨，而钱庄给商人提供的现银做法，是政府所禁止的。说明当时缺乏使用资金和控制利息的技术。

"辛亥革命后，票号衰退，钱庄、银号兴起。……山西各地使用的银钱，计算单位极不统一，计算各异。……有的商号来往交易不兑现款，通过钱庄划拨，钱庄业务得到了发展，钱庄发行纸币（钱帖子）代

---

①　常紫书. 阎锡山垄断金融的核心——山西省银行 [M].//孔祥毅. 民国山西金融史料 [M]. 北京：中国金融出版社，2013：203.

②　山西文史资料 [M].//孔祥毅. 民国山西金融史料 [M]. 北京：中国金融出版社，2013：204.

③　山西省地方志编纂委员会编. 山西通志·金融志 [M]. 北京：中华书局出版，1991：73.

④　上海钱庄史料 [M].//滨下武志. 中国近代经济史研究——清末海关财政与通商口岸市场圈 [M]. 南京：江苏人民出版社，2006：171.

现款流通，因无限额，每家钱庄发出的钱帖子往往超过所有资本的几倍或十几倍。资本家看到有利可图，便纷纷独资或集资经营钱庄，于是晋省钱庄激增，在山西取代票号在金融业中独占优势。据政府农商部统计记载，山西 1912 年有钱庄 412 家，1913 年增至 526 家，1914 年增至591 家。……1919 年山西省银行成立，承办存贷款和国内汇兑业务，阎锡山政府以'统一币制'为由，废制钱改行银元，全省一律以银元为货币计算单位；……禁止商号、钱庄出钱帖子，纸币发行权完全由省银行垄断。这样使钱庄业务大为缩小，盈利锐减，山西钱庄纷纷倒闭，钱庄减至 345 家，较 1914 年减少 216 家，减少 38%。"[1] 说明钱庄在当时还没有稳定流通工具的技术和手段，其经营风险很大。

（5）证券交易技术。

此时的证券交易技术还不成熟。19 世纪后期，上海地区的华商股票交易市场缺乏专业的人才和技术。交易场所和交易时间的不固定、缺乏资金雄厚和有信用的证券经纪人以及交易秩序的混乱，使其基本上处于无组织、无固定交易场所和交易时间的状态[2]。这些都说明了当时证券交易技术的落后。

4.3.3　不断完善的制度支持

4.3.3.1　制度支持的相关理论

经济学制度学派的代表诺思（D. North）、戴维斯（L. E. Davies）、塞拉（R. Scylla）认为金融创新是一种制度改革，是与社会经济制度密切相关的和相互影响的制度改革。金融的任何制度改革都是金融创新，这些金融改革既有金融体系的，也有政府监管的，两者相互较量和对

---

[1]　许一友，王振华. 太原经济百年史 [M]. 太原：山西人民出版社，1994：68-71.
[2]　孙建华. 近代中国金融发展与制度变迁 [M]. 北京：中国财政经济出版社，2008：170.

抗，形成"管制——创新——再管制——再创新"的螺旋式循环模式。因此，在经济发展的"时代交叠期"，金融工具的创新离不开国家制度的支持。在工业经济与商业经济时代交叠期，国家对金融工具创新的监管制度经历了从监管的缺失到不断完善的过程。

4.3.3.2 针对市场流通工具的监管制度

（1）对发行市场流通工具主体的制度规定。

清末，中国社会存在的金融工具繁多，全国各地银号、钱庄、票号、账局等数不胜数，1897 年以来成立的新式银行也有许多，而这些金融机构各自分别都发行不同种类的金融工具，这些金融工具种类杂乱，甚至出现滥发流通工具而不兑现的情况，导致民间支付纠纷不断，严重影响社会稳定。同时，清末金融商号的经营投机性的增强导致其风险加大，1840～1911 年，中国在 71 年内发生了 11 次较大的金融危机[①]。而清政府没有对于金融工具的监管制度和法律，甚至没有金融业的准入制度。直到 1908 年，中国第一部管理金融业的法律制度《银行通行则例》15 条才被批准颁布，首次明确了金融监管的对象包括所有发行期票、汇票、银钱票等流通工具的机构，这虽然对于此后出现的监管制度打下了基础，但是《银行通行则例》对于发行钱票、银行券的主体限制并没有取得成功，本来清政府要实现"货币国家化"，即只有国家有发行货币的权力，但同时规定发行银钱票是商业银行的业务，随后，度支部命令清查银钱行号所发行的所有流通工具，逐渐收回其发行权力。1908 年 7月，又颁布了《通用银钱票暂行章程》，规定了五层管理措施，一是凡发行银钱票的金融业必须有 5 家股实的商号互保，承担赔偿责任，并且其发行数量要每月上报；二是新设的银钱号不准发行流通工具；三是发行流通工具的银钱业必须有 4/10 的现金准备；四是已发行的流通工具

---

① 孙建华. 近代中国金融发展与制度变迁［M］. 北京：中国财政经济出版社，2008：260.

在 5 年内全部收回;五是银钱行号必须接受检查①。可见当时清政府对于垄断货币发行权的决心。但是,清政府当时还不具备"货币国家化"的条件,其原因是信用问题。清政府如果想禁止各银钱行号发行流通工具,国家银行必须发行大量的有信用的兑换券,而这必须有雄厚的国家财政做后盾,但当时处于内忧外患的清政府显然不具备这一条件,其信用支持不够。

1915 年,北洋政府财政部公布《取缔纸币条例》,规定没有特殊条例,不得增发纸币,并由财政部定期限,将已发行的纸币收回,并规定了各省收回纸币的办法。但是效果不大,各地纸币仍然在发行,并不断增长,1920 年 6 月,又将此条例修正公布。

1921 年,北洋政府财政部草拟《银行公库兑换券条例》,计划各地银行联合组成公库,发行公库兑换券。1923 年,正式拟出。

1928 年,上海召开全国经济会议,认为"国币之铸发权,专属于国民政府",明确"地方银行不得自行发钞","其他一切银钱行号概不发行纸币",凡是由国家银行以外的银行发行的纸币,都要取缔。1929 年,财政部公布《兑换券印制及运送规则》,限制各银行发行兑换券,并拿江苏银行为例,撤销其发行权。后来又陆续通过《银行兑换券发行税法》和《银行运送钞币免检护照规则》作为《兑换券印制及运送规则》的补充说明。

同年还颁布了《银行注册章程》,严格取缔各地方钱庄和商号发行票券。随后又颁布《银行注册章程细则》,更加规范银行的注册管理。

1935 年 11 月,国民政府实行法币改革,统一以中央银行、中国银行、交通银行发行的纸币为法币,所有的公私款项收付,都以法币为限,不得使用现银。

(2)针对各省地方金融机构发行金融工具的管理制度。

①整顿地方各省纸币发行。

光绪二十二年(1896 年),清政府户部和刑部拟定《官银钱号舞弊

---

① 黄鉴晖. 山西票号史 [M]. 太原:山西经济出版社,2004:361 – 362.

处刑办法》，规定了钱票磨损破旧，换取新票的办法，以及官银钱号官员贪污舞弊及伪造纸币的处罚规定。

民国时期，地方各省银行滥发纸币的现象非常严重，从不考虑纸币发行的兑换准备，信用状况极差，从而引起其贬值非常严重，广东、四川、东三省的纸币曾跌至面额的 1/2 ～ 2/3，经济发展受到影响。1913 年，北洋政府公布了《各省官银钱行号监理官章程》，任命监理官监督地方银行，禁止他们增发货币。1914 年，政府开始整顿，先拨出一部分款项作为广东省的整理基金，用中国银行发行的兑换券全部收回广东的地方纸币，总共四千多万元。后来又整顿其余省份的地方纸币，并尝试在各省设立中国银行和交通银行兑换所，以便在全国流通中国银行和交通银行发行的兑换券。1915 年发布 "纸币取缔条例"，禁止各省发行纸币。1920 年，又公布 "修正纸币取缔条例" 十四条，对银行发行纸币的条件作了限制，对于不符合条件的，将发行的纸币全部收回，符合发行条件的继续发行纸币必须有六成现款做准备，剩下四成以政府发行的公债为保证准备。

②关于钞票领用办法的规定。

为规范钞票的发行，政府要求地方各银行向中国银行交一定的准备金（现金 70%，公债票 30%），通过订立合同，向中国银行领用钞票来代替地方银行发行，这样使得中国银行发行的钞票逐步在全国垄断。

（3）对民间发行流通工具的管理制度。

"今京师皆用钱帖，其馀各省往往而是。奸贾藉以牟利，甚者弃业而遁。远省厚赍，或为会票，酬以重息。" 可见清政府对这些金融工具所暴露出的缺陷和坏处已经意识到了，必须对其进行管理。

4.3.3.3　对于证券的监管制度

1894 年，清政府发行内债 "息借商款" 的失败原因之一是近代中国没有制定和颁布相关的法律制度，来保护商民的财产；没有相关的公债条例和现代政府财政预算制度。当时是权力大于法律，清政府的资金使用没有社会监督，更没有法律制约，所以其发行不可能取信于民。

1904 年 3 月，清政府颁布《钦定商律》，包括《商人通例》9 条和《公司律》131 条，是中国近代第一部商法典，迈出中国证券立法的第一步。尽管对于工业经济发展的法律意识已经具备，但工业制度并不完善。没有能力对工业经营和市场进行有效的管理，也是 1910 年橡皮股票风潮发生的一个原因。

1914 年，为鼓励民间投资工业经济，北洋政府颁布《公司条例》《公司保息条例》《公司注册规则》等规范公司投资和分配的法规，从而调动了投资的积极性，全国公司的投资总额从 1914 年 9 052 万银元增加到 1920 年的 25 279 万银圆。1912～1927 年新注册的公司达到 1 650 家，其中股份制占到 95% 以上①。

1914 年，北洋政府颁布《公司条例》，对公司的类别进行了规定，对股份有限公司作为近代中国公司制度的基本组织形式和发展方向进行确认，对公司债券的发行做了相应的规定，公司发行债券总数不能超过已经缴纳的股额数；债券票面金额不得低于 20 元；债券分为记名和无记名两种形式②。1914 年 12 月，北洋政府颁布《证券交易所法》，制定了证券市场相关的管理法规。1918 年以后设立的证券交易所都依据此法律，成立有自己的证券经纪人公会，公会受证券交易所制约，证券交易所的业务和职能都有了法律制度约束。可以看出，北洋时期，民族证券交易市场的自律管理有了更进一步的发展。

1914 年，制定了《公司保息条例》和《公司条例》，规范了股份公司的股票和债券的发行。同年，《公债条例》出台，设立了专门发行公债的机构——公债局。1915 年 5 月出台《证券交易所法施行细则》《证券交易所法附属规则》，进一步规范了证券交易所。此外，这一年各地方还通过了《北京证券交易所业务规则》《上海华商证券交易所业务规

---

① 孙建华. 近代中国金融发展与制度变迁［M］. 北京：中国财政经济出版社，2008：398.

② 王志华. 中国近代证券法［M］. 北京：北京大学出版社，2005：53.

则》《公司注册规则》；1921 年，颁布了《证券交易所课税条例》和
《交易所交易税条例》，对于证券交易的配套规则进行了规范；此外，
1925 年 8 月通过《北京警察厅取缔证券交易所办法》，规定了对于投机
过度的证券交易惩罚的办法，1926 年 9 月《交易所监理官条例》规定，
对每区的交易所派监理官一员，对交易所进行监管。这些证券市场的管
理制度对证券市场进行交易提供了法律依据。

4.3.4　机构的宏观管理支持

4.3.4.1　机构支持的相关理论

金融约束理论是斯蒂格利茨、赫尔曼等人提出来的，他们认为，对
于发展中国家和转型中的经济，有必要采取金融约束的政策。金融约束
的金融政策会诱使经营金融部门的主体进行一些金融活动，而这些金融
活动是在金融市场中相对不足的，但是有益于金融发展的活动[1]。由于
存在信息不完全和交易成本等原因，金融部门的经营失败普遍存在。要
解决这些问题，需要政府及相关组织去影响金融部门的私人的、追求利
润的动机，创造租金，诱使金融机构采取具有社会效益的做法，而这些
是在自由竞争市场上没有的行动。等私人市场开始采取行动，政府就退
出，从而使金融机构高效运转，避免政府行动中的无效性[2]。

4.3.4.2　政府机构

金融工具的创新并不完全是根据经济发展需要而被动进行的，适合
经济发展的金融工具并不是完全自动生成的，有效的政府干预成为金融
工具创新重要的推动力量。

---

① ［荷］尼尔斯·赫米斯，罗伯特·伦辛克. 金融发展与经济增长［M］. 北京：经济科
学出版社，2001：39.
② 孔祥毅. 百年金融制度变迁与金融协调［M］. 北京：中国社会科学出版社，2002：
422.

19 世纪 60 年代开始，清政府的洋务派对金融工具的创新起到了引导和推动作用。第一家民族股份公司——山东中兴煤矿公司的成立，第一张民族股票——枣庄中兴公司股票的发行，第一家民族保险公司——仁济和水火险公司的成立，第一家商办银行——中国通商银行的出现，都是在洋务运动的倡议下组建的。1908 年通过的《银行通行则例》中明确了对金融业的监管机构为度支部。

清后期的中俄贸易中，山西商人曾经对俄商赊销商品，后来俄商赖账，山西十余家商号①联合起来请示让清政府出面与俄交涉，最终追回五家俄商所欠的货款六十二万多两银。

平息"京钞风潮"。1916 年，袁世凯为恢复帝制，筹备资金，花费两千多万元，国库空虚，加上讨袁战争爆发，北京政府动用了中国银行和交通银行的现金准备。这影响了兑换能力，引起了"京钞风潮"，中交两行发行的兑换券得不到人们信任，人们开始挤兑，两行只好停止兑现。然而停兑以后，北洋财政以为不兑现便可以任意增发，于是两行的兑换券更加膨胀，这样使得本来已经失去信用的兑换券发生贬值，物价通胀。面临如此残局，中行和北洋政府及时整顿，1917 年 11 月，通过增加商股，收回兑换券三百四十多万元，加上北洋政府在 1918 年发行公债，收回兑换券四千多万元。1920 年，北洋政府又通过发行金融债券，以现洋按照票面的七折支付中国银行，从而使流通的兑换券全部收回。交通银行也以同样的办法来收回兑换券，随后两行的信用逐渐恢复，发行的兑换又开始流通，到 1930 年，中国银行发行的纸币近两亿元，交通银行发行的纸币为八千多万元，占全国纸币总额的 2/3，这为全国纸币的统一奠定了基础②。

4.3.4.3　自律组织机构

（1）对市场流通金融工具管理的自律组织机构。

---

① 包括大泉玉、大升玉、独慎玉、大珍玉、兴泰隆、祥发永、碧光发、公和盛、万庆泰、公和浚、复源德、广全泰、锦泰亨、永玉亨、天和兴等。
② 石毓符. 中国货币金融史略［M］. 天津：天津人民出版社，1984：227.

1863 年，上海钱业同行公议规定："钱业不入同行，庄票概不收用。"① 可以看出上海钱业同行这一机构对于金融工具流通秩序的稳定所起的作用。"各行商收使银钱，必须有钱行为之过账，否则无从周转，……钱行操纵其间，固有鱼肉各商之弊，而缓急可资，亦大有辅翼各商之利。……其利害盖参其半焉。"② 可见钱行在维持市场流通秩序，使得金融工具得以有效发挥其流通作用。

光绪初年，山西省黎城县衙对"钱行"有一个布告，当时粮食和银价格的估计没有统一的标准，老百姓不满意，告到了县衙里，从此依据"钱行"的估价来核算，同时也规定"钱行"必须将"市估"的具体日期报告给县衙，以便县衙了解其市场行情。县衙要求"钱行"必须按时呈报，不能延误，也不能造假，若不按规定，立即查处③。可见，当时"钱行"的估价已经能反映市场经济的水平，反映市场行情，并且成为政府了解市场行情的参照。"钱行"组织机构对于稳定当时的市场流通秩序所发挥的作用不容忽视。

19 世纪后期，上海庄票之间清算创造了一种"公单制度"。每天下午 2 点，各钱庄汇总其应收的庄票，送到出票的钱庄换取"公单"，到了下午 4 点后，各钱庄聚集"汇划总会"，相互核算，支出和收入相抵，剩下的整数部分由钱庄出票划账，零钱尾数用现金清偿，这样就避免了现金的搬运。除了钱庄与钱庄之间清算用"公单制度"，还接受银行委托清算，这是当时的票据交换制度。维持这一票据交换制度的重要力量也是钱业同行自律组织机构。汇划（汇票）总会于 1890 年设立，这一机构的成立使得一定金额的汇票能相互发行相互清算，相当于汇票交换所，这一机构主要以钱庄活动为主，在相互清算之外，也接受非会员钱

---

① 北华捷报 [N].1863 年 3 月 7 日 .//张国辉 . 晚清钱庄和票号研究 [M]. 北京：社会科学文献出版社，2007：59.

② 绥远通志稿 [M]. 卷四八，民国年间抄本 .//孔祥毅 . 金融票号史论 [M]. 北京：中国金融出版社，2003：136.

③ 田秋平 . 天下潞商 [M]. 太原：山西出版集团，三晋出版社，2009.

庄的代理和外国银行的委托①。

（2）对证券交易的金融工具进行管理的自律组织机构。

在工业经济与商业经济交叠期，对证券业的监管经历了从"无组织"阶段到"会所"阶段，再到"交易所"阶段的逐步演进。

清末，华商股票交易处于一种无组织的状态，证券市场交易缺乏组织和管理机构，因此交易秩序比较混乱，股份公司也没有纳入法制化管理的轨道，在1882年虽然有华商上海平准股票公司成立，但是只是少数交易商，而且仅仅一年之后该公司就倒闭了；随后也有外商上海股份公所成立，但是仅仅限于外商公司股票的交易；1908年上海商人自发开设"公平易公司"和"信通公司"专营证券交易业务，但是既没有专业的证券经纪人和证券经济业务，也没有统一的股票价格，这一时期证券交易完全是自发形成，针对华商的股票交易市场还没有组织机构。这种处于既没有组织机构，又没有政府监管的状态造成市场的脆弱性，爆发了1910年的橡皮股票投机风潮。随着股票、债券的大量发行和证券市场的兴旺，逐渐产生了专业化的证券服务机构。1914年，经北洋政府批准，上海股票商业公会成立，中国首个证券交易商组织产生，华商股票交易发展到有组织的时代，这是中国人自己成立的第一个证券交易商组织，公会内设股票交易市场，会员13家，订立有证券交易规章，固定了交易时间、地点。此时证券市场虽然进入有组织的"会所"阶段，但会员都是自愿加入，其活动组织也没有法律作为基础。

1918年，我国首家民族证券交易所——北京证券交易所成立，资本金20万元，经纪人60人，设立固定交易时间，交易对象有股票、政府公债、各银行发行的钞票。到1918年11月，北京证券交易所已经成交2 100多万元，手续费收入为1.4万元②。随后，1919年4月哈尔滨证券交易所

---

① 中国人民银行上海市分行. 上海钱庄史料 ［M］. 上海：上海人民出版社，53.
② 孙建华. 近代中国金融发展与制度变迁 ［M］. 北京：中国财政经济出版社，2008：418.

成立；1920 年 6 月，上海证券物品交易所成立；1921 年 2 月，天津证券花纱粮食皮毛交易所成立；1921 年 5 月 20 日，原上海股票商业公会重组为上海的第二家证券交易所。这些证券交易所采取的都是公司组织形式，资本数量和交易规模都超过了"会所"阶段的"上海股票商业公会"。这样，中国的民族证券市场进入了有固定交易时间、地点的比较规范的"交易所"阶段。

作为证券市场的自律组织——证券交易所的成立和不断完善，促进了证券市场的规范交易，同时也促进了民族工业的发展，1912～1921年，登记注册的华商公司从 14 家增加到 184 家，这些公司股票在证券交易所上市，大大便利了民族工商业募集资金的需求。表 4－9 是华商公司募集资金的情况：说明当时（信交风潮爆发之前）证券市场和产业经济发展是比较繁荣的。

表 4－9　　　　1818～1821 年新设华商公司数量及股本情况

年份	新设的华商股份公司数量	募集的股本总额（元）
1918	96	33 390 500
1919	133	70 659 469
1920	134	78 929 261
1921	157	95 801 933

资料来源：孙建华. 近代中国金融发展与制度变迁. 北京：中国财政经济出版社，2008：420.

4.3.4.4　同业金融机构

19 世纪 60 年代以来，上海钱庄使用签发的庄票提供外商信用工具，支持了对外贸易的进一步扩大，而钱庄的资金实力并不强大，要靠票号给予其信用支持，即票号贷款给钱庄，80 年代，在厦门，票号将资金以较低的利率贷给有业务往来的钱庄，同时也贷给普通的商店，但对钱庄的支持力度最大[①]。从这个角度来看，票号是当时钱庄庄票发行的有力

---

① 张国辉. 晚清钱庄和票号研究［M］. 北京：社会科学文献出版社，2007：110.

支持机构。

1894 年清政府发行内债"息借商款"的失败原因之一是缺乏发达的金融机构体系。当时中国的金融机构体系正处于青黄不接时期，旧式的钱庄、票号等机构已处于没落阶段，而新式的民族银行和国家银行是1897 年、1905 年才建立的，所以当时缺乏金融机构为政府的债券承销和包销，以致公债发行的市场机制没有形成，导致了发行失败。

4.4 小 结

清末洋务运动的开始标志着我国从商业经济时代向工业经济时代过渡，在工业经济与商业经济的时代交叠期，商业经济仍然占主体，表现为国内经济贸易的进一步繁荣和对外经济开放程度的进一步提高，因此这一时期民间发行的金融票据功能更加完善，流通范围更加广泛。商业结算票据不仅加速了商品的流通速度，而且还解决了工业企业的资金需求问题。同时中国民族工业化水平逐渐提高，自给自足的经济模式慢慢解体，股份经济开始出现，投资规模扩张，投资期限延长。随着洋务运动的开展，一些官办企业和官商合办工业相继出现，国内出现了投资办厂的热潮。于是出现了期限较长、融资规模较大的股票、债券等金融工具。金融工具的创新使得资金规模、期限的问题得到了解决，推动了新的经济时代——工业经济时代的到来。

这一时期金融工具创新首先表现为流通领域的金融工具和商业结算金融票据数量及种类的增加，产生了国家银行发行的兑换券，民间金融工具流通的范围和数量继续扩张，商业结算金融票据的流通也更加频繁，推动了商品经济的日益繁荣。其次是新式筹集资金的金融工具债券、股票的出现迎合了工业经济发展中所需要的资金规模大、数量多的特点，发挥了其融资功能。由于特殊的历史环境，在这一时期，中国处于社会变革和动荡时期，金融工具创新的主体有很大一部分是国家推动的，这在特殊的时期有特殊的意义，推动了当时工业经济的进步。

通过对这一时期金融工具创新的深层剖析，我们发现：

（1）信用仍然是这一时期金融工具创新的基础，人们之所以愿意选择民间的银钱票是因为其信用良好，能得到兑现；庄票在商品交易中之所以受到青睐，甚至得到外国商人的认可，是因为其良好的信用，能实现兑现。清政府在国家危难之际发行债券以筹备资金，但这种惯用的摊派和变相勒索方法早已失信于民间，导致其发行的失败。股票市场上出现的三次较大的信用危机都使当时股市遭受重创。

（2）这一时期，技术对金融工具创新的推动作用只出现在个别领域，更多的是技术的相对落后与不成熟，也相对阻碍金融工具的创新。维持稳定纸币流通技术的不成熟导致了晋钞的失败；防范金融风险技术的落后导致钱庄由兴盛转向纷纷倒闭；证券技术的缺乏导致其最终的失败。

（3）这一时期，无论是对市场流通的金融工具还是对于证券的监管制度出台的有很多，但是由于处于特殊的时代，真正落实的很少，因此即使制度很多，如果没有信用做保证，对金融工具的创新将毫无意义。

（4）这一时期，金融工具创新的机构支持包括政府机构、自律组织机构和同业金融机构，在这些机构的支持下，流通工具、金融证券在一定程度上得到了创新和发展。

第 **5** 章

信息化经济与工业经济
交叠期金融工具创新

从 20 世纪后半时期开始，社会开始步入信息化经济时代，信息经济对当今社会的影响超越了以往任何一种经济时代，人们对信息的依赖程度也超越以往任何一种经济时代，信息经济给世界带来了深刻的变革，引领着社会的进步和经济的发展，全世界的经济发展和社会变化日益依托于信息资源、信息技术和信息产业。信息经济时代的特征包括创新性、网络型及技术性等方面。当前，我们正处于信息化经济与工业经济的时代交叠期。迄今为止，最引人注目的是互联网的加入，可以说互联网信息技术席卷全球，"互联网＋"时代是信息经济时代的一种表现，互联网与不同行业融合，成为一种巨大的信息能源，给传统行业发展带来了冲击。面临信息化时代的浪潮，不同行业对其业务进行了重新梳理。

5.1 金融工具创新的经济背景分析

5.1.1 网络电子商务的兴起

伴随着全球化经济的发展和信息化技术的日新月异，电子商务异军突起。短短的几年里，电子商务运用互联网技术开展各种商务活动风靡全球，电子商务由此被称为人类历史上的"第三次伟大的产业革命"。①

在我国，中国银联、证券交易所、大银行等金融机构是发展最早的、规模较大的网络电子商务公司。这些大型的金融机构率先在互联网上实现了自己产品的销售和业务办理，即最早的互联网金融。短短的 20 年时间，中国电子商务的发展朝三个趋势发展，一是电子商务发展的规模越来越大，二是电子商务的数量越来越多，三是电子商务的功能越来越多元化。

5.1.1.1 电子商务发展的规模越来越大

从 20 世纪 90 年代开始，电子商务将互联网技术带入商业领域，到 21 世纪初期，阿里、京东、当当、苏宁等电子商务网站迅速发展；从 1994 年中国首届"电子商务国际论坛"在北京召开，"电子商务"的概念从此进入到中国，腾讯、新浪、网易等网站的相继建立，到 2013 年，支付宝的支付金额超过 20 000 亿元，第三方支付金额超过银联和网银的支付总量，其规模占到市场份额的 80%，再到 2015 年 12 月，由全球 120 多个国家和 20 多个国际组织参加的第二届世界互联网大会——乌镇峰会；从最初的第三方支付平台建立，到大型的电子商务平台发展起来的网络借贷业务，再到网络理财、网络证券和网络保险的不断发展，互联网电子商务模式显示出其巨大的生命力。

5.1.1.2 电子商务的数量越来越多

电子商务的概念从 1994 年第一次进入中国以来，便以一种势不可挡的潮流和趋势迅速发展起来。尤其是最近十多年的时间，人们对互联网更是有了比较深刻的印象，我国互联网的上网人数从 2005 年的 11 100 万人，上涨到 2014 年 64 875 万人，增长了将近 6 倍；网站数量从 2005 年的 69.4 万个，增加到 2014 年 335 万个，翻了 5 倍；2013 年，电子商务的交易额达到 10.2 万亿元，增长接近 30%，网购客户超过 3 亿多人②。

---

① 郑淑蓉．中国电子商务 20 年演进［J］．商业经济与管理，2013（11）：5.
② 商务部．中国电子商务报告 2014.//中国统计年鉴 2014［M］．中国统计出版社，2014.

2004 年以来，伴随着马云"网商"概念的提出，运用电子商务模式从事商业活动的个人和企业的数量与日俱增，在互联网电子商务模式中，网商与消费者合作共赢，共同发展，带来价值增值，通过资源的整合，能力得到提升，进而核心竞争力进一步提升。由电子商务催生的快递服务发展壮大，快递服务业务量迅猛发展，快递营业网点的数量从 2005 年 65 900 个增加到 2014 年 137 600 个，网商的交易手段、交易方式、支付手段和支付方式越来越显示出其强大的竞争优势，逐渐成为社会交易方式和支付方式的主流。

5.1.1.3　电子商务的功能越来越多元化

电子商务经过初期的完善和发展，随着新生网站平台的崛起，其功能正在向许多行业延伸拓展，涉及的行业和领域非常广泛，有农业、工业、商业、金融、交通运输、旅游等，与实体经济领域有更多的联系和发展，许多大企业和集团的销售活动越来越多的采用电子商务模式。2014 年，使用电子商务的中小企业用户规模已经超过 1 950 万个[1]，移动电子商务、跨境电子商务成为企业销售的主要模式。2010 年以来，网上交易额迅速增长，2012 年 11 月 11 日，淘宝网上通过支付宝完成的交易达到 191 亿元；2013 年 11 月 11 日，达到 350.19 亿元，成交量大大超过节假日北京西单销售额。2014 年 11 月 11 日，淘宝达到 571 亿元交易额；2015 年 11 月 11 日，阿里竟然高达 912.17 亿元交易额[2]，四年内增长了 378%。电子商务在推动消费的同时，优化了消费结构。2014 年，中国电子商务交易规模达到 5.8 万亿元[3]，网络零售市场交易额达到 27 861 亿元，同比增长 43.9%，网络零售市场占到社会消费品总额的 8.7%，同比增长 27.9%[4]。而电子商务在社交、聊天、通信、搜索、游戏等应用形式中出现了以第三方为平台的支付体系，形成了多元化的

---

①③④　中国电子商务研究中心.2014 全国电子商务市场数据监测报告 ［EB/OL］2014 - 03 - 10，/www.100ec.cn/zt/2014bndbg/.

②　天极网.2015 年双 11 阿里交易额 ［EB/OL］2016 - 03 - 10，http：//news.yesky.com/94/98655094.shtml.

新格局。电子商务的专业服务支撑体系已经初步形成，如表 5 - 1 所示，互联网电子商务已经和人们的日常生活息息相关，互联网这一多元化的格局大大改变了行业的运作模式和人类的工作生活模式。

表 5 - 1　　　　　　　　　　中国互联网电子商务规模

	2005 年	2008 年	2010 年	2012 年	2013 年	2014 年
互联网普及率（%）	8.5	22.6	34.3	42.1	45.8	47.9
网站数（万个）	69.4	287.8	190.8	268.07	320.16	335
互联网上网人数（万人）	11 100	29 800	45 730	56 400	61 758	64 875
电子商务交易额（万亿元）	0.74	3.1	4.5	7.85	10.2	16.39
第三方支付行业交易规模（万亿元）	0.16	2.8	5.1	12.4	17.2	23.3
快递营业网点数量（个）	65 900	69 100	75 700	95 600	125 115	137 600

资料来源：商务部，中国电子商务报告 2014 ［M］. 中国商务出版社，2014.

5.1.2　产生新的金融需求

随着经济金融化和金融市场化的发展，互联网的崛起和电子商务的日新月异，金融脱媒的趋势越来越明显，这为金融业的发展带来新的需求和新的机会。以电子商务为平台而发展起来的第三方支付体系由于其支付方式比传统的支付方式更具便捷性而快速发展起来，新兴的网上支付、移动支付形式越来越多，规模也日益壮大，将信息经济时代的先进技术与现代金融业紧密结合起来形成了"互联网金融"的新模式。自从被称为"互联网金融元年"的 2013 年开启了互联网金融模式以来，短短几年，互联网已经渗透到金融的各个领域。

5.1.2.1　互联网金融的快速成长

巨大的融资需求和投资回报期望促进了互联网金融业务的飞快发展，2013 年 6 月，阿里和天弘基金"余额宝"上线，到 2013 年底，短短 5 个月时间，其资金规模已经超过 1 000 亿元；2013 年 9 月，通过 P2P 网贷模式成交的金额达到 1 000 多亿元，2014 年末，P2P 网贷平台数量为 2 000 多家，而到 2015 年 8 月 31 日，P2P 网贷平台数量达到 4 100 多家，遍布全国，成交量达到 7 000 亿元①，而这一数据只是来自第三方机构监测到的公开的数据，实际上这只是 P2P 业务量的一部分，许多在线下的 P2P 成交量是没有被监测到的，并且线下的交易量比线上的交易量还多，P2P 已经成为老百姓理财的重要模式；2013 年 12 月，腾讯为广发基金、华夏基金等提供微信理财平台，各基金公司先后完成与财付通的对接，全社会见证了 2013 年互联网金融飞速发展的一年，认识到了互联网的"普惠金融"特点。

5.1.2.2 激发传统的金融行业进行创新

面对互联网金融的兴起，传统金融业开始认识到在互联网模式下，自身大数据的不足，越来越感觉到自己的利益正在被新兴的互联网金融侵蚀和占领，开始积极寻求合作，积极开通网上业务，降低贷款和理财门槛，拓展自己的业务，2012 年，中国保险业在电子商务市场的保费收入达 39.6 亿元，增长 124%；2013 年 1 月，中信银行与财付通战略合作，开展资金结算、资金融通、资金结算、理财等业务；2013 年 2 月，华创证券开通网上商城，以此增加客户量；2013 年 3 月，浦发银行借助电子平台全面布置电子金融业务，随后，中信银行、招商银行、光大银行、工商银行先后开通互联网营销金融服务平台，开展线上贷款、线上融资、线上理财等业务，证券公司、保险公司也先后开通网上开户通道业务。12 月，中国人寿电子商务公司开业，开始在互联网金融进行战略布局。在 2013 年 11 月 11 日的购物节，天猫旗舰店当天成交 5.26 亿元，同时，人寿、e 理财 8 小时的销售理财额达到 1 亿元；2013 年以来，许多商业银行为了留住客户开始推出电子商务平台，包括 B2B，B2C 业务，2014 年 1

---

① 刘勇. 大数据对互联网金融风险控制意义重大 ［EB/OL］2015－09－29，mp. weix-in. qq. com.

月，中国工商银行推出"融 e 购"电子商务平台。

5.1.3 适应新需求的机构和业务

金融协调论认为，随着生产力的发展和人们生活水平的提高，无论是企业、个人还是社会，财富积累达到了一定的水平，收入随之增加，对资产的保值和增值提出了更高的要求。而信息经济时代的互联网金融在为企业提供筹资平台的同时也迎合了人们的投资需求。

5.1.3.1 电子商务第三方支付业务的出现和迅速发展

以电子商务第三方支付为平台发展起来的电商利于信息技术与金融相结合的方法，将其业务拓展和延伸到金融领域，出现了电商金融化的趋势，并依托互联网技术，构建了新模式的金融机构和金融业务，并不断进行金融创新，在互联网金融的新模式下，已经取得长足的发展，这些第三方支付、网络理财、网络贷款等新的金融机构和业务以其独特的方式对传统的金融业提出了挑战，使其面临着改造和变革。

以阿里巴巴为代表的互联网金融发展最为迅速，从 2004 年正式推出"支付宝"第三方支付平台以来，以其快捷的支付方式和更便利的服务迎合了众多消费者的青睐，随后又开通了不需要开通网上银行便可以完成的快捷支付和手机支付方式，10 多年来，阿里金融的发展印证了马云在 2008 年金融危机时说的那句话，"如果银行不改变，那我们就改变银行"。如今，阿里小微金融服务集团已将大数据与云计算结合起来，根据订单金额和店面的经营状况，采用无须抵押和担保提供信用贷款的P2P 模式，2011 ~ 2014 年，阿里小微金融公司已经累计发放贷款 2 000亿元①。2013 年 8 月份，阿里小微金融公司又成功推出了"余额宝"业务，开始了互联网金融理财的新纪元，随即各电商、企业、传统银行的

---

① TechWeb 官方微博. 阿里小贷当前规模 150 亿，累计贷款超 2 000 亿［EB/OL］2016 -03 - 10，http：//www. techweb. com. cn/internet/2014 - 10 - 28/2089927. shtml.

"宝宝"类理财产品相继推出。开通"余额宝"账户的用户在 2015 年 6 月份已经达到 2.26 亿户，规模达到 6 133.81 亿元[①]。

各大电商纷纷模仿阿里巴巴这种互联网金融模式，在开启网络交易模式之后，使用第三方支付，使用大数据和云计算纷纷引进网贷业务、理财业务。第三方支付机构的数量达到 270 家，发生支付交易额为 24.2 万亿元[②]。将线上金融与线下交易有效地结合起来，使得网络经济和实体经济共同发展。

5.1.3.2 微众、网络银行的出现

到 2014 年 9 月，银监会已经通过了五家民营银行试点，2015 年 1 月，前海微众银行开业；2015 年 6 月 25 日，浙江网商银行正式成立。民营银行的发展十分迅速，网上银行的营业方式完全颠覆传统的商业银行，表现在：

（1）客户的黏性超越传统银行。以深圳前海微众银行的主要股东腾讯公司为例，从其成立开始就有 QQ 用户的资源优势，拥有 8.48 亿的客户，并且通过微信支付平台，其客户量拥有广泛的市场空间。

（2）营业场所不同。互联网金融没有营业网点，主要通过 QQ、微信、阿里支付宝等线上平台实现线下的交易，来完成金融服务。马云开设的网商银行被称为是开在"云"上的银行，没有网点和营业所，却可以将金融服务覆盖全国；没有信贷员，却可以通过网上交易和支付平台获取众多客户。

（3）评定信用方法不同。对于网上银行来说，客户贷款无须财产担保，而是银行通过互联网技术的"大数据"来评定信用等级，以此为依据，由机器来给客户发放贷款。

（4）贷款速度不同。传统银行申请贷款到贷款发放至少需要 5～10

---

① 融360 原创，2015 年二季度余额宝规模 6 133 亿元　萎缩 13.82%［EB/OL］2016 - 03 - 10，http：//www.rong360.com/gl/2015/07/01/73632.html.

② 杨小波. 城市商业银行互联网金融平台构建研究［D］.山西财经大学博士学位论文，2014：24.

个工作日，而网上银行贷款的速度要明显快于传统银行。微众银行成立以来所推出的"微粒贷"一个月的贷款额度已经超过 5 亿元，用户只需要点开手机 QQ 的"微粒贷"平台，选择金额、身份证号、银行卡号等信息，根据自己的可贷金额，获得审批后即可得到贷款，从申请到入账最快 45 秒就可以完成①。

（5）贷款主体不同。传统银行的客户主要以大企业为主，而网上银行则以个人和小微企业为主。

5.1.3.3　新兴的互联网金融业务倒逼传统银行业进行新的互联网金融业务试水

互联网金融形势下，大量资金的"脱媒"现象②引发了传统金融业的金融工具创新，由于传统金融机构面临客户、资金的流失和业务减少的危机，为了阻止这一趋势，开始进行一系列的金融工具创新。

面对互联网金融的快速发展，传统银行如坐针毡，高喊"狼来了"的同时，奋力起来竞争，国外的各大银行都在抢食 P2P 市场。目前在我国，多家银行已经开始进军 P2P 网贷市场，包括招商银行、民生银行、中国银行、中国农业银行、广发银行等银行巨头，对于传统商业银行来说，积极地寻找与互联网金融合作的路径也是实现自身转型的需要，传统商业银行主要依靠"存贷差"的收入早就受到挑战，借机实现自身的跨越也是必然选择。况且，在实现转型时，传统银行还具备某些优势，比如在进军 P2P 网贷市场中，传统银行业在评估贷款人、金融营销、发放贷款、贷后管理等方面十分完备，而这些是构成 P2P 网贷的基本要素，因此传统银行在进军 P2P 网贷上具备优势。P2P 网贷将吸收来的资金，直接经过匹配贷出去，比传统银行完成贷款的成本低，因此，传统银行可以比较容易地进入 P2P 网贷市场。

---

① 互联网金融网. 银行行长纷纷离职，为什么都去了这里［EB/OL］2015 - 09 - 30，www.aiweibang.com/yuedu/39109014.html.

② 是指投资者为了追求互联网金融下收益更高的理财模式，纷纷将资金从传统的银行、证券公司撤出，而纷纷转向互联网金融的投资。

5.2 信息化经济时代的金融工具创新

5.2.1 金融工具创新的表现

5.2.1.1 P2P借贷

（1）选取依据。

信息化经济与工业经济的时代交叠期对于金融工具提出了更新的要求，不依赖于银行等金融机构的个人对个人的无抵押、无担保借贷模式在过去看来是一种很危险的事情，似乎是不可能完成的任务，而互联网技术的快速发展和普及，社会网络技术的兴起，使得这种不可能变成了事实。借助社会网络平台，积少成多，网络线上贷款的需求日益扩大，互联网金融企业为适应这种信息经济的快速性和高效性，将传统借贷与互联网技术结合起来，迅速创造出新的金融工具贷款模式。继英国和美国的网络借贷平台成功实施后，我国在2007年首次引进拍拍贷的贷款模式，随后P2P的贷款模式对其进行了修正，2012年之后，P2P的贷款模式迅速发展，在传统的金融机构体系下，贷款业务主要发生在商业银行，而且需要通过信用评估或者抵押、质押、保证来取得贷款，这对于那些规模小、势力不强的小企业或者个人来说，无法提供抵押、担保，其信用等级也不能满足传统商业银行所需要达到的信用标准，因此这些小企业和个人无法从传统的商业银行取得贷款。而P2P的出现则打破了这种局限和偏见，依靠互联网络凝聚起来的强大力量，满足了小企业和个人的贷款需求。P2P借贷这种新型创新的金融工具较传统的金融工具具有以下优点：一是降低交易成本，节约交易时间，借款人可以更快更便捷地完成借贷业务；二是小额投资、分散投资的投资模式降低了投资风险；三是拓宽了投资渠道，使社会闲散资金得到有效地使用；四是通过 P2P 借贷平台，使得陌生人与陌生人之间的借贷成为可能，实现了资金的有效配置。总之，P2P 借贷的出现，既是协调经济发展的需要，也深化和拓展了金融的功能。

（2）P2P 借贷创新表现。

自从 2007 年 P2P 借贷市场在进入中国后，短短几年的时间，其发展的速度和规模令人惊叹，其创新的速度非常迅速。P2P 借贷模式是将众多小额资金聚集起来，通过网络平台把资金借贷给需求者的借贷模式，在资金的需求者和供给者之间进行资源的重新配置，在满足小额贷款需求和提高社会闲散资金使用效率上比传统金融机构信贷模式更有效。

借款人和贷款人通过第三方的网络平台作为中介而完成贷款的新的投融资模式，这一平台为双方建立了信息交流的场所，并且随着网络技术的发展，获取信息的成本变低，再加上大数据技术的分析，一定程度上解决了传统借贷模式下信息不对称的问题。借款人（企业或个人）在第三方中介平台上提出申请，然后投资人（通常是个人）也通过第三方中介平台进行投标，将个体的、分散的、小额的资金积累起来投资给资金的需求方，整个借贷过程完全通过网络平台完成，这个第三方的网络平台对借款人的了解主要通过其在互联网的交易记录信息和数据，从而决定其贷款的额度、利率、期限等，而无须借款人提供抵押，第三方网络平台再将这些信息传递给投资者，并收取一定的中介费用。P2P 贷款在中国已经发展产生出多种模式，有担保模式，即由担保机构保证投资人资金的安全性；有众筹模式，依靠网络传播，得到广大投资者的认可，从而筹集到公众的资金；有线上与线下结合的综合交易模式等。这些借贷模式是基于互联网技术的迅速发展而产生的，其收益率高于传统的投资回报，参与的"门槛"较低，即使是额度较小的投资人，也可以在 P2P 借贷平台找到合适的投资产品；而对于资金需求者来说，相对传统金融机构更容易取得贷款。并且投资期限非常灵活，投资次数一般没有限制，成为众多的投资者热衷的投资对象。

5.2.1.2 电子商务

（1）选取理论依据。

信息经济时代的到来和互联网技术的不断发展，社会经济的各个领域都发生了深刻的变化。可以说互联网信息技术席卷全球，"互联网＋"时代是信息经济时代的一种表现，互联网与不同行业融合，成为一种巨大的信息能源，更加开放、平等、协作、分享的互联网理念吸引着人们和新兴的企业，网络信息技术与传统商业形态的结合和创新，推动了电子商务的高速增长。人们的消费渠道和消费体验也逐步扩大到互联网平台上，由此催生了电子商务的金融服务，众多的电子商务平台也推出了金融类服务业务，电子商务和金融相结合产生了更为广阔的盈利空间。与此同时，我国拥有大规模的网民数量，这是在互联网的时代背景下蕴藏着的巨大发展潜力，使电子商务市场具有较大的潜力空间。很多大公司为适应信息经济时代的发展，寻求与金融业合作的更大的利润空间，从而开展电子商务模式。电子商务的出现是协调信息经济发展的结果，同时也优化和完善了金融工具的功能。

（2）电子商务创新的表现。

电子商务是在互联网技术的发展趋势下，全球范围的商业贸易活动不用再通过买卖双方面对面的交易，而使用电子设备实现在网上交易并通过第三方支付而完成的商业活动、金融活动及其他相关的服务。

进入新世纪以来，电子商务以其交易成本低、交易时间灵活、买卖双方交流互动性强等优势得到了飞速发展。电子商务的发展带来了贸易方式的改变和金融工具支付方式的创新，以至于对传统的销售模式和支付工具带来巨大冲击，使传统商业贸易模式的市场份额出现明显萎缩，而新的电子商务模式越来越多。比如 B2B 模式，即企业与企业之间的网上交易；B2C 模式，即企业对消费者的电子商务销售；O2O 模式实现了线上与线下相结合等等。其发展成为不可逆转的潮流。相对于传统商业贸易模式，电子商务模式带来的新变革有：

①电子商务交易可以降低交易成本，降低商品和服务的价格，促进

竞争。借助电子商务平台，使得贸易活动打破时间和空间的限制，降低了交易的成本，大大扩宽了商品销售的渠道，同时由于场地费用大大降低，这些因素都促成了商品和服务价格的降低。网络技术的发达使得人们获取信息的成本也大大降低，从而使商家间的竞争越来越激烈，这都有利于产品质量的提升。

②电子商务的产生创新了商业平台。通过互联网虚拟的商业平台，实现商品的销售，并且以其开放性、包容性、灵活性、信息公开性等优点对传统的贸易方式提出挑战。

③电子商务使贸易空间的聚集方式发生变化。越来越多的商品供给商和消费者倾向于聚集在互联网上出售和购买产品、服务，改变了以往的商品交易中心、交易市场等聚集方式。网络购物越来越成为新型和时尚的交易方式，无论是交易的主体和交易对象都呈现出不断增长的趋势，成为引领生产和消费的新的经济增长点。

④电子商务创造了金融工具支付手段的创新奇迹。电商企业通过支付宝、手机支付、微信支付等平台实现结算，其便捷性和灵活性深受广大消费者的欢迎，这使得电商企业通过网购实现的销售越来越多。第三方支付的概念是起源于在不同银行之间实现网上支付和电子商务交易双方进行网上结算时的网络支付业务。互联网金融的第三方支付工具已经能够独立完成客户的存、贷、汇业务，具备了传统银行的三大职能，并且其便利性远远超过传统银行，支付宝、财付通等支付方式可以无须在银行开通网银情况下，为客户免费提供跨行结算、汇兑、还贷、缴费等业务，也能为企业提供大额支付、收款业务。银行业也由传统的经营模式步入了"e"时代经营模式，金融工具的创新更加依赖于信息化的电子技术，2014年，中国工商银行实现的互联网金融交易额达到400万亿元①。

---

① 中国电子商务研究中心．金融数据［EB/OL］2016 - 03 - 10，http：//b2b. toocle. com/detail - 6226318. html.

5.2.1.3 互联网直销银行业务

（1）选取理论依据。

互联网金融形势下，大量资金的"脱媒"现象①引发了传统金融业的金融工具创新，改变传统的零售银行对分支机构的依赖迫在眉睫，使用现代的通信手段向远距离客户提供金融服务的理念越来越受到重视，直销银行越来越成为一个受到重视的业务模式。同时对于传统商业银行来说，积极地寻找与互联网金融合作的路径也是实现自身转型的需要，传统商业银行主要依靠"存贷差"的收入早就受到挑战，借机实现自身的跨越也是必然选择。为应对互联网金融带来的巨大冲击，传统金融机构面临客户、资金的流失和业务减少的危机，为了阻止这一趋势，为了自身得到生存和发展，传统金融机构进行了一系列的金融工具创新，实现自身的升级与转型，将互联网模式的创新作为发展战略，推出了直销银行，这种新型的银行运作模式，给传统金融业带来新的发展机遇。总之，直销银行的产生一方面是协调信息经济发展的需求，同时直销银行也扩大了金融的功能。

（2）创新表现。

直销银行是指不通过设立实体的银行网点，而是通过互联网、手机、电脑、电话等中介平台实现与客户业务往来的银行。直销银行是在网银的基础上，以新的渠道和管理模式，将银行产品直接卖给客户，省掉了通过银行账号进行管理的模式。直销银行也不同于电子银行，电子银行通常是在实体银行作为基本组织外另外成立的以电话、网络、手机为交易平台的银行分支机构，是作为实体银行的补充形态而出现的，而直销银行则是具有独立法人资格的金融组织，完全通过非实体的金融机构来经营业务，通过互联网技术及各种电子自助设备的新型金融工具服务模式。

---

① 是指投资者为了追求互联网金融下收益更高的理财模式，纷纷将资金从传统的银行、证券公司撤出，而纷纷转向互联网金融的投资。

互联网的高速发展和人们消费理念的变化促成了直销银行的问世，多家银行的统计显示，电子银行的业务量已经占到全部银行业务的一半以上，而且有继续增长的发展趋势，这为直销银行的产生和发展创造了条件。直销银行业务不再需要实体营业场所，而在互联网络上就可以实现销售金融产品和提供金融服务，与传统银行最大的区别就是以互联网为平台，创新金融产品和金融服务的形式，客户办理业务不是通过具体有形的银行卡，而是通过电脑、手机、网络等来实现。具有人员少、机构少、成本低的特点，直销银行员工很少，仅几十人就能维持整个机构的正常运转。不用设立分支网点，在互联网上直接与客户进行业务往来。这些特点省去了设立营业网点的费用和相关的管理成本，使得其提供的金融产品和服务更具有优惠性，比传统银行业务更具有竞争力。同时网上办理业务大大简化了金融手续，为其业务的发展提供了广阔的发展空间。

在面临互联网金融模式的冲击下，传统银行也纷纷成立互联网直销银行。2014年2月28日，中国民生银行率先成立直销银行，通过在互联网上实现销售金融产品，提供金融服务，让用户通过网站、手机、微信等多种平台来享受直销银行所带来的便利，以此来扩展客户范围。随后2014年3月，兴业银行也成立了直销银行，允许客户通过电脑网络、手机银行等来购买其各种金融产品，并且提供许多优惠条件和较高的收益率，还免去了注册、登录、跨行结算等程序，实现快速、便捷的操作服务。2015年11月，中信银行与百度共同成立国内首家独立法人的直销银行——百信银行。越来越多的传统银行加入到直销银行的经营模式。

这种直销银行将在传统银行业务模式下的业务工具转移到线上，使金融工具发挥功能的场所和程序发生了变化，不再以柜台和具体的营业网点为依托，打破了时空、网点的限制，对客户来说则比传统的金融工具更具有诱惑力和吸引力。

5.2.1.4　金融社交

（1）选取依据。

信息经济对当今社会的影响超越了以往任何一种经济时代，人们对信息的依赖程度也超越以往任何一种经济时代，信息经济给世界带来了深刻的变革，引领着社会的进步和经济的发展，全世界的经济发展和社会变化日益依托于信息资源、信息技术和信息产业。在信息经济时代背景下，为适应信息经济的发展趋势，各种社交平台正在迅速发展，通过网络将人与人之间连接成一个强大的社会关系网，在网络上建立和扩展自己的社会关系，建立用户群组，以第三方支付为切入点，配合各种金融产品，用户与金融产品之间通过信息和资金进行互动交流，用户间通过社交圈互动，区别于传统的金融产品与用户间的点对点的互动，而产品间、用户间却没有互动。金融社交平台的建立更符合互联网趋势下的社交网络的建立，使得信息流和资金流多元化发展，信息更加透明，风险相对减少，既是协调信息经济发展的产物，又赋予其更多的金融功能。

（2）金融社交创新表现。

随着互联网的日益发展和壮大，社交网络平台与日俱增，QQ、微信、Facebook等成为越来越多人的交流信息平台，以第三方支付为切入点，配合金融属性的理财产品而形成的金融社交平台也越来越多。从开始社交网络中自身所开发的虚拟货币，比如QQ中的Q币，Facebook中的F币等，到支付功能的进一步延伸，比如2013年8月，微信社交平台5.0版增加了微信支付的功能，2014年初又增加了具有购买理财产品的功能——理财通，随后又在基金、众筹、小额信贷等领域规划部署。

在这个平台上，个人与个人之间、个人与产品之间、个人与企业之间的联系更加紧密，用户通过社交圈互动，金融产品也在这一平台上实现交易。这种通过金融社交平台进行的线上线下交易越来越迎合现代人类的生活方式和生活习惯，随着人类消耗在网络中的时间越来越长，人们将更加愿意通过社交网络平台来进行金融工具的交易。

金融社交平台的形成有两个渠道，一个是传统金融机构建立的社交平台；另一个是在社交网络的基础上融入金融交易。相对于传统的金融工具交易平台，金融社交平台的交易具有以下特点。

①具有内在的保持良好信用的激励机制。

由于金融社交平台上的用户在社交圈中注重自己的形象，极力通过自己良好的行为记录提升别人对自己的评价，因此这一平台上记录的信息更加具有透明性，在某种程度上利于减少信用风险。

②无形中具有扩大客户范围的潜力。

每个客户的社交圈都有不断扩大的趋势，他们通过熟人介绍熟人，老朋友介绍新朋友，无形中拓展了金融社交平台的规模。

③金融产品具有互动性。

通过金融社交网络平台交易的金融产品具有互动性的特征，这种互动无论对于销售产品的企业，还是客户来说都具有好处。对于企业来说相当于广告宣传的作用，让客户无形中了解金融产品和金融工具；对于客户来说，他们会主动地将对产品的认识分享到朋友圈，这样有利于全面了解和监督这些金融产品和金融工具的风险性、盈利性等情况。

社交网络具有互动性、真实性的特点，因此对于大数据的应用更加便捷，通过这一平台实现的金融工具交易是这一时代创新的体现。

5.2.2　金融工具创新的分析

5.2.2.1　理论分析

（1）金融工具创新的理论说明。

中国历史上金融工具创新所呈现出的规律同样适用于现代的金融工具创新。信息经济时代的到来所带来的社会变化超越以往任何时代，当前，在信息化经济与工业经济的时代交叠期，工业经济时期的金融工具与信息经济发展的高效性表现出不协调，而互联网金融的出现和迅速蔓延成为这个时代不可回避的话题，新兴的互联网金融企业纷纷推出电子商务、P2P、直销银行等新兴的金融工具，传统的商业银行为了保留客户，开始推出电子商务平台，包括 B2B，B2C 业务和电子商务平台，信息经济时代以不可逆转的趋势更加丰富了金融工具的功能，必将对经济和社会带来巨大的效应。而时下的金融工具在实现创新的每一步，同样既是为协调经济实现自身的成长，也离不开信用、技术、制度和机构的支持，如何有效地利用这些因素，是需要我们认真思考和解决的。

当前，我们正处于信息化经济与工业经济的时代交叠期。迄今为止，最引人注目的是互联网的加入，可以说互联网信息技术席卷全球，"互联网＋"时代是信息化经济时代的一种表现，互联网与不同行业融合，成为一种巨大的信息能源。随着经济金融化和金融市场化的发展，互联网的崛起和电子商务的日新月异，金融脱媒的趋势越来越明显。在这种发展趋势下，对于金融工具提出了更新的要求，互联网金融企业为适应这种信息经济的快速性和高效性，迅速创造出新的金融工具，以电子商务为平台而发展起来的第三方支付体系由于其支付方式比传统的支付方式更具便捷性而快速发展起来，新兴的网上支付、移动支付形式越来越多，规模也日益壮大。

同样，推动信息经济时代金融工具创新的因素，除了自发产生的内部激励，还有外部环境支持因素，包括信用、技术、制度和机构。

完善和可靠的信用机制是金融工具创新的前提和保证，没有规范的信用机制，金融工具将无法实现创新。在这一时期，应该充分运用互联网的"大数据"原理征信；积极寻求新时期金融工具创新主体之间的征信机制合作；建立和完善第三方征信体系，从而建立科学的金融征信机制。

技术的发展和进步是金融工具创新的直接动力和诱因，技术的突破改变了商品流通的模式和平台，从而为金融工具创新创造了条件。在当下，信息技术正在以前所未有的速度和规模影响着人类生活的衣食住行，信息技术可谓重中之重，以云计算、大数据、移动互联网、社交网络等为代表的互联网技术改变了以往信息获取的方式，出现新式的互联网金融工具模式；大数据的技术处理，可以获得信息资源，减少信息不对称，降低金融风险；云计算作为互联网金融的核心技术，可以提高资源的使用效率，降低支出成本，因此，应充分利用技术的优势，促进金融工具的创新，同时，提高风险隔离技术、黑客防范技术、认证技术和防控技术等，更有效地支持本时期的金融工具创新。

金融协调论认为，法律、法规对金融工具的创新有刺激和鼓励作用，而金融法律、法规的建立和调整会引起金融工具的创新。当前，金融工具创新领域存在诸多的风险，稍不加以防范就会引起金融风险和恐慌，因此，制定有效监管制度具有重要的意义。应积极完善第三方支付的有效监管，进一步明确互联网金融的监管范围。

金融协调论认为，金融监管的理论根源是政府管制理论，认为由于在市场机制下存在着自然垄断、外部效应、信息不对称等市场缺陷，不能实现资源的最优配置，这为政府介入经济管理提供了理论依据。在金融工具创新的过程中，国家和组织的监管力量不断规范着金融工具的流通。金融监管既是金融工具创新的障碍，同时也是金融工具创新的诱发因素。金融工具创新促进了金融监管的调整，政府机构、行业组织和金融机构共同构成金融工具创新的机构支持。

（2）创新机制。

信息经济给世界带来了深刻的变革，引领着社会的进步和经济的发展，互联网的加入，使得互联网信息技术席卷全球，互联网金融的产生和发展，将金融工具引入到一个全新的领域。在这种经济发展趋势下，金融脱媒的趋势越来越明显，为协调和适应信息经济的快速发展，创新主体自发产生创新的动力和驱动力 F_1，新兴的网上支付、移动支付形式越来越多，规模也日益壮大；同时，金融协调论认为，随着生产力的发展和人们生活水平的提高，企业、个人和社会的财富积累达到一定的水平，收入也随之增加，对资产的保值和增值提出了更高的要求，这时人们对金融工具的功能产生新的要求，赋予更重要的意义和作用，同样出于生存和发展需要，创新主体为拓展自己的生存空间，由内在的驱动力 F_1 推动金融工具创新，以电子商务第三方支付为平台发展起来的电商利于信息技术与金融相结合的方法，将其业务拓展和延伸到金融领域，提供了更广泛的投资、筹资和融资平台，各电商、企业、传统银行的"宝宝"类理财产品相继推出，其资产的保值和增值的功能迎合了客户的需求。而支持金融工具创新的支持因素 F_2 也要发挥作用，目前，这些新兴的金融工具在信用、技术、制度和机构的支持下，在推动金融工具的创新的同时，也出现了许多需要解决的问题，这些问题解决和处理的过程也是支持因素 F_2 不断自我修正和完善过程。F_1 与 F_2 共同作用，使得整个创新体系在外界经济变化后，反复经过调整和修复，最终目标是要实现内在的各个变量的稳定状态的目标（如图 5 - 1 所示）。

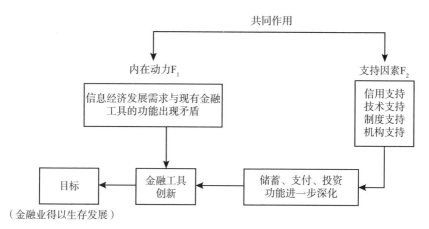

图 5 - 1   信息化经济与工业经济时代交叠期金融工具创新机制

5.2.2.2   现实分析

（1）信息化经济时代金融工具的功能。

互联网金融并未改变传统金融的功能，但其依托互联网这一技术平台将金融功能发挥的空间和规模进一步扩大，金融工具进一步更新，金融模式和金融手段得到更新换代，从而形成一种新的金融业态。

①储蓄功能。

2013 年以来，互联网金融各种理财产品的出现，部分取代了商业银行的储蓄业务，从 2013 年 6 月"余额宝"出现后，电子商务利用其庞大的用户群，吸收了社会大量的储蓄资金，导致商业银行的储蓄业务增加速度开始降低，到 2013 年底，商业银行全年下来减少的储蓄增加数达到 6 860 亿元①。互联网理财产品以其收益高、操作简便吸引了越来越多的社会资金。这一功能有效解决了在不同时间和不同空间资金的配置问题。

②支付功能。

互联网的第三方支付功能使得网上无卡支付瞬间成为时尚和便利的支付方式，到 2014 年 3 月，阿里巴巴支付宝每天完成 2 500 万笔支付；微信从 2014 年 3 月推出支付功能以来，到 2015 年 9 月，短短 1 年半时间其用户数量已经超过 6.5 亿②。这种无卡支付比传统银行的支付业务更简便、更实惠，其支付功能的优越性表现得淋漓尽致，2014 年互联网第三方支付规模为 8 万亿元，2015 年 9 月达到 9 万亿元③。

③筹资功能。

在互联网金融模式下，互联网与金融产品相结合，比如通过电商企业、第三方支付直接购买各种金融理财产品，是对传统金融服务产品销售渠道的创新。这种模式下，金融以更加包容、开放的姿态为客户提供服务。还有互联网金融对于企业尤其是中小企业融资的作用显著，目前我国中小企业无论在生产领域，还是在解决就业问题上为社会做出了巨大贡献，但由于中小企业自身的特殊性，存在财务制度不健全，内控机制弱，经营风险较大，缺乏有效抵押物等问题。常常不能满足银行等金融机构的贷款政策，因此中小企业在获取银行的资金支持上很有限。而在互联网金融模式下，电商企业交易的主体是中小企业，依据大数据信息的原理，电商企业对中小企业的生产、销售、流通等信息能及时掌握并分析，从而对其建立有效的信用体系，为贷款依据提供了信息平台，有效解决了中小企业的融资问题。

---

① 詹向阳. 银行存款都到哪儿去了 [J]. 银行业研究，2014（67）：9.

② cnbeta 网站. 微信用户量破 6.5 亿：终于超越 QQ [EB/OL] 2016 – 03 – 10，http：// digi. 163. com/15/1110/19/B836SMGU00162OUT. html.

③ 速途网. 2015 年第三方支付分析报告 [EB/OL] 2016 – 03 – 10，http：//www. sootoo. com/content/657747. shtml.

④投资功能。

互联网金融成为众多投资者所青睐的投资工具，"支付宝""余额宝"等各种理财产品成为越来越多的客户所选择的理财工具，这些理财产品不仅"门槛"低，而且收益高，满足了客户在传统金融业务未实现的需求。

（2）信息化经济时代金融工具的优势。

①互联网金融用户规模庞大从而降低交易成本的优势。

由于互联网金融经营模式的灵活性，电商平台上聚集了各类规模大小不一的企业，尽管这些企业的融资需求、贷款额度、期限、担保形式等的差异性很大，但电商平台按照不同的需求，提供不同的服务，不同的融资模式和规模，有效地解决了资金供需的不对称问题，节约了时间，提高了资源配置的效率，这样一来，降低了企业的交易成本，吸引了更多的企业参与到这种模式中，从而推动互联网金融不断创新和发展。

比如 P2P 借贷的方式，其实现的金融创新不仅仅是借贷形式，其借贷中介、借贷时空、借贷主体都发生了改变，这样一来，并非是传统的金融机构的众多的企业都可以成为借贷平台。众多的投资者和筹资者都可参与到这种借贷模式，即使是陌生人之间也可以完成交易。这样使得通过 P2P 借贷平台实现融资和筹资的用户急剧增加，大大减少了其交易成本。

②互联网金融业务办理效率高的优势。

信息经济时代，信息传播的速度之快令人惊叹，这一特点大大缩短了金融产品交易双方的时间，利用互联网平台，也使金融产品交易的空间实现了最大化的浓缩，比如在 P2P 借贷平台上的操作，其交易程序、交易手续和审批都在网上进行，其过程非常简便快捷，免去了双方面对面的交易，大大提高了交易效率。由于所有的金融交易都在互联网上完成，既节省了时间、空间，又省去了网点的设置、凭证的打印，同时由于互联网技术智能化软件的操作程序，极大地简化了业务操作过程和步骤，使得金融业务的办理效率得到极大提高。

③互联网金融控制风险的技术优势。

在互联网金融模式下，通过第三方支付平台积累了规模较大的客户数据，即我们所说的大数据，2013 年，阿里巴巴注册用户已经达到 1 亿，淘宝注册用户为 5 亿，显然，互联网金融在数据上有绝对的优势，这些大数据对于互联网企业和电商提供了许多重要信息，即我们今天所流行的大数据分析。大数据对于互联网金融的风险控制意义重大，是构成互联网金融信用体系的重要元素，通过大数据可以更准确地把握客户的需求情况、资信情况，以便互联网金融平台打造出更符合客户需求的金融产品。

信息化经济时期的重要特点是信息技术能够把数据大规模地、迅速地转化为信息和知识，在这一转变过程中，将大规模的数据转为数据资本将影响到国家的实力格局。在 2012 年，美国出台了《大数据研究和发展规划》，将发展大数据的重要意义提升到国家战略层面，英国、日本、印度等国家相继也将大数据列为国家发展战略。2015 年 9 月 5 日，国务院出台了《促进大数据发展行动纲要》，把互联网金融的大数据放到了发展新兴产业大数据的首位，把更好的推进互联网金融大数据的发展提升到国家发展战略的高度，可见其发展的重要性。如果数据是真实可靠的，那么历史的数据能够揭示未来的发展趋势。大数据的方式可以还原一个人、一个企业的信用状况，并且是动态的、不同时期的信用，包括其收入、资产状况、消费偏好、习惯等，通过大数据，可以把握其规律性，从而对这些信息进行收集、整理、分析、预测。有人提出，数据是未来商业银行竞争的核心，决定着未来的发展趋势。

5.2.3　金融工具创新的经济效应

5.2.3.1　效应理论

金融功能理论认为，金融创新带来金融功能的深化和健全。金融的功能包括资源配置的功能、管理风险的功能、推动商品交易的功能、储蓄资源的功能、提供价格信息功能和解决委托代理激励机制的功能。金融工具的每一次创新都会深化和完善这些功能。金融创新会增加社会福利，1992 年，Merton 指出，金融创新是实体经济的发生动机，并以美国为例论述了金融创新产生的巨大社会净福利①。他认为金融创新能使金融体系促进实体经济更好的发展。本时期的金融工具创新再次提升了金融的功能，使社会福利增加。

5.2.3.2 效应表现

（1）促进了消费。随着电商企业开展的互联网金融模式的白热化，不仅改变了传统的贸易和消费模式，而且其形式越来越多样化，有 B2B（商家对商家）模式、B2C（商家对消费者）模式、C2C（消费者对消费者）模式、C2B（消费者对企业）模式等。电商企业通过网上的促销活动越来越多，每年"双十一""双十二"活动不断升级，促销力度异常火爆，消费者在网上实现的消费也在迅速增长。

（2）为投资者和筹资者提供了更广阔的选择空间与交易平台，吸引了更多的市场参与者，活跃了金融交易市场，比如在互联网金融模式下的 P2P 模式、众筹模式弥补了传统银行不能满足小微企业贷款需要，突破了传统银行业对小额贷款的束缚，为小微企业的发展带来生机，成为促进我国金融业发展的有力助推器。有效地盘活了民间资本，将服务的对象深入城市和乡村、厂矿和小企业，将"普惠金融"深入每个企业，提供了更快捷的信贷平台，为在短期内解决信贷问题提供了方案，也为普通投资者提供了投资渠道。这种竞争提高了资金的使用效率，更加协调了与宏观金融的关系，提高了金融效率，满足了不同层次储蓄者和投资者的需求，更好地协调了资金供求的矛盾，刺激了投资需求，加速了储蓄向投资的转化，提高了整个宏观金融效率。

---

① Hendershott, P H and J D Shilling. The Impact of Agencies on Conventional Fixed-rate Mortgage Yields [J]. Journal of Financial Services Research, 1990 (4): 191.

（3）某种程度上减少了投资风险。金融工具创新的品种和种类越多，越有利于降低风险，例如对于网上银行来说，通过互联网技术的"大数据"来评定信用等级，以此为依据来给客户发放贷款。还有通过大数据的方式可以还原一个人、一个企业的信用状况，这些更加增强了信用度，降低了投资风险。

（4）互联网金融工具的创新不仅为客户提供了便捷的金融服务，而且在与传统银行业竞争的同时，迫使传统银行转型调整，这将为客户带来更多的方便和实惠。互联网金融第三方支付的便捷吸引了许多客户将资产从银行转到互联网，传统银行业为了挽留自己的客户，纷纷进行产品创新和提供优惠政策，降低了相关手续费。这对于一直以来存在的传统银行业服务项目收费不规范的问题，无疑是最好的解决渠道。互联网金融所推出的理财产品、保险产品、基金产品以其优惠的利率吸引了广大的投资者，使得商业银行的存款形成分流，"余额宝""天天盈"提供的基金平台可以让投资者顺利地完成数百只基金的认购和赎回，而且费用优惠，比银行具有价格优势。

互联网金融提供的 P2P 贷款平台以其优惠的利率、快捷的方式和较短周期得到客户的青睐，使得商业银行为了竞争，降低贷款的门槛，这些实惠政策为客户带来了方便。

（5）互联网金融带来真正意义的"普惠金融"。拿 P2P 网贷来说，相对于过去的贷款模式，P2P 网贷的优点主要表现在：一是投资者进入的门槛低。过去传统的理财产品一般都有最低投资额的要求，因此进入的门槛较高。而 P2P 网贷没有最低投资额的要求，普通大众都能投资，享受投资带来的收益。二是收益较高。传统的理财产品的年收益率在 5% ~ 10%，略高于银行存款，而 P2P 网贷理财的年收益率在 5% ~ 10%，甚至还有更高的收益率[①]，将线上筹集资金与线下严格的匹配债

---

① 中投全球. 一觉醒来 P2P 已占领全民理财市场半壁江山，您是否赶上这波财富增值 [EB/OL] 2015 - 10 - 06，http://itfin. juhangye. com/201505/weixin_542343. html.

务有效地联系起来，其收益是比较可观的。三是理财方式灵活。相比于传统的理财方式，P2P 网贷提供的网络平台要比过去到银行网点购买理财产品灵活，同时，P2P 网贷理财的期限比传统理财期限灵活，有一年、半年、一个月等多种期限结构，再有就是在贷款地域上，P2P 网贷不受地区限制，而传统理财模式受地域限制比较大，这些都大大便利了投资者选择。

5.3 金融工具创新所需要的支持因素

在原始社会末期，人类祖先靠狩猎和采集野果维持基本生活，在原始的人类部落中，偶然会有剩余产品的出现。为了满足不同部落的需求，偶然的交换采取物物交换的形式，由于交换物分别是双方所需要的东西，因此交换双方彼此信任对方，这种交换是最原始、最简单的方式，但也是建立在信用的基础之上，包括对人的信任和对所取得的商品的信任。如果交换物不是对方所需要的，就会出现不信任的状况，造成交换的失败。

物物交换的不便利促使实物货币的产生，公元前 5000 年到公元前 1200 年是世界各国奴隶社会的形成时期，中国、印度、埃及、欧洲、美洲等地区的人们开始定居下来，城市开始出现，人口逐渐增加，商品交换得到发展，出现了一般等价物即实物货币。在中国，公元前 2070 年，夏王朝建立，随着商品交换的频繁，海贝充当了商品交换的一般等价物，成为实物货币。在实物货币产生后，交换双方的彼此信任是建立在对一般等价物认可的基础上，一般等价物是人们在商品交换过程中逐渐被公认的可用来交换所有商品的。正因为人们对于一般等价物的认可和信任，才使得交换顺利进行。这种经过长期实践被人们认可的一般等价物虽然没有制度规定和机构约束，但仍然具有权威性，并得到人们的信任，也正是有了这种信用，才促进了商品交换的发展。

随着奴隶社会的发展与繁荣，许多国家逐渐强大起来，商品贸易随之繁荣起来。希腊、罗马建立了城市国家；地中海一带形成巨大的商业贸易中心；在亚洲，中国、古巴比伦、印度等国家发展较快，金属行业得到发展，普遍应用于农业和手工业，在中国，西周时期出现了"铜贝""钱""布"等金属货币，春秋时期楚国最早出现"爰金"的金属货币，战国时期出现"空首布"。公元前 221 年，秦始皇统一天下后，统一了度量衡，首次在中国制定了货币制度，废除了六国原来使用的"刀币""布币""蚁鼻钱"等货币，统一使用外圆内方的"半两"铜币作为法定货币。后来随着商品交易规模的扩大，大宗交易逐渐增多，国家开采银的技术提高，用来交换价值量较大商品的贵金属货币——银产生，直到新中国成立之前，中国还在流通以银元素为主铸造成的银元，银在中国流通时间之长超过世界其他国家。黄金最早作为主要流通货币始于英国，1821 年英镑成为英国流通的本位币，并且通过立法进一步确立了英镑在货币流通中的地位，随着黄金开采技术的不断提高，黄金在市场交换流通的地位中发挥着越来越重要的作用，从此黄金便成为大受人们欢迎的贵金属货币，在很长的历史时期内，各国都执行金本位制度，政府对黄金严格控制。金属货币之所以得到人们的信任和认可，一方面是因为白银、黄金是相对稀缺的金属材料，能代表交易商品的实际价值量，人们对金属货币能换取所有商品深信不疑，同时各国开采金属技术的提高和国家制定的货币制度更加巩固了金属货币的流通。

随着商品交换的进一步发展，交易规模、交易数量和交易范围进一步扩大，由于金属货币逐渐不能满足实际流通的交易量的需要，人们在商品交换中也渴望便捷的交易工具，同时造纸技术的出现，促使纸币产生了。世界最早的纸币产生在中国唐朝时期的"飞钱"和北宋时期四川地区的"交子"，后来纸币代替了金属货币在市场上流通，并由国家制定相关的信用货币制度，由国家统一发行并且强制执行。20 世纪 30 年代，世界主要资本主义国家废除金本位制和银本位制，进入纸币本位制，直至现在，世界各国仍采取这一主要货币形式。纸币要想在商品流通中顺利进行，必须建立在交易双方信任的基础上。纵观纸币在商品流通中的历史，既有成功的经验，也有失败的教训。清朝末年，国家为筹集军费，增加财政收入，发行了纸币和官票，但由于清政府的主要目的在于搜刮老百姓，筹集财政开支，纸币贬值越来越严重，老百姓对这些纸币和官票充满了不信任，尽管清政府对于纸币的发行和流通也有相关的制度规定，流通的纸币也有印刷技术和防伪技术，清政府、国家银行等机构给予高度重视，但信用的缺失导致了纸币发行和流通的彻底失败。而我国现行流通的纸币，由于其发行量由国家严格控制用来满足流通中商品的需求量，严格控制通货膨胀和通货紧缩，使人们在交换过程中，对纸币充满信心，在此基础上，国家通过法律来严格控制纸币的发行和流通，通过提高技术水平来保证流通中的货币量和商品需求量保持一致，人民银行、商业银行、农村信用社等金融机构保证货币政策的执行，这样在信用的基础上，技术、制度、机构因素的共同支持下，纸币流通得以顺利进行。

5.3.1　历史上的金融工具创新支持因素所发挥的作用

5.3.1.1　信用的作用至关重要

在商业经济与农业经济时代交叠期，由于官方发行的金融工具缺乏稳定的信用，民间金融工具，即各种票帖才推广开来。由于其信用程度高，得到了商业经营者和老百姓的欢迎，民间票据才得以流通和推广。明朝中期以来，工商企业所发行的票据大都不写明顾客姓名、字号，只有汇款人的姓名、字号，票版印出的文字少，手写的文字多。而到了清朝中期，民间金融机构发行的票据上标明了收款人的姓名和字号，并且采用了防伪手段较高的技术；书写部分有专人书写，并且在各分号留底，以便用字迹来判断真假；用暗设的密码代替票据中的日期、金额；票据万一丢失，有挂失的一套办法，这些手段使得其信用机制不断健全，以致发生伪造汇票骗钱的事情很少，其信用程度为我们后人所惊叹。

在工业经济与商业经济的时代交叠期，资本主义工业进一步发展，工矿业企业资金规模的需求迅速扩张，并且与近代的银行业发生了资本联系，比如此时的钱庄开始出现资本流向生产领域的趋势。随着股份制银行在中国的建立、发展，其金融工具不断创新，出现了银行券的兑换问题和不同银行间的票据承兑问题，于是为了增强这些金融工具的信用程度，成立了中央银行。这一时期尽管国家对流通的金融工具出台了许多法律规定，但由于外国商业银行的进入，中国的民族金融业实力无法与外国银行相抗衡，比如钱庄自身的融资能力有限，而不得不依赖外国商业银行的拆借，庄票、汇票等金融工具需要经过外国商业银行的认可才能实现兑现，这种畸形的信用机制导致自身信用机制的独立性遭到严重破坏，以致发生了 1897 年上海地区的"帖票风潮"和 1910 年的"橡皮股票风潮"以及 1921 年的"信交风潮"，信用机制的破坏导致其发展受到严重冲击。

5.3.1.2　技术的推动作用不容忽视

在商业经济与农业经济时代交叠期，通信水平的提高使民间信用票据得到迅速发展。民信局的出现一方面使得完成异地汇兑业务有了专业的机构和工具，另一方面金融流通票据的形式也越来越多，功能越来越全。同时，民间金融票据防伪和防盗技术的出现和逐步成熟，客观上有助于这些民间金融票据的流通，使得其流通的范围更广，社会认可度更高。

在工业经济与商业经济的时代交叠期，一方面，进步的金融工具流通技术在一定程度上促进了金融工具在市场上的流通，但同时，由于流通的稳定性和抗风险性较差，加上缺乏更先进的证券交易技术，使得这一时期的金融工具无论是流通还是融资，其在市场中的作用非常有限。

5.3.1.3　有效的管理促进金融工具创新

（1）在商业经济与农业经济时代交叠期的管理。

清朝道光年间，政府官员曾经针对当时山西民间流通的各种票帖是否应该存在展开过激烈的讨论，最后取消了上票、壶凭帖和期帖三种票据，保持凭帖、兑帖、上帖的继续流通。可见当时国家对民间金融工具的监管和规范还是比较严格的。除此之外，清政府还颁布了一些规范金融工具流通的法令和条文。在行会中，宝丰社在当时担任了金融业监管的机构，并且对这些金融机构所发行的金融工具的流通进行相应的制约和规范。这些制度和机构形成了对金融工具创新的监管，对其规范的流通和促进经济的发展和稳定起到了积极的作用。

（2）在工业经济与商业经济的时代交叠期的管理。

金融协调论认为，工业化经济落后的国家，政府是经济现代化和工业化的推动者，这时政府对经济、金融的干预程度较高①。在工业经济与商业经济的时代交叠期，由于特殊的历史背景，需要政府建立和整合国家的金融资源，推进金融工具的创新，以促进当时经济的发展和工业的进步。因此，按照新制度经济学的分析法，这种金融工具的创新不是自身生长的，而是由外来因素干扰和清政府的极力推荐而引发的，带有强制性，其优势在于能在较短的时间内推进金融工具创新的速度，这种依靠外来借鉴的做法可以降低创新的成本。

这一时期，虽然出台金融工具管理制度很多，其中既有对于发行主体的规定，又有规范流通工具的管理制度，也有对证券的发行和管理的制度，但是终究由于这些制度缺乏所运行所依赖的基础——信用，最终形同虚设，没有发挥其应尽的职能。

5.3.1.4 机构的支持促进金融工具创新

从中国历史上看，金融工具创新的行会组织曾经取得过比较成功的经验，在商业经济与农业经济的时代交叠期，"宝丰社""钱业公所""公合堂"等行会组织对解决市场流通纠纷、制定行业规范、建立行业标准等曾经做出了贡献，这对于规范市场流通秩序和统一行业运行标准有促进作用，从而推动了当时金融工具的稳定流通；在工业经济与商业

---

① 孔祥毅. 百年金融制度变迁与金融协调［M］. 北京：中国社会科学出版社，2002：166.

经济的时代交叠期，"钱行"对于稳定金融工具的流通也起到了一定的促进作用。并且在钱庄与钱庄之间的清算过程中，还产生了行业的"公单制度"。证券交易也逐步产生了自己的自律组织——"证券交易所"，这在当时客观上对于规范证券发行和流通都有一定的意义。

从中国金融工具创新的历史中可以看出，同业机构的金融支持对于金融工具的创新具有积极的促进作用。在商业经济与农业经济的时代交叠期，金融机构发行的金融工具之所以能在市场顺利流通，与机构之间的相互认可和支持是分不开的，当时钱庄与票号的合作关系使得票号的汇票与钱庄的庄票信誉度得以认可，前店与账局的合作关系使得其发行的私票得到广泛流通；而在工业经济与商业经济交叠期，机构之间的相互支持和合作仍然十分重要，甲午战争之后，清政府发行的国债之所以失败，是因为没有相关金融机构的支持，缺乏金融机构体系的有力支撑。

5.3.2　历史得出的结论

5.3.2.1　金融工具创新的基础是诚信

完善和可靠的信用机制是金融工具创新的前提和保证，制度和技术支持只能在科学的信用机制下发挥作用，没有规范的信用机制，金融工具将无法实现创新。即使是在法律健全、技术先进的金融环境中，如果没有完善的信用机制作保障，金融工具的创新只能成为空中楼阁。

5.3.2.2　科技的进步为金融工具的演变和创新起到了推动作用

科学技术的进步和发展，降低了金融工具成本的同时，推动了金融工具创新的步伐。金融工具的创新首先体现在金融工具数量和品种的增多，其次是发行、交易和保管成本的降低。技术的发展和进步是金融工具创新的直接动力和诱因，从中国金融工具创新的历史进程可以看出，在每一次经济交叠期金融工具创新的背后都有新技术的推动，技术的突破改变了商品流通的模式和平台，从而为金融工具创新创造了条件。

5.3.2.3　有效的管理制度成为推进金融工具创新不可忽视的因素

金融协调论认为，法律、法规对金融工具的创新有刺激和鼓励作用，而金融法律、法规的建立和调整会引起金融工具的创新。中央银行或管理当局针对金融工具制定了各种法律、法规，以减少金融工具的风险，促进其稳定发展。制度是人们根据日常处理惯例而制定的规则，具有强制性和约束性。在每次经济交叠期金融工具创新最频繁的时刻，对于金融工具的监管制度也随之出台，这些制度约束和规范了金融工具创新主体的行为，组织安排和界定金融工具主体的选择，减少了金融工具流通的风险，降低了其交易费用，保持所涉及的债权人和债务人的合法权益，促进了金融交易的顺利进行。

5.3.2.4　机构的监管促进金融工具创新更科学化

在金融工具创新的过程中，国家和组织的监管力量不断规范着金融工具的流通。金融工具创新与金融监管的关系是既相互矛盾，又相互促进，表现在：

金融监管既是金融工具创新的障碍，同时也是金融工具创新的诱发因素。金融工具创新过程中，存在极大的不确定性和机会主义倾向，使其面临极大的风险性，容易导致金融资源配置的失效，因此，客观上需要金融工具的监管制度。金融监管针对金融创新中的风险较大的行为和倾向加以限制，某种程度上限制了金融工具的获利机会，这样一来，监管的结果往往与创新的获利目的相矛盾、相冲突，例如在商品经济与农业经济时代交叠期，国家屡次禁止民间印制私票，但民间金融机构在利益的驱使下继续发行流通工具，而且也被市场广泛接受，因此国家屡禁不止。但同时，金融监管又成为金融工具创新的诱因。金融工具的创新也离不开监管的存在，金融工具创新引导金融宏观管理制度的演进和变化，金融工具越创新，越需要规范金融工具流通的制度。协调论认为，随着金融工具的功能分化、技术进步、结构完善等因素的改变，会出现创新革命。每一次金融工具创新都是对原有的金融监管制度的突破，而金融监管制度会为了协调创新之后的金融工具而进行相应的调整。新的监管制度如果与创新的金融工具相协调，就会促进经济的发展。无论是政府的宏观监管，还是组织的中观和微观监管，对于金融工具的规范流通发挥着不可缺少的作用。这些监管制度可以降低交易费用、减少风险，这些金融制度是当时的经济主体根据利益而进行的选择和安排。当金融工具的创新活动突破了原来的金融管制制度约束，就必须有新的监管制度来进行管理和规范，因此迫使监管制度的创新，形成了对于金融工具新的监管方式，即制度规范—工具创新—再监管—再创新，这样循环往复①。新的金融工具的产生，金融工具新的功能开发，新形式的出现，在某种程度上是金融监管的结果。因为创新主体为了逃避或减少金融监管带来的收益损失，对金融工具不断调整，使之既不违背金融监管制度，又可带来收益。例如，在清朝末年，洋务运动推动了金融工具的创新，发行了第一只民族企业的股票。民国初年，由于"讨袁运动"，发行的钞票不能兑现，发生了"京钞风潮"，当时北京政府通过发行公债、金融债券将不能兑现的兑换券收回，这些公债、金融债券就是为规避风险的创新活动。政府与民间金融票据也呈现出创新—监管—再创新—再监管的循环特点。

金融工具创新促进金融监管的调整。每一次金融工具的创新就会产生新的金融风险。金融监管必须对新的风险制定相应的监管措施，每一次金融工具的创新都会带来各种技术的变革和新元素的组合，每次在面对金融工具的创新，金融监管部门都要进行全面反复的评估和论证，使之既要达到控制金融风险的目的，又要有利于金融业的全面、稳定发展。因此金融监管必须完善和调整相应的监管措施。

总之，金融工具创新诱发新的金融监管，面对新的金融监管，金融工具在不断适应中孕育下一次的创新，两者相互影响，呈现螺旋式上升趋势。

---

① 孔祥毅. 百年金融制度变迁与金融协调［M］. 北京：中国社会科学出版社，2002：37.

金融监管在金融工具演进和创新中扮演着重要的角色，而监管的这种影响必须在遵循金融工具演变与创新的客观规律条件下才能发挥作用，如果监管制度违背了金融工具创新的内在规律，不仅监管不成功，还会阻碍金融工具创新的步伐。

5.3.3　新时期金融工具创新所需要的支持因素

5.3.3.1　信用的支持

在信息化经济与工业经济的时代交叠期，信用机制的支持必不可少。在中国历史上所出现的各种金融票据能实现"货通天下""汇通天下"的神话，正是因为其信用的卓越。而在新时期，银行"假冒票据""伪造票据"的确实很多，近几年来，已经有多家银行发生发行假票据进而利用帖现套取几十亿资金的问题，这些不仅造成金融风险，而且给社会带来了信用危机。尤其在互联网时期，利用互联网平台进行票据的欺诈会引发更严重的金融危机，因此积极打造"互联网 + 票据"平台，完善票据这种金融工具在互联网形式下所发挥的作用已经成为迫切需求。而这一迫切要求与现实道德水平下滑、信用缺失严重脱节。互联网金融发展风起云涌的阶段，2015 年 11 月 11 日，阿里仅仅一天的交易额就高达 912.17 亿元[①]，无疑电子商务的第三方支付在给人们带来方便、快捷的同时，也存在巨大的安全隐患，互联网金融在上升的同时，也出现了不少 P2P 平台倒闭，老板跑路的现象。2014 年 7 月，P2P 平台非法集资的第一案件——"东方创投"公司的非法集资案开庭审理。2014 年，有 70 多家 P2P 平台跑路，2015 年上半年，有 50 多家出现危机。目前，我国的信用征信体制不健全，尽管有大数据、云计算等新型技术为征信体系的建设提供更科学的工具支持，但是信息经济时代的信用体系

---

① 天极网.2015 年双 11 阿里交易额 ［EB/OL］2016 － 03 － 10，http：//news. yesky. com/94/98655094. shtml.

建设仍然是制约其发展的关键环节，成为互联网金融发展的主要"瓶颈"，其表现为征信数据分散，不同机构的数据相互割裂，无法实现共享，影响整个互联网金融的发展，例如 P2P 行业重复借款、平台坏账、假标等现象不利于互联网金融的发展。应该尽快建立第三方征信体系，使征信数据面向社会开放。因此，完善的信用体系对于互联网金融的发展必不可少，征信体系建设任重而道远。在这一时代，建立科学的金融征信机制的主要渠道有：

（1）加强社会信用、道德建设迫在眉睫。

市场经济条件下，在利益最大化的驱使下，采用欺诈、不公平、不正当的竞争方式谋求利益，从而导致了分配的不公、产生利己主义、拜金主义，使得社会信用道德出现危机。在新的历史时期，应该充分挖掘中华优秀信用道德传统，弘扬信用道德文化，加强信用道德的宣传教育，构建良好的信用道德环境，采取有意识地培养，提高人们的道德意识，把诚信作为公民道德教育的重要内容，在全社会形成诚实守信的良好道德氛围，使得讲道德、守信用成为人们在社会生活中的一种自觉的追求。

（2）充分运用互联网的"大数据"原理征信。

通过互联网可以获取的信息数据很丰富，通过银行账户的流水清单可以获取相关的金融信息数据；通过第三方支付账户的消费明细和购物记录，可以获取客户的消费信息数据；通过微信、QQ、人人网等社交平台的交流信息，可以获取人们的社交情况信息；通过通信账户、公积金账户、社保账户等活动信息，可以获取人们的日常行为和习惯。这些信息包括了消费的信用数据、经营投资的信用数据和日常行为的信用数据等，通过互联网获取的这些信息具有多样化、规模化的特点，利用这些信息比较容易对客户进行全方位的分析，建立更完整的模型，从而得出更科学准确的评估结论。这些结论更利于金融工具创新的决策参考。

（3）积极寻求新时期金融工具创新主体之间的征信机制合作。

加强与中央银行征信系统的合作，一方面，通过立法对于符合条件的互联网金融，允许其进入中央银行征信体系获取信用数据。另一方面，中央银行的征信系统也要借鉴互联网金融的"大数据"信息获取的信用机制，更科学地对个人和企业进行信用等级评定。通过信息的共享机制，为客户的信用评定提供更科学的决策依据。

加强互联网金融与其他金融机构的合作，建立更完善的信用机制。一是充分运用电商企业掌握客户信息的"大数据"，与银行合作，作为评价其信用状况的依据。充分利用"大数据"解决信息不对称问题的优势，传统银行可以通过电商企业提供的大数据的分析和整理，得出企业的资信状况，可以更好地防范风险。2014年7月，中国银行、招商银行、中国建设银行、平安银行等7家银行已经尝试与阿里合作，共享其大数据和信用体系，以此为依据，从而为中小企业提供信用贷款。二是利于解决重复贷款问题，通过机构之间的信息平台合作，对于客户的贷款业务记录信息的掌握，对于重复申请贷款、恶意欠款、金融诈骗等现象可以实现有效的预防和监管，这些信息无论对于传统金融机构还是互联网金融企业，都具有重要的价值。

（4）建立和完善第三方征信体系。

2015年1月，中国人民银行发布《关于做好个人征信业务准备工作的通知》，要求8家第三方机构做好个人征信的准备，标志着我国建立第三方征信体系的开始。目前，互联网金融模式下能够征信数据的信息来源主要有：一是电商利用自身平台大量客户的消费记录，第三方征信若能利用其提供准确的信用数据，将对判断客户的信用状况有更科学、更准确的信息依据；二是P2P企业通过自己独特的融资平台而掌握的客户信用数据库，从而成为判断个人或企业信用状况的第三方依据；三是通过建立专业的征信公司，比如中诚信征信公司、芝麻信用、腾讯征信等机构的建立，通过更专业、更科学的信用评价方法，多方位、更广泛的参考社会其他组织和机构提供的信用资料，对客户的信用状况及还款能力得出更科学的结论，并且针对不同的客户量身定做不同的投资和理财产品。

5.3.3.2　技术支持所需要发挥的作用

在今天，我们正处于信息化经济与工业经济的交叠期，信息技术正在以前所未有的速度和规模影响着人类生活的衣食住行，尤其在商品流通和货币支付方面，技术发展所带来的变革更是日新月异。

计算机与信息技术的发展，为信息经济时期金融工具创新提供了技术支持。技术的进步发展和信息资源的充分利用极大地降低了金融工具的流通成本。以网络、电子计算机和信息技术为代表的技术革命大大推动了金融工具创新的步伐。各行业、各金融工具创新主体间的互联网技术，不仅使得信息传播快速准确，而且产生了大数据的效应。可以说，信息化经济时代金融工具的创新离开了技术的平台，是很难推进的，互联网金融使得金融工具创新进入一个全新的时代。

在信息化经济时代下，信息技术可谓重中之重，以云计算、大数据、移动互联网、社交网络等为代表的互联网技术改变了以往信息获取的方式，正在改变和颠覆人类的生活方式和传统的商业模式，出现了新型的互联网金融模式。

大数据是互联网金融的核心资源，大数据的特征可以概括为以下四点。一是数据量大。由于依托的电商平台拥有参与电商交易企业的大量信息，包括销售、资金流量、价格变化、交易情况等庞大的数据信息，这些信息通过处理成为全方位掌握交易双方的信息源泉；二是数据处理速度快；三是数据类型多样；四是数据真实性强。

通过大数据的技术处理，可以在人类活动的所有范围内，包括投资、消费、需求偏好及信用状况各个领域都能捕捉到有效的数据，并进行筛选和处理。以大数据作为挖掘潜力的对象，可以实现许多价值的创新。将大数据应用于互联网金融领域，通过数据处理，可以获得信息资源，从而形成互联网金融大数据的信用体系和金融服务模式，从而减少信息不对称，达到有效地降低金融风险的目的。

云计算是互联网金融的核心技术，通过互联网提供的数据资料，对数据进行批量分析，从而提高资源的使用效率，降低支出成本，因此云计算具有节约服务器资源和提高效率的优点。金融行业越来越重视云计算的技术水平。

移动互联网是移动支付实现的条件，信息技术和通信设备的发展推动了智能手机、掌上电脑等移动支付工具的出现和高速发展，成为第三方支付迅速发展的新的主要增长点。

网络社交也是基于互联网的崛起而发展起来的，并且对人类的生活方式和社交方式产生了巨大的影响。

然而技术的进步和发展是一把"双刃剑"，在推动信息技术革命，促进金融工具创新的同时，也出现了给人们带来不便的"黑科技"。在电子商务第三方支付快速发展的同时，一个不可回避的问题是第三方支付所使用的标准建设滞后。这些问题在过去已经有所表现，比如商业银行专网建设的滞后、银行卡网络系统由于标准缺失而导致的支付混乱、移动支付领域由于盲目进行电子商务移动支付平台建设，而导致了信息的相互隔绝，使得社会建设总成本增加。2015 年 9 月 30 日，在中国互联网安全大会上，展现了各式各样、手段高明的"黑科技"，这些软件和装置专门用来在互联网上获取个人信息，包括银行账号、支付密码，比如各种钓鱼软件通过 WiFi 进入互联网手机，来窃取资料，个人信息就像小绵羊一样，任意被宰割，这被专业人士称为"绵羊墙"；还有的"黑科技"装置在靠近银行卡的几秒钟时间里，迅速窃取银行卡的姓名、卡号、身份证号等信息；还有通过 GPS 欺诈，从而使手机、汽车等不能实现定位，从而被黑客实现操纵；有的利用手机或电脑浏览网页同时恶意插入软件，让客户不知不觉下载，消耗流量，泄露信息。因此，在这一时期需要更发达的科技水平来攻击和防范这些"黑科技"，具体有：

（1）P2P 风险隔离技术。

P2P 平台需要各种风险隔离的技术，面对各种病毒感染、系统故障和黑客攻击，对于这些风险的预防、隔离和应对技术的需求超过了以往任何一个时代，制定高规格的安全标准，防止信息泄露和平台瘫痪的技术对于当前的互联网金融发展有着特别重要的意义。对于 P2P 平台来说，安全的资金托管技术是非常重要的。应改变目前大部分 P2P 平台没有设立资金托管的状态，逐步完善资金托管技术，达到隔离风险、安全托管的目的。

（2）黑客防范技术。

黑客的攻击是互联网金融完成支付时的最大威胁，因此防范黑客技术成为网络支付必须攻克的技术难关，因此应通过扫描工具、防火墙技术及防病毒等技术定期扫描、清理，通过安全设置，保证互联网内部的资源和信息不受外部侵占，安全完成支付交易。

（3）互联网金融的加密技术。

信息经济时代，完成交易只需在网络上进行，因此在完成支付中涉及的账户信息、密码、身份等往往成为黑客、病毒的攻击对象，为了保护互联网金融信息传输中的安全性，加密技术的保护必不可少。因此，对于存储信息数据的安全措施、防止网络电子的金融诈骗、维护线上支付的安全成为加密技术的核心保护内容。

（4）互联网认证技术。

在互联网金融交易中，能够准确识别交易双方的身份，才能保证其交易的安全，这对于互联网的金融机构和客户双方都很重要，身份得到识别是交易机密、完整、不可抵赖的前提。无论是通过设口令的身份验证，还是依托物理载体和生物特征的认证系统，都要做到更便捷、更准确，保障交易的安全与完整。

（5）智能实时防控技术。

通过实时的分析和监控，对于交易进行系统分析、风险预警和控制，进行有效的风险管理，并且对一些风险行为进行及时处理，全天候的监控识别，这种事中的监督比事后的监督更有效。

（6）大数据应用技术。

互联网金融的大数据具有资源优势，而要将大数据进行科学的分析与应用还需要技术进步来推动。我们对大数据进行利用的目的在于对客户的信用状况进行科学地评价，形成可参考的信用评价机制，从而进行风险控制。而这需要利用技术对这些数据资源进行整合，形成科学完善的评价体系。

5.3.3.3 宏观管理制度具有的特殊重要意义

（1）在信息经济时代，金融工具创新具有特殊重要的地位和作用，比以往任何时候更积极地发挥着创造货币和流通"中介"的功能，成为推动经济发展的关键因素，因此必须保证金融工具创新的安全性，对其监管的责任也就意义重大。

（2）互联网金融工具内在的风险性。在信息技术和互联网技术发达的今天，金融的风险性进一步加强，一旦互联网金融工具的风险成为事实，必然引发全社会的金融风险，其连带性会连累整个金融系统，表现在：一是传统意义上金融工具的创新主体——金融机构的界限被打破。互联网金融的崛起使得传统金融机构的界限完全被打破，现代意义的金融工具不仅包括传统金融机构所生产的产品，而且还包括以电子商务为平台发展起来的第三方支付体系，比如新兴的网上支付、移动支付、"余额宝"、P2P 网贷平台等新的金融工具。其相互之间的竞争日益激烈，使得金融工具的风险性和脆弱性增大。二是网络技术安全性问题增加了金融工具的脆弱性。就在互联网金融快速发展的同时，多家银行、证券公司、保险公司和互联网 P2P 平台网站也被曝光了许多安全漏洞。无门槛、无规范、无监管，一直以来被称为"三无产品"的互联网金融令人担忧。近几年，我国金融机构互联网漏洞数量增长极快，这些网站上不同程度地存在着客户个人信息、账户密码、转账记录被泄露的风险，这些网络安全隐患会泄露用户资料、银行账号等，可能导致电话诈骗、投资诈骗等威胁。还有不少依靠倒卖客户信息而收取费用的不法分子，网络泄露个人信息的现象非常严重，这些严重损害了用户的利益。因此完善的监管制度对于互联网金融的发展必不可少，监管部门应该制定规则、制定标准、制定门槛。因此必须控制金融工具创新的风险性，避免发生"多米诺骨牌"式的金融塌方。

（3）新时期强化制度支持所需要完善的领域。

①第三方支付的有效监管。

目前尽管有许多安全制度通过，2012 年 12 月，人大常委会通过《关于加强网络信息保护的决定》；2013 年 2 月 1 日起，我国开始正式实施《信息安全技术公共及商用服务信息系统个人信息保护指南》，但第三方支付体系长期以来缺乏有效的监管，政策法规制度出台相对滞后。

2005 年《电子支付指引》办法产生以来，在制度方面一直处于真空，直到 2010 年，央行才出台《非金融机构支付服务管理办法》《非金融机构支付服务管理办法实施细则》，不断规范电子商务的第三方支付。2010 年底开始运行第二代现代化支付系统中的超级网银，商业网银互联互通，使得非金融机构的支付业务更加拓宽。2014 年，《互联网保险业务监管暂行办法》和《私募股权众筹融资管理办法》推出，但由于对传统金融行业，我们国家一贯按"分业监管"的思路，银行业由银监会监督，证券业由证监会监督，保险业由保监会监督，在互联网金融模式下，如果还按照此种模式，网络银行由银监会监督，P2P 由证监会监督，很容易造成对互联网金融业务监管的疏漏，第三方支付也就无法实现有效监管。

②明确互联网金融的监管范围。

在信息经济时代，金融的监管呈现出两大特点：一是过去的监管制度逐渐失效，表现为随着金融工具种类越来越多，传统的只出现在金融机构的金融工具已经不能囊括所有金融工具的范围。因此监管机构应将监管的对象扩大到所有在互联网平台上融资、筹资和提供消费、理财服务的电商、网商等企业。二是由于金融工具创新的品种越来越多，各种金融产品、理财模式、融资平台的大量涌现会增加金融风险，从而使监管的难度加大。信息化经济时代下，随着新技术、新模式、新方法的出现，在为筹资者、融资者及投资者进行交易提供新平台的同时，也带来了范围更广、程度更深的金融风险和混乱。仅 2015 年前半年，已经被确认的互联网金融安全漏洞数量超过了上年同期，其中金融机构网站的安全漏洞数量占到全部漏洞数量的97.2%①。2015年第二季度，360手机卫士共截获新增的恶意程序样本达到550万个，比上个季度增加了141万个，为手机用户拦截各类钓鱼网站8.5亿次②。这些都要求监管部门在对信息经济时代所出现的各种金融工具进行科学评价，运用现代高科技手段，建立有效的监管体系，防范金融风险的发生。

2015年7月18日，中国人民银行、工业和信息化部、公安部、财政部、国家工商总局、国务院法制办、中国银行业监督管理委员会、中国证券监督管理委员会、中国保险监督管理委员会、国家互联网信息办公室十部委联合印发了《关于促进互联网金融健康发展的指导意见》，对于互联网金融监管的文件终于出台，这对互联网金融的监管进行了进一步的分工和责任的明确。2015年9月5日，国务院出台了《促进大数据发展行动纲要》；2015年8月6日，最高人民法院公布了《审理民间借贷案件适用法律若干问题的规定》，P2P的担保责任明确了。

5.3.3.4　新时期机构监管优化金融工具创新

（1）政府机构。

金融协调论认为，金融监管的理论根源是政府管制理论，主要包括社会利益论和社会选择论，认为由于在市场机制下存在着自然垄断、外部效应、信息不对称等市场缺陷，不能实现资源的最优配置，这为政府介入经济管理提供了理论依据。通过政府管制，以达到资源优化配置，纠正市场缺陷，有利于整个社会的发展。政府管制是"公共选择"的结果。要使经济达到高效运行，社会资源实现优化配置，必然要求有外部管制，这种外部管制通常情况下是代表社会全体利益的政府管制。

立法的缺失和监管的不力往往会导致信用问题，从而造成金融风险。信息化经济与工业经济时代交叠期，政府特别重视扶持以信息技术

---

① 网易新闻．多家银行被曝互联网安全漏洞［EB/OL］2015–09–29，3g.163.com.

② 卢氏生活网．互联网安全大会上的"黑科技"［EB/OL］2015–10–09，http：//www.64ee.com/article/article_69086.html.

为依托的金融健康发展。随着互联网金融的出现，无论国家还是各地方政府均持鼓励态度并出台许多政策保证其发展。广东省于 2014 年 6 月出台《关于深化金融改革完善金融市场体系的意见》，其中对互联网金融非常支持，鼓励其借贷平台和网站的建设，并且建立和规范中小企业征信体系，来减少融资风险，推动这一融资工具的创新，从而促进这些金融工具的创新步伐；上海地区为鼓励互联网金融企业的发展，规范其合理融资，支持企业走互联网金融的发展模式，2014 年 8 月出台了《关于促进本市互联网金融产业健康发展的若干意见》，以鼓励和规范信息经济时代的金融工具创新；在北京，2013 年 8 月 30 日，石景山建立了第一个互联网金融产业基地来支持这一产业的发展，还在 2014 年 8 月出台了《关于支持中关村互联网金融产业发展的若干措施》，支持企业开展互联网金融工具创新的各项业务，发挥其金融孵化的作用。尽管如此，政府机构在严格互联网金融的准入机制上还缺乏足够的重视，传统金融机构在市场准入方面有着严格的规定，而对于互联网金融的准入和推出机制目前还缺乏严格的控制。2014 年中国证券业协会发出《私募股权众筹融资管理办法（试行）》，设立了众筹的市场准入条件和相关规定，银监会对 P2P 网贷平台提出"四大红线"的监管思路，一是 P2P 平台只能提供双方借贷信息，以供撮合与匹配，不提供担保服务；二是借贷双方要通过第三方支付机构开设账户，不能直接与 P2P 中介平台进行资金划转；三是借款客户主要面向个人和小微企业，确保风险分散；四是 P2P 平台信息要公开透明。对于 P2P 网贷的市场准入也有相关规定，但是由于其准入的门槛较低，很容易发生"跑路"现象，从而造成风险。对于网络银行的准入也没有明确的要求，很容易造成金融诈骗、非法洗钱、遭受病毒攻击等问题。这些监管的缺位容易造成伪造虚假的信息，伪造金融借贷合约等，贷款用途处于无人监管的真空地带，这些都将由于信用问题，导致金融工具风险的加大。

（2）行业自律组织。

而在当前新的时代交叠期，行会自律组织仍然是对互联网金融进行监管的组织。比如对于目前发展迅速的 P2P 行业来说，从一开始处于无人监管的蛮荒状态，兑付危机频发，不断有倒闭的 P2P 平台，到 2013 年开始将其纳入到"影子银行"当中进行监管，再到 2015 年 7 月中央银行会同有关部位发布了《关于促进互联网金融健康发展的指导意见》，将 P2P 的监管归属权给了银监会，但是由于 P2P 行业平台数量多，2015 年 8 月 31 日，P2P 网贷平台数量为 4 100 多家①，其经营模式也各式各样，单单由银监会监管难度较大。如果对其准入机制、运行机制监管不到位，很容易导致资金来源的不合法性和资金使用与国家政策相背离的局面。以行业自律的形式将有利于互联网金融的监管，随着 P2P 行业从蛮荒扩张的状态逐步形成自己的行业准则，采用行业自律来监管更能规范行业行为，协调行业关系，制定行业准入标准和约束机制，来维护行业的健康发展。目前已有的针对互联网金融的行业自律机构有支付清算协会下，成立的互联网金融专业委员会。2013 年 8 月，国内首家互联网金融行会通过《中国互联网金融行业自律公约》，但是只对于管理范围、运行机制和原则进行了规定，对于其相关的职责和权利并未具体规定。根据十部委下发的《关于促进互联网金融健康发展的指导意见》，将充分发挥行业自律在互联网金融监管中的重要地位，要组建中国互联网金融协会来规范互联网金融行业的行为。这将对互联网金融的健康发展发挥独特的作用。

（3）传统金融机构。

在当前新的经济交叠期，互联网金融成为一种时尚和标志，而互联网是一种信息能源，不是对传统金融业的替代，而是与传统金融业共同发展，成为传统金融业发展的助力器，因此积极与传统金融机构寻求合作，比如对于 P2P 网贷平台，如果能与银行实现合作，其规范性和信用程度将会比与第三方支付机构合作，更具有广阔的发展空间。

---

① 刘勇．大数据对互联网金融风险控制意义重大［EB/OL］2015 – 09 – 29，mp. weixin. qq. com.

随着信息化经济时代的到来，传统银行也在利用自身的资金规模大、网点多、客户资源丰富等优势开发自己的电子商务平台，中国建设银行、交通银行和中国银行先后推出"善融商务""交博汇"和"云购物"电子商务平台，许多商业银行都建立了信用卡的网上商城。传统银行拥有资本雄厚、金融业务更专业化的优势，而互联网金融拥有充足的信息数据和客户源的优势，因此，传统银行与互联网金融的相互合作可以互相取长补短，互利共赢。互联网金融在传统银行的协助和支持下，可以健全自己的金融服务体系，制定更适合的金融服务产品。

（4）成立新的管理机构。

2016 年 5 月 25 日，中国人民银行开始牵头成立全国统一票据交易市场的筹建小组，由中国人民银行牵头，大的商业银行入股，再选定几家银行机构做托管和对接。统一的票据交易所建立以后，将主要以电子票据为交易的核心，这一系统将主要负责接受、登记和转发电子票据的电文，提供电子汇票货币的收付、资金清算和纸质商业票据的登记和查询等服务。这相对于过去的票据业务模式，更加具有透明度，减少灰色空间。

5.4　小　　结

信息化经济迅速发展使人类迅速进入到信息化经济与工业经济的时代交叠期，在这一阶段，经济的迅速发展超过了过去任何一个时代，信息化的金融工具表现出极强的生命力。互联网金融的加入使得金融工具创新的空间越来越大，创新的手段越来越多，创新的速度也越来越快，而创新所面临的环境也越来越复杂。金融工具创新的形式也越来越多样化，P2P 借贷、电子商务、互联网直销银行业务、金融社交等已从新鲜名词逐步过渡到人们熟悉的事物。

这一时期金融工具的功能突出体现在储蓄功能、支付功能、筹资功能和投资功能，其功能的完善是这个时期金融工具创新的特点之一；其次这一时期金融工具的优势是以往任何时期无法超越的，其交易成本的降低、办理效率的提高、控制风险技术的发达吸引了越来越多的投资者；这一时期的金融工具创新带来了巨大的经济效应，不仅促进了消费，吸引更多投资者和筹资者的参与，活跃了金融交易市场，而且还推动了银行业的竞争，为客户带来更多的选择和便利服务，带来了真正意义的"普惠金融"。

首先面对如此种类繁多的金融工具，我们比以往任何时候都更加重视信用的支持作用，没有完善的信用机制来保障，金融工具就不可能实现创新的成功，因此要充分运用互联网的"大数据"原理征信，积极寻求新时期金融工具创新主体之间的征信机制合作，建立和完善第三方征信体系来强化信用环节，更好地为金融工具创新奠定基础。

其次，在新的经济发展阶段，更加重视信息技术对金融工具创新所起的推动作用，充分利用云计算、大数据、移动互联网等技术来促进金融工具的创新，使用P2P风险隔离技术、黑客防范技术、互联网金融的加密技术、互联网认证技术、智能实时防控技术等来隔离风险，实现更安全的金融防范，为金融工具创新提供技术保障。

再次，要完善监管制度，尽管各种对互联网金融的监管制度陆续在出台，但对于第三方支付的有效监管，对进一步明确互联网金融的监管范围仍需进行。

最后，监管的机构支持也是重点，在新的经济时代，对于金融工具创新进行金融监管的政府机构、行业自律组织和同业金融机构必不可少，这些机构的支持是金融工具创新得以成功实现的重要条件。

第 6 章

结论与展望

6.1 结　　论

本书是参考孔祥毅教授在《金融发展史纲》中对于世界经济发展阶段的划分方法基础上，将中国经济发展阶段分为农业经济时期、商业经济时期、工业经济时期和信息化经济时期，在这四个阶段的历史发展中，当前一个阶段还没有结束时，新的经济阶段已经开始，分别存在三个"交叠期"，即商业经济与农业经济的时代交叠期、工业经济与商业经济的时代交叠期和信息化经济与工业经济时代交叠期。时代"交叠期"的经济发展特点为：旧的经济发展模式依旧占据重要地位；新的经济发展模式开始萌芽，并表现出强大的生命力；新的经济模式逐步取代旧的经济模式成为主流。同时在每个"交叠期"，是新金融工具创新、新旧金融工具竞争与融合生长的时期。因此也是金融工具创新种类最多、规模最大、功能最广泛的时期。

纵观我国在这三次时代交叠期金融工具创新的历史，我们会发现，金融工具的每一次创新，包括新金融工具的从无到有、功能的完善、使用范围的扩大、控制风险能力的提高、信用程度的增强以及融资范围的提高等，都有其深刻的经济原因以及创新主体的趋利动机，同时，伴随着信用机制的健全和科技水平的提升，还有监管制度和机构的完善。金融工具的创新呈现出以下历史规律：

（1）金融工具的创新始终是为了协调经济发展的需要。

经济的进步和发展是金融工具创新的最主要原因。金融工具的创新源于经济发展的需要，是经济发展所带来的必然产物，在每一个经济交叠期的出现开始，金融工具的流通与经济发展的矛盾越来越明显，金融工具的功能逐渐不能满足经济发展的需求。于是金融工具出现了创新，随着新的金融工具种类、形式、功能的增多和扩大，逐渐与经济发展相协调，促进了新的经济时代的到来。其过程是从不协调到协调的动态变迁：经济与金融工具的不协调—金融工具的创新—经济发展水平提高—经济与金融发展相协调。

经济交叠期金融工具的创新总是源于与经济发展的不协调再到协调的循环出现。每一次经济交叠期的金融工具创新都会有旧的矛盾的解决，同时也会有新的矛盾的产生。正是在矛盾的不断产生和解决的过程中完成每一次的金融工具创新，从而推动经济的发展。

（2）金融工具创新的趋利动机。

金融工具创新的动机是趋利性，包括利己和利他两方面。两次经济交叠期的金融工具创新也是在利益的驱使下引发的。

金融工具的发展和演进存在着流通成本递减规律，金融工具的创新是流通成本不断减少的过程，在每一个经济交叠期，金融工具的创新大大降低了流通交易费用，这是公共选择的结果，吻合金融发展的规律，也决定着自身的运行规则，受经济规律的约束。

（3）金融工具的创新伴随着信用机制的健全，信用的状况决定了金融工具创新的成功与否。

纵观每一次时代"交叠期"，金融工具创新能否实现成功，信用是关键因素，信用是金融工具创新的永恒话题。实现金融工具创新所需要的外部环境是多样的，有技术的因素、制度的因素、机构的因素，但这些多种因素中，全是通过信用来发挥作用的，没有信用，即使这些因素很完善，没有信用做基础，也不会推动金融工具创新的顺利进行。而在比较健全的信用机制下，这些外部因素会随之不断完善、不断协调，共同作用于金融工具的创新。

（4）科技技术的进步和发展是金融工具创新的动力。

科学技术是第一生产力，是推动金融工具创新的直接动力。随着时代的进步和变迁，科技发展的速度越来越快，从而金融工具创新的步伐也在逐步加快。尤其是信息化经济时代，随着互联网技术的蔓延，与当代金融相结合，使得金融工具创新的速度之快、种类之多、规模之大、功能之广泛达到了前所未有的盛况。

（5）金融制度的不断规范和管理机构的健全是金融工具创新的有力保障。

在实现每一次经济"交叠期"的跨越，在每一次金融工具创新最快速、最频繁的时期，金融制度需要不断地完善与规范，才能应对金融工具创新的快速发展，而随着金融制度的不断规范和健全，金融工具的创新才能得以顺利进行。同时机构的有效管理和支持也是促进金融工具创新顺利进行的有力保障。

6.2 展　　望

新的信息经济时代已经到来，信息经济给世界带来了深刻的变革，引领着社会的进步和经济的发展。随着互联网的加入，金融工具的创新更加扑朔迷离。在新时期，如何利用有效的信用支持、技术支持、制度支持和机构支持来引领和规范金融工具的创新是我们需要认真思考和解决的。

参 考 文 献

[1] 巴曙松. 互动与融合: 互联网金融时代的竞争新格局 [J]. 中国农村金融, 2012 (24).

[2] 陈真, 姚洛. 中国近代工业史资料 (第一辑) [M]. 北京: 生活·读书·新知三联书店, 1957.

[3] 曹均伟, 方小芬. 中国近代利用外资活动 [M]. 上海: 上海财经大学出版社, 1997.

[4] 曹旭斌. P2P 在线借贷平台社会资本测量及作用问题研究 [D]. 西南财经大学, 2013.

[5] 成远. 社交网络考古 [J]. IT 经理世界, 2008 (8).

[6] 戴建兵. 中国近代纸币 [M]. 北京: 中国金融出版社, 1993.

[7] 邓伟根. 20 世纪的中国产业转型: 经验与理论思考 [J]. 学术研究, 2006 (8).

[8] 杜恂诚. 上海金融的制度、功能与变迁 (1897~1977) [M]. 上海: 上海人民出版社, 2002.

[9] 官晓林. 互联网金融模式对传统银行业的影响 [J]. 金融实务, 2013 (5).

[10] 洪葭管. 金融话旧 [M]. 北京: 中国金融出版社, 1991.

[11] 黄鉴晖. 中国银行业史 [M]. 太原: 山西经济出版社, 1994.

[12] 黄鉴晖. 山西票号史 [M]. 太原: 山西经济出版社, 2002.

[13] 黄鉴晖. 明清山西商人研究 [M]. 太原: 山西经济出版社, 2002.

[14] 孔祥毅.百年金融制度变迁与金融协调 [M].北京：中国社会科学出版社，2002.

[15] 孔祥毅.金融票号史论 [M].北京：中国金融出版社，2003.

[16] 孔祥毅.民国山西金融史料 [M].北京：中国金融出版社，2013.

[17] 孔祥毅.晋商的企业制度 [J].山西财政税务专科学校学报，2007，9 (3).

[18] 孔祥毅.金融市场学概论 [M].北京：中国金融出版社，1991.

[19] 孔祥毅，巨宪华.银行结算改革解答 [M].太原：山西人民出版社，1989.

[20] 李芳.山西票号金融工具创新分析 [J].山西财政税务专科学校学报，2014 (11).

[21] 李宏龄.山西票商成败记 [M].1917.

[22] 李宏龄.同舟忠告 [M].23.

[23] 李希增.晋商史料与研究 [M].太原：山西人民出版社，1996.

[24] 刘佛丁.中国近代的市场发育与经济增长 [M].北京：高等教育出版社，1996.

[25] 刘建民，王雪农.中国山西民间票帖 [M].北京：中华书局，2001.

[26] 刘广京.唐廷枢之买办时代 [J].清华学报，1961，2.

[27] 刘勇.大数据对互联网金融风险控制意义重大 [EB/OL].2015.9.29.

[28] 卢文莹.中国公债学说精要 [M].上海：复旦大学出版社，2004.

[29] 马寅初.吾国银行业历史上之色采 [J].银行杂志，第一卷第一号，1923.

［30］毛泽东．毛泽东选集［M］．北京：人民出版社，合订本．1944：590.

［31］潘承锷．中国之金融［M］．上册，北京：中国图书公司，1908.

［32］潘承锷．中国之金融［M］．下册，北京：中国图书公司，1908.

［33］彭信威．中国货币史［M］．上海：上海人民出版社，2007.

［34］钱金叶，杨飞．中国P2P网络借贷的发展现状及前景［J］．金融论坛，2012（1）.

［35］曲殿元．中国之金融与汇兑［M］．上海：上海大东书局，1930.

［36］区季鸾．广州之银业［M］．台北：台湾学生书局，1971.

［37］邱勋．多维视角下我国直销银行发展的思考［J］．西南金融，2014（3）.

［38］［清］沈定均修．漳州府志［M］．中华书局，2011.

［39］［清］张大凯修．石城县志［M］.1819.

［40］［清］官修．清文献通考［M］.

［41］［清］官修．清世宗实录［M］.

［42］［清］盛康辑．皇朝经世文续编［M］.1897.

［43］［清］段光清．镜湖自撰年谱［M］．北京：中华书局，1997.

［44］山西财经学院，中国人民银行山西分行，山西票号史料［M］．太原：山西人民出版社，1990.

［45］山西财经大学晋商研究经典文库．中国实业志·山西省·金融［M］．北京：经济管理出版社，2008

［46］山西省地方志编纂委员会编．山西通志·金融志［M］．一版．北京：中华书局，1991.

［47］山西省晋商文化基金会．晋商史料系列丛书——商业论本卷，商人要录·贸易须知［M］．太原：三晋出版社，2014.

［48］上海市档案馆．旧中国的股份制（1868～1949）［M］．中国档案出版社，1996.

［49］石毓符．中国货币金融史略［M］．天津：天津人民出版社，

1984.

［50］孙建华．近代中国金融发展与制度变迁［M］．中国财政经济出版社，2008．

［51］孙毓棠．中国近代工业史资料［M］．第一辑下册，北京：科学出版社，1957．

［52］商务部．中国电子商务报告2014［M］．中国商务出版社，2014．

［53］田秋平．纸币初始晋东南［M］．太原：山西出版集团，2007．

［54］田秋平．天下潞商［M］．太原：山西出版集团，三晋出版社，2009．

［55］王雷．网络金融的国际比较与借鉴［D］．东北财经大学，2003．

［56］卫聚贤．山西票号史［M］．北京：经济管理出版社，2008．

［57］卫月望．货币史手稿之二［Z］.11．

［58］王志华．中国近代证券法［M］．北京：北京大学出版社，2005．

［59］汪敬虞．中国近代工业史资料第2辑［M］．北京：中华书局，1962．

［60］吴清烈．电子商务：理念、误区与未来［J］．南京邮电大学学报，2010（2）．

［61］吴晓波．跌荡一百年——中国企业1870～1977［M］．上册，北京：中信出版社，2009．

［62］吴晓求．中国金融的深度变革与互联网金融［J］．财贸经济，2014（1）．

［63］吴腾化．金融市场学［M］．上海：立信会计出版社．

［64］协和信．协和信账簿［Z］．光绪十八年．

［65］谢平，邹传伟．互联网金融模式研究［J］．金融研究，2012．

［66］谢平．互联网金融模式研究［J］．金融研究，2012（12）．

［67］许涤新，吴承明．中国资本主义的萌芽［M］．北京：人民出版社，1985.

［68］许涤新，吴承明．旧民主主义革命时期的中国资本主义［M］．二卷，北京：人民出版社，1990.

［69］许一友，王振华．太原经济百年史［M］．太原：山西人民出版社，1994.

［70］徐建生．民族工业发展史话［M］．北京：社会科学文献出版社，2000.

［71］严中平等．中国近代经济史统计资料选辑［M］．北京：中国社会科学出版社，2012.

［72］杨端六．清代货币金融史稿［M］．武汉：武汉大学出版社，2007.

［73］杨小波．城市商业银行互联网金融平台构建研究［D］．山西财经大学博士学位论文，2014.

［74］叶世昌．中国金融通史［M］．卷一，中国金融出版社，2002.

［75］英国领事报告［Z］.1869～1871，汉口.

［76］张国辉．晚清钱庄和票号研究［M］．北京：社会科学文献出版社，2007.

［77］张国辉．洋务运动与中国近代企业［M］．北京：中国社会科学出版社，1979.

［78］张正明．称雄商界500年晋商兴衰史［M］．太原：山西古籍出版社，2001.

［79］张忠民．艰难的变迁——近代中国公司制度变迁研究［M］．上海：上海社会科学院出版社，2002.

［80］郑振龙．中国证券发展简史［M］．北京：经济科学出版社，2000.

［81］郑淑蓉．中国电子商务20年演进［J］．商业经济与管理，

2013（11）.

[82] 周志初. 晚清财政经济研究 [M]. 济南：齐鲁书社，2002.

[83] 朱新蓉. 金融概论 [M]. 北京：中国金融出版社，2002.

[84] 中国商业史学会明清商业史专业委员会. 明清商业史研究 [M]. 北京：中国财政经济出版社，1998.

[85] 中国人民银行总行参事室金融史料组编. 中国近代货币史资料 [M]. 北京：中华书局，1964.

[86] 中国人民银行上海市分行金融研究室. 中国第一家银行 [M]. 北京：中国社会科学出版社，1982.

[87] 中国人民银行上海市分行. 上海钱庄史料 [M]. 上海人民出版社，1978.

[88] 中国社科院中日历史研究中心文库. 东亚同文书院中国调查资料选译 [M]. 上册，北京：社会科学文献出版社，2012.

[89] 中华书局编辑部. 明史 [M]. 第八册，中华书局点校本.

[90] 新华网. 习近平在第二届世界互联网大会开幕式上的讲话 [EB/OL]. http：//news. xinhuanet. com/politics/2015 - 12/16/c_1117481089. htm，2016 年 1 月 18 日.

[91] 今年全球消费电子产品销售额或将超 1 万亿美元 [DB/OL]. 2016 - 02 - 03. www. cnbeta. com/articles/168647. htm.

[92] 互联网金融网. 银行行长纷纷离职，为什么都去了这里 [EB/OL]. 2015 - 09 - 30. www. aiweibang. com/yuedu/39109014. html.

[93] 卢氏生活网. 互联网安全大会上的“黑科技”[EB/OL]. 2015 - 10 - 09. http：//www. 64ee. com/article/article_69086. html.

[94] 李红梅. 清代における铜钱铸造量の推计——顺治—嘉庆道光期を中心として [J]. 松山大学论集，第 21 卷，2009 年 8 月.

[95] [日] 滨下武志. 中国近代经济史研究——清末海关财政与通商口岸市场圈 [M]. 南京：江苏人民出版社，2006.

[96] [日] 岸本美绪. 清代中国的物价与经济波动 [M]. 北京：

社会科学文献出版社，2010.

[97]［英］安格斯·麦迪森. 世界经济千年史［M］. 北京：北京大学出版社，2003.

[98]［美］道格拉斯·C·诺思. 制度、制度变迁和经济绩效［M］. 上海：三联书店，1994.

[99]［荷］尼尔斯·赫米斯，罗伯特·伦辛克. 金融发展与经济增长［M］. 北京：经济科学出版社，2001.

[100] 美籍奥地利经济学家 J. A. 熊彼特（Joseph. A. Schumpcter）. 经济发展论［M］. 1912.

[101] Boot，A W S Greenbaum and A V Thakor. Reputation and discretion in financial contracting［J］. American Economic Review，1993（83）.

[102] China. Imperial Maritime Customs. Report on Trade at the Treaty Port. 1965. Tientsin.

[103] China Imperial Maritime Customs. Reports on Trade at the Treaty Ports in China［Z］. 1866，Shanghai.

[104] Franklin Allen，James McAndrews and Philip Strahan. E – Finance：An Introduction［J］. Journal of Financial Services Research，2002，（22）.

[105] F E Forbers. Five years in China，From 1842 ~ 1847［M］. 1848.

[106] Great Britain Foreign office. Commercial Report From Her Mejesty's Consuls in China［Z］. 1875 ~ 1876，Shanghai.

[107] Hendershott，P H and J D Shilling. The Impact of Agencies on Conventional Fixed-rate Mortgage Yields［J］. Journal of Financial Services Research，1990（4）.

[108] Liu Kuang – China. Angle – American Steamship in China，1862 – 1874. Cambridge Mass，Harvard University Press，1965

[109] Michael E P. Competitivestrategy［M］. New York：Simon & Schus-

ter, 2004.

[110] Merton R C. Financial innovation and the management and regulation of financial institution [J]. Journal of Banking & Finance, 1995, 19 (3).

[111] Stijn Claessens Thomas C Glaessner and Daniela Klingebiel. Electronic Finance: A New Approach to Financial Sector Development [M]. Washington, D. C: The Word Bank, 2002.

[112] Tufano P. Financial Innovation in Handbook of the Econom ics of Finance edited by George Constantinides Milt Harris and Rene Stulz North Holland Chapter 6, 2002.

[113] William Petty. Political Arithmetic [M]. New York: Oxford University Press Inc, 1690.

后　　记

　　创新始终是金融发展的主题，而金融工具的创新更是贯穿于金融发展的全过程。在论文完成之际，我要特别感谢我的导师孔祥毅老师。

　　三年来，我是在孔老师的谆谆教诲下，不断前行，完成学业；是在孔老师的不断鼓励下，我从一个从未接触过金融史的门外汉，逐渐变为对其颇感兴趣的学习者；是在孔老师治学态度和科研精神的感染下，使一颗浮躁的心开始沉下来比较踏实地做学问。数不清有多少次，孔老师是在他身体欠佳的情况下给我指导学业，明确我的学习方向。我的毕业论文从开题到基本定稿，几乎都是在医院里孔老师的病床前进行指导的，他严谨的治学精神和做人处事的态度，深深地感染了我，我为自己在人生中还能遇到这样好的老师而感到庆幸，我会在今后的做人做事中，努力地向他学习。

　　在我的论文完成一年之后，孔老师永远地离开了我们，但他对我的教诲如春风化雨，润物无声，沁人心脾，让我永生难忘；孔老师留给我们的研究理论和科研思想，将激励我勇往直前！

2018 年 3 月 31 日